■2025年度中学受験用

自修館中等教育学校

3年間ス

入試問題と解　収録内容

2024年度　Ａ１	算数・社会・理科・国語
2024年度　Ａ１	探究Ⅰ・探究Ⅱ （解答のみ）
2023年度　Ａ１	算数・社会・理科・国語
2023年度　Ａ１	探究Ⅰ・探究Ⅱ （解答のみ）
2022年度　Ａ１	算数・社会・理科・国語

～本書ご利用上の注意～　以下の点について，あらかじめご了承ください。

★別冊解答用紙は巻末にございます。本書に収録している試験の実物解答用紙は，弊社サイトの各校商品情報ページより，一部または全部をダウンロードできます。

★編集の都合上，学校実施のすべての試験を掲載していない場合がございます。

★当問題集のバックナンバーは，弊社には在庫がございません（ネット書店などに一部在庫あり）。

合格を勝ち取るための
『スーパー過去問』の使い方

本書に掲載されている過去問をご覧になって，「難しそう」と感じたかもしれません。でも，多くの受験生が同じように感じているはずです。なぜなら，中学入試で出題される問題は，小学校で習う内容よりも高度なものが多く，たくさんの知識や解き方のコツを身につけることも必要だからです。ですから，初めて本書に取り組むさいには，点数を気にしすぎないようにしましょう。本番でしっかり点数を取れることが大事なのです。

過去問で重要なのは「まちがえること」です。自分の弱点を知るために，過去問に取り組むのです。当然，まちがえた問題をそのままにしておいては意味がありません。

本書には，長年にわたって中学入試にたずさわっているスタッフによるていねいな解説がついています。まちがえた問題はしっかりと解説を読み，できるようになるまで何度も解き直しをしてください。理解できていないと感じた分野については，参考書や資料集などを活用し，改めて整理しておきましょう。

このページも参考にしてみましょう！

◆どの年度から解こうかな　「入試問題と解説・解答の収録内容一覧」

本書のはじめには収録内容が掲載されていますので，収録年度や収録されている入試回などを確認できます。

※著作権上の都合によって掲載できない問題が収録されている場合は，最新年度の問題の前に，ピンク色の紙を差しこんでご案内しています。

◆学校の情報を知ろう!!「学校紹介ページ」

このページのあとに，各学校の基本情報などを掲載しています。問題を解くのに疲れたら息ぬきに読んで，志望校合格への気持ちを新たにし，再び過去問に挑戦してみるのもよいでしょう。なお，最新の情報につきましては，学校のホームページなどでご確認ください。

◆入試に向けてどんな対策をしよう？「出題傾向＆対策」

「学校紹介ページ」に続いて，「出題傾向＆対策」ページがあります。過去にどのような分野の問題が出題され，どのように対策すればよいかをアドバイスしていますので，参考にしてください。

◇別冊「入試問題解答用紙編」

本書の巻末には，ぬき取って使える別冊の解答用紙が収録してあります。解答用紙が非公表の場合などを除き，(注) が記載されたページの指定倍率にしたがって拡大コピーをとれば，実際の入試問題とほぼ同じ解答欄の大きさで，何度でも過去問に取り組むことができます。このように，入試本番に近い条件で練習できるのも，本書の強みです。また，データが公表されている学校は別冊の１ページ目に過去の「入試結果表」を掲載しています。合格に必要な得点の目安として活用してください。

本書がみなさんの志望校合格の助けとなることを，心より願っています。

株式会社　声の教育社　編集部

自修館中等教育学校

所在地	〒259-1185 神奈川県伊勢原市見附島411
電　話	0463-97-2100
ホームページ	https://www.jsk.kojo.ed.jp
交通案内	小田急小田原線「愛甲石田駅」より徒歩18分またはスクールバス約5分 JR東海道線「平塚駅」よりスクールバス約25分

くわしい情報は
ホームページへ

トピックス

★C日程を除く各日程において,成績優秀な受験生は特待生合格となります(参考:昨年度)。
★複数回受験の場合, リンク判定(探究除く)という優遇措置がある(参考:昨年度)。

創立年 平成11年　男女共学　高校募集なし

応募状況

年度	募集数	応募数			受験数	合格数	倍率
2024	A−1 45名	探究	男	60名	55名	31名	1.8倍
			女	54名	47名	34名	1.4倍
		A-1 2科	男	33名	28名	11名	2.5倍
			女	28名	24名	9名	2.7倍
		A-1 4科	男	38名	29名	14名	2.1倍
			女	18名	16名	12名	1.3倍
	A−2 35名	2科	男	137名	103名	48名	2.1倍
			女	70名	45名	20名	2.3倍
	B−1 10名	2科	男	51名	23名	8名	2.9倍
			女	38名	17名	3名	5.7倍
		4科	男	59名	28名	18名	1.6倍
			女	21名	4名	3名	1.3倍
	B−2 15名	2科	男	132名	40名	16名	2.5倍
			女	65名	23名	13名	1.8倍
	C 10名	2科	男	126名	36名	14名	2.6倍
			女	73名	23名	16名	1.4倍
	D 5名	2科	男	60名	16名	5名	3.2倍
			女	40名	6名	4名	1.5倍
		4科	男	67名	11名	4名	2.8倍
			女	28名	1名	0名	—

※C日程には帰国生入試を含みます。

入試情報（参考：昨年度）

入試日程：

A−1	2／1午前	A−2	2／1午後
B−1	2／2午前	B−2	2／2午後
C	2／3午後	D	2／5午前

学校説明会等日程（※予定）

校内学校説明会&体験型イベント【要予約】

・オープンスクール
　9月7日
・学校説明会
　10月26日
・探究発表会
　10月12日
・入試説明会・体験会
　11月16日(一般入試)
　12月14日(探究入試)

公開イベント

・自修祭
　11月9日・10日

※ほかに，個別訪問会・個別学校見学会を不定期で開催しています。
※日程は変更になる可能性があります。
　事前に学校ホームページでご確認ください。

2024年春の主な大学合格実績

＜国立大学・大学校＞

筑波大，千葉大，横浜国立大，東京海洋大，山梨大，防衛大

＜私立大学＞

早稲田大，上智大，東京理科大，明治大，青山学院大，中央大，法政大，成城大，明治学院大，國學院大，津田塾大，日本女子大，日本大，東洋大，駒澤大，専修大，東京慈恵会医科大，順天堂大，昭和大，自治医科大，星薬科大

編集部注―本書の内容は2024年6月現在のものであり，変更されている場合があります。正確な情報は，学校のホームページ等で必ずご確認ください。

算数　出題傾向＆対策

◆基本データ（2024年度Ａ－１）

試験時間／満点	50分／100点
問題構成	・大問数…４題 計算１題（５問）／応用小問１題（５問）／応用問題２題 ・小問数…18問
解答形式	計算と応用小問は，解答のみを記入する形式に，応用問題は，解答用紙に求め方や式を書きこむ形式になっている。
実際の問題用紙	Ａ４サイズ，小冊子形式
実際の解答用紙	Ａ３サイズ，両面印刷

◆出題傾向と内容

▶過去３年の出題率トップ３
１位：四則計算・逆算20%　２位：角度・面積・長さ16%　３位：体積・表面積９％
▶今年の出題率トップ３
１位：四則計算・逆算21%　２位：調べ・推理・条件の整理15%　３位：角度・面積・長さなど８％

計算問題は，整数・小数・分数の四則計算のほかに，逆算をして□を求めるもの，約束記号もあります。

応用小問の出題範囲はほば広く，割合と比，特殊算，面積，体積などが見られます。

応用問題では，図形の移動や場合の数といった思考力をためす問題が出されています。また，このほかに規則性の問題，表とグラフなどが出題されています。

全体的に見てみると，さまざまな分野から出題されており，かたよりのない構成になっています。

◆対策～合格点を取るには？～

まず，正確ですばやい計算力を毎日の計算練習でモノにしましょう。計算練習は，自分で無理なくこなせる問題量を決めて，コツコツと続けることが大切です。

特殊算については，参考書などにある「〇〇算」というものの基本を学習し，問題演習を通じて公式をスムーズに活用できるようにしたいものです。

図形では，角度，面積，体積などを重点的に学習して，基本パターンを徹底的に身につけることが必要です。

分野	＼年度	2024	2023	2022
計算	四則計算・逆算	●	●	●
	計算のくふう	○	○	○
	単位の計算			
和と差	和差算・分配算		○	○
	消去算			
	つるかめ算	○		
	平均とのべ		○	
	過不足算・差集め算			
	集まり			
	年齢算			
割合と比	割合と比			○
	正比例と反比例			
	還元算・相当算			
	比の性質			
	倍数算			
	売買損益			
	濃度			
	仕事算			
	ニュートン算			
速さ	速さ		◎	
	旅人算			○
	通過算			
	流水算	○		
	時計算			
	速さと比			
図形	角度・面積・長さ	○	◎	◎
	辺の比と面積の比・相似			
	体積・表面積	○	○	○
	水の深さと体積			
	展開図	○		
	構成・分割			
	図形・点の移動	○		○
表とグラフ			○	○
数の性質	約数と倍数			○
	N進数			
	約束記号・文字式	○	○	
	整数・小数・分数の性質			
規則性	植木算			
	周期算			
	数列			
	方陣算			
	図形と規則		○	
場合の数		○		
調べ・推理・条件の整理		◎		
その他				

※　○印はその分野の問題が１題，◎印は２題，●印は３題以上出題されたことをしめします。

社会 出題傾向＆対策

◆基本データ（2024年度Ａ－１）

試験時間／満点	30分／50点
問題構成	・大問数…３題 ・小問数…24問
解答形式	記号選択と語句の記入がバランスよく出題されているほか，記述問題も複数見られる。
実際の問題用紙	Ａ４サイズ，小冊子形式
実際の解答用紙	Ａ３サイズ

◆出題傾向と内容

●地理…日本の国土や気候，農林水産業などについての問題が多く出題されているほか，公害病や海外と比べた日本のエネルギー問題の取り組みについてなども出題されています。また，近年の時事や話題に関連づけたもの，資料を読み取りながら解答を簡単な文章にまとめるものが多くなっています。

●歴史…あるテーマをもとにした年表と資料から，歴史的なできごとや人物，その当時の国際関係などについてはば広く出題されています。毎年テーマは多彩で，歴史の基本的な知識はもちろん，大きな事件に関して起きた理由や時代的な背景などについてもふだんから興味を持って取り組むことが大切です。

●政治…ある人物のスピーチやメッセージが題材として取り上げられています。特に憲法の内容や，国会・内閣・裁判所，国際関係に注意をはらいましょう。選択問題や用語の記述問題，複数の用語やことがらの関係を図で表す問題がひんぱんに出題されています。

分野＼年度			2024	2023	2022
日本の地理		地図の見方			
		国土・自然・気候	○	○	○
		資源			
		農林水産業	○		
		工業			○
		交通・通信・貿易		○	
		人口・生活・文化	○	○	○
		各地方の特色	○		○
		地理総合	★	★	★
世界の地理				○	
日本の歴史	時代	原始～古代		○	○
		中世～近世		○	○
		近代～現代	★		○
	テーマ	政治・法律史			
		産業・経済史	○		
		文化・宗教史			
		外交・戦争史	○		
		歴史総合		★	★
世界の歴史					
政治		憲法	○		○
		国会・内閣・裁判所		○	
		地方自治			
		経済			○
		生活と福祉	○		○
		国際関係・国際政治	○	○	○
		政治総合	★	★	★
環境問題			○		
時事問題			○		○
世界遺産					
複数分野総合					

※　原始～古代…平安時代以前，中世～近世…鎌倉時代～江戸時代，近代～現代…明治時代以降
※　★印は大問の中心となる分野をしめします。

◆対策～合格点を取るには？～

まず，基礎を固めることを心がけてください。教科書の内容を理解することが大切なのはいうまでもありませんが，教科書に加え，説明がていねいでやさしい標準的な参考書を選び，基本事項をしっかりと身につけましょう。

地理分野では，地図と統計資料が欠かせません。つねにこれらを参照しながら，白地図帳も利用して都道府県の位置や地形，気候などをまとめ，また，統計資料を使って産業のようすの学習へと広げていってください。

歴史分野では，教科書や参考書を読むだけでなく，自分で年表をつくって覚えると大変学習効果があります。時代やテーマごとにそれぞれらんをつくり，重要なことがらを書き入れていきましょう。できあがった年表は，各時代や各テーマのまとめに役立ちます。

政治分野では，日本国憲法の基本的な理解，特に基本的人権の内容や政治のしくみについての理解が重要なので，くり返し復習しましょう。また，時事問題の出題も考えられるので，中学受験用の時事問題資料集を読んでおいてください。

理科　出題傾向＆対策

◆基本データ（2024年度Ａ－１）

試験時間／満点	30分／50点
問題構成	・大問数…５題 ・小問数…18問
解答形式	記号選択のほか，用語の記入や計算，理科知識を応用した記述問題などもある。
実際の問題用紙	Ａ４サイズ，小冊子形式
実際の解答用紙	Ａ３サイズ

◆出題傾向と内容

各分野からバランスよく出題されています。試験時間に対して問題量は適切ですが，実験・観察・観測などをもとにした問題が多く，中途はんぱな勉強では得点できないようにくふうされています。

●**生命**…生物についての基礎知識のほか，細菌などからからだを守るしくみ，メダカの血液などが出題されています。

●**物質**…水の状態変化，水溶液の判別，塩酸と水酸化ナトリウム水溶液の中和，ものの燃え方などが取り上げられています。また，リサイクル・アップサイクルなどの環境問題も出題されています。

●**エネルギー**…輪軸のつり合い，運動の規則性，電流と磁界，ふり子の運動，てこのつり合いなどが見られます。計算問題も多く出されていますので注意が必要です。

●**地球**…地震のゆれ，湿度の計算，高気圧と低気圧，天気と前線，火成岩のでき方と種類，火山噴出物などが取り上げられています。

分野	年度	2024	2023	2022
生命	植物	○	○	○
	動物	○	○	○
	人体			
	生物と環境		○	
	季節と生物			
	生命総合	★	★	★
物質	物質のすがた	★		
	気体の性質			
	水溶液の性質			★
	ものの溶け方			
	金属の性質			
	ものの燃え方		★	
	物質総合			
エネルギー	てこ・滑車・輪軸	★		
	ばねののび方			
	ふりこ・物体の運動			★
	浮力と密度・圧力			
	光の進み方			
	ものの温まり方			
	音の伝わり方			
	電気回路			
	磁石・電磁石		★	
	エネルギー総合			
地球	地球・月・太陽系			
	星と星座			
	風・雲と天候	○	★	
	気温・地温・湿度	○		★
	流水のはたらき・地層と岩石			
	火山・地震	○		
	地球総合	★		
実験器具				○
観察				
環境問題		★		
時事問題				
複数分野総合				★

※　★印は大問の中心となる分野をしめします。

◆対策～合格点を取るには？～

問題内容は，基礎的なものもありますが，実験や観察の結果を総合的に分析して，筋道を立てて考えていく必要のあるものも出題されています。したがって，基礎的な知識をはやいうちに身につけ，問題集で演習をくり返しながら実力アップをめざしましょう。

「生命」は基本知識が多い分野ですが，山登りする気持ちで一歩一歩楽しみながら確実に力をつけてください。「物質」では，気体や水溶液，金属などの性質をしっかりおさえておきましょう。実験器具なども忘れずに学習をして下さい。「エネルギー」では，てこ，ばね，物体の運動，電気回路などの力についての問題に重点をおくとよいでしょう。「地球」では，地球・月・太陽系，地層と岩石などが重要なポイントです。

本校の理科では，最後の大問が理科の知識を日常生活などに応用した記述式の問題となっています。日常生活の中にある理科的なことがらについて考察することが必要で，自由な発想力が問われるものも見られます。ふだんからさまざまなことに興味や関心を持ち，なぜそうなっているのか，どのような法則があるのかなど，自分でよく考える習慣を身につけておくように心がけましょう。

国語　出題傾向＆対策

◆基本データ（2024年度Ａ－１）

試験時間／満点	50分／100点
問題構成	・大問数…５題 　文章読解題２題／知識問題２題／作文１題 ・小問数…34問
解答形式	記号選択と本文中のことばの書きぬきが大半をしめているが，記述問題も数問出題されている。
実際の問題用紙	Ａ４サイズ，小冊子形式
実際の解答用紙	Ａ３サイズ

◆出題傾向と内容

▶近年の出典情報（著者名）
説明文：池上嘉彦　山崎雅弘　金森　修
小　説：宮沢賢治
随　筆：池内　紀　佐藤雅彦　遠藤まめた

●読解問題…説明文，随筆文では，内容理解を問うものが多く出題されています。また，理由や指示内容の説明に関する記述問題が出されます。小説では，理由の説明や心情の理解が出題されています。文章中の表現の理解や，適語補充なども見られます。

●知識問題…漢字の読み・書きのほかに，ことわざや慣用句，四字熟語が独立した大問となっています。

●作文…テーマ，場面が設定されている形式や，図式を用いた形式，会話の形式などで出されています。

◆対策～合格点を取るには？～

読解問題の対策としては，なるべく多くの問題にあたり，出題パターンに慣れることです。接続詞の使い方や指示語の内容などには特に注意して読み進め，本文の内容を自分のことばで説明できるようにくり返し練習してください。

知識問題については，漢字の問題集を一冊仕上げるほか，ことわざや慣用句などについても，ノートにまとめるなどして覚えていきましょう。

作文や記述問題の対策としては，読書の後に，要旨や感想を50～100字程度でまとめてみるのが効果的です。自分のことばで表現できるように練習し，書き終えたら，主述の対応は問題ないか，漢字や接続語は正しく使えているかなどの確認も忘れないようにしましょう。

分野 ＼ 年度			2024	2023	2022
読	文章の種類	説明文・論説文	★	★	
		小説・物語・伝記		★	
		随筆・紀行・日記	★		★
		会話・戯曲			
		詩			
		短歌・俳句			
解	内容の分類	主題・要旨		○	
		内容理解	○	○	○
		文脈・段落構成			
		指示語・接続語	○	○	○
		その他	○	○	○
知	漢字	漢字の読み	○	○	○
		漢字の書き取り	○	★	★
		部首・画数・筆順			
	語句	語句の意味			
		かなづかい			
		熟語	★		★
		慣用句・ことわざ		★	
識	文法	文の組み立て			
		品詞・用法			
		敬語			
	形式・技法				
	文学作品の知識				
	その他				
	知識総合				
表現	作文		★		★
	短文記述			★	
	その他				
放送問題					

※　★印は大問の中心となる分野をしめします。

カコを追いかけ
ミライをつかめ
「今の説明、もう一回」を何度でも
web過去問
ストリーミング配信による入試問題の解説動画
もっと古いカコモンないの?
カコ過去問
「さらにカコの」過去問をHPに掲載(DL)
声の教育社
詳しくはこちらから

2024年度 自修館中等教育学校

【算　数】〈A－1日程試験〉(50分)〈満点：100点〉

［注意事項］1．問題[1]・[2]は，答えのみを解答用紙に書きなさい。
2．問題[3]・[4]は，答えだけでなく途《と》中《ちゅう》式や求め方なども書きなさい。

[1] 次の□にあてはまる数を答えなさい。

（1）$28 - 4 \times \left\{12 - (33 - 5) \div 4\right\} = \square$

（2）$\dfrac{1}{2} + 0.75 \times 8 - 4.5 \div 1\dfrac{1}{2} = \square$

（3）$45678 \div 246 - 12345 \div 246 + 87654 \div 246 - 54321 \div 246 = \square$

（4）$\dfrac{3}{8} \times \square + 5 \div 2 \times (6 - 3) = 9$

（5）a※bを　aをb回かけた数の10の位の数　と約束します。
このとき、(2※5)※4＝□

[2] 次の各問いに答えなさい。

（1）1個120円のプリンと1個150円のアイスクリームを合わせて25個買いたい。支はらう代金を3500円以内にして、できるだけ多くのアイスクリームを買うとするとアイスクリームは何個買うことができるか答えなさい。

（2）1円玉、5円玉、10円玉のこう貨を使って合計30円を作る方法は全部で何通りあるか答えなさい。ただし、使わないこう貨があってもよいものとします。

（3）川にそって30kmはなれたA市とB市があります。下流にあるA市と上流にあるB市を船で往復するのに、上りは3時間、下りは1時間40分かかりました。このとき川の流れの速さは時速何kmか答えなさい。

（4） 右の図はおうぎ形と長方形を重ねたものです。
しゃ線のついた部分の㋐と㋑の面積が同じであるとき、DFの長さを求めなさい。
ただし、円周率は3.14とします。

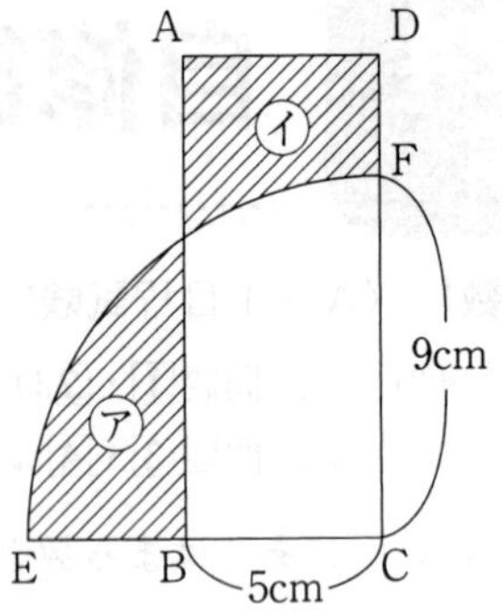

（5） 展開図が右の図のようになる立体の体積を答えなさい。

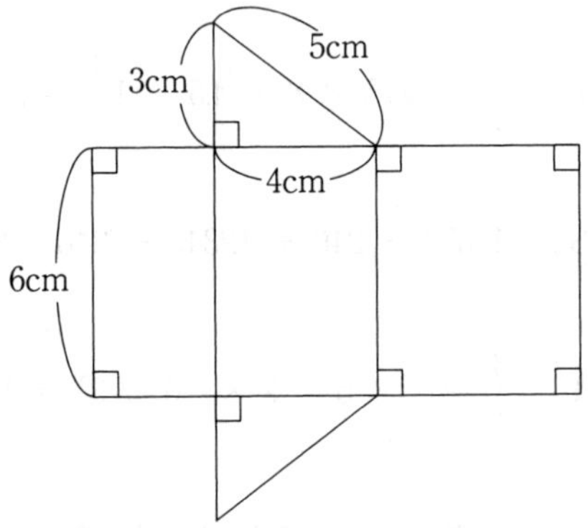

3 自修館のある伊勢原《いせはら》市には「大山こま」という江戸《えど》時代から伝わる伝統工芸品があります。ある店では、大小2種類の大山こまを製造販《はん》売していて、こま1個あたりに必要な材料の量、職人さんの作業時間、得られる利益は以下の表のようになっています。使うことのできる材料は42 kgまで、職人さんの作業時間は480時間までとするとき、以下の問いに答えなさい。ただし、製造した大山こまはすべて販売されるものとします。

表．大山こま作りに必要な材料、作業時間、得られる利益

	必要な材料	職人さんの作業時間	得られる利益
大山こま（小）	100 g	2時間	600円
大山こま（大）	300 g	3時間	1000円

（1） 大山こま（大）だけを製造販売した場合、得られる利益を求めなさい。

（2） 大山こま（小）だけを製造販売した場合、得られる利益を求めなさい。

（3） 大山こま（小）と大山こま（大）を製造販売するとき、利益を最も大きくするためには何個ずつ製造販売すればよいか答えなさい。

（4） あるとき、材料の値上げにより得られる利益が大山こま（小）は490円、大山こま（大）は700円になってしまいました。この場合、利益を最も大きくするためには何個ずつ製造販売すればよいか答えなさい。

4 赤、青、緑の3種類に体の色が変わるカメレオンが何匹《びき》かいます。このカメレオンは特殊《とくしゅ》なカメレオンのため、次のような法則で色が変わります。このとき、次の各問いに答えなさい。

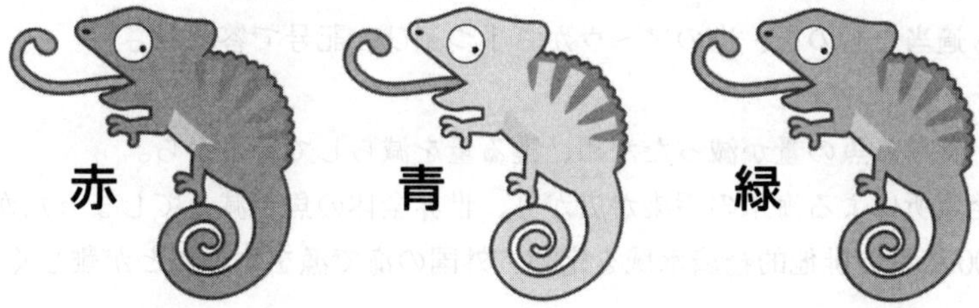

法則 ・違う色の1匹ずつが出会うと、残りの色に変わる
（例：赤1匹と青1匹が出会うと、2匹とも緑に変わる）
・1回に出会うのは、違う色が1匹ずつ出会うだけである

（1） 最初に赤1匹、青3匹がいるとします。何回かカメレオンが出会うことで、全てのカメレオンが同じ色に変わりました。それは何色であるか答えなさい。

（2） 最初に赤1匹、青4匹がいるとします。何回かカメレオンが出会うことで、全てのカメレオンが同じ色に変わりました。それは何色であるか答えなさい。

（3） 最初に赤、青、緑のカメレオンがそれぞれ何匹かいます。何回かカメレオンが出会うことで全てのカメレオンが同じ色になるとき、そろう色を赤にも青にも緑にもできる場合があります。このとき、最初にいるカメレオンはそれぞれ何匹か、最も少ない匹数の場合を答えなさい。

（4） 最初に赤1匹、青2匹、緑10匹がいるとします。何回かカメレオンが出会うことで、全てのカメレオンが同じ色に変わりました。それは何色であるか答えなさい。また最低何回出会えば全てが同じ色にそろうか、その回数を答えなさい。ただし、その手順が最低回数である理由も説明すること。

【社　会】〈A－1日程試験〉(30分)〈満点：50点〉

1　次の文章を読み、以下の各問いに答えなさい。

(1) 神奈川県にある自修館中等教育学校の生徒は、今年度の夏に様々な場所で活動しました。
３年生と５年生はフィールドワークに行きました。３年生は (2) 近畿地方を訪れ、(3) 京都府・奈良県を中心に歴史や文化、伝統に触れました。５年生は (4) 沖縄県を訪れ、西表島でのカヌー体験やひめゆり平和祈念資料館で平和学習を行いました。
また、様々な部活動が夏合宿を行いました。陸上競技部と卓球部は (5) 新潟県で、テニス部は山梨県で、サッカー部とバスケットボール部は長野県で合宿を行いました。
そして、３年ぶりに海外への留学・語学研修も行われ、オーストラリアやハワイ、(6) ニュージーランドに行った生徒もいました。

問１　下線部 (1) について、神奈川県の三浦半島にある三崎港は古くから遠洋漁業の基地と呼ばれています。一方で、1980年代後半から日本全体の遠洋漁業での漁獲量は減少しています。その理由として**最も適当なもの**を、次のア～ウから１つ選び、記号で答えなさい。

ア：外国人が食べる魚の量が減ったため、獲る量を減らしているから。
イ：原子力発電所による海水の汚染が広がり、世界全体の魚が減ってしまったから。
ウ：各国が200海里の排他的経済水域を定め、外国の海で漁をすることが難しくなったから。

問２　下線部 (2) について、近畿地方の中で府県名と府県庁所在地名が異なる府県はいくつありますか。適当なものを次のア～エから１つ選び、記号で答えなさい。

ア：１つ　　イ：２つ　　ウ：３つ　　エ：４つ

問３　下線部 (3) について、京都府について説明した文として**最も適当でないもの**を、次のア～ウから１つ選び、記号で答えなさい。

ア：京都市中心部は、東・西・南を山に囲まれた盆地であるため、フェーン現象がよく起こり夏は大変暑い。
イ：京都府には外国人観光客も多く訪れるため、買い物や通学の際に市バスに乗れないなどの観光公害（オーバーツーリズム）の問題が起きている。
ウ：京都府の歴史的な景観を守るために、電線を地下に埋め込む工事をしたり、高層ビルの建設を制限する条例がある。

問４　下線部 (4) について、沖縄県は菊の生産・出荷量が多いことで有名です。暖かい気候と電灯で菊が咲く時期を調整し、他の産地からの出荷が少ない冬期に出荷しています。このような栽培方法の名称を答えなさい。

問5　下線部（4）について、沖縄県は日本で特に台風の被害の多い県です。次の**資料Ⅰ**は沖縄県に見られる伝統的な住宅のイラストです。伝統的な住宅では台風に対してどのような対策がとられていますか。**資料Ⅰ**からわかることを簡潔に説明しなさい。

資料Ⅰ

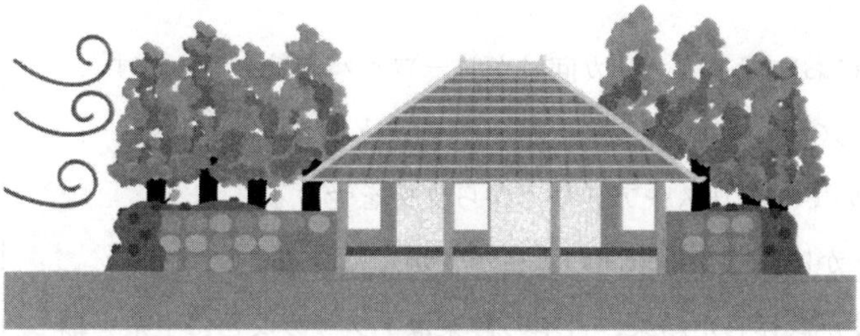

問6　下線部（5）について、1960年代に新潟県を流れる阿賀野川下流域で、四大公害病の一つ新潟水俣病が発生しました。このときの新潟水俣病の原因となった物質として適当なものを、次のア～エから１つ選び、記号で答えなさい。

ア：カドミウム　　イ：メチル水銀　　ウ：亜硫酸ガス　　エ：トリチウム

問7　下線部（6）について、ニュージーランドは日本と同じ火山国であり、天然の温泉が湧きます。ニュージーランドのロトルア市は温泉観光地として有名で、地熱発電や地熱活用が活発な地域でもあり、日本の温泉観光地として有名な大分県別府市と姉妹都市の提携も結んでいます。**資料Ⅱ**と**資料Ⅲ**から日本とニュージーランドを比較し、日本の地熱発電に関する問題点を読み取り、述べなさい。

資料Ⅱ

世界各国の主な地熱資源量（2016年）

順位	国名	資源量（万kW）
1	アメリカ	3,000
2	インドネシア	2,779
3	日本	2,347
4	ケニア	700
5	フィリピン	600
8	ニュージーランド	365

出典：地熱資源情報ホームページより作成
※1万kW《キロワット》＝10MW《メガワット》
1MW《メガワット》＝1,000kW《キロワット》

資料Ⅲ

世界各国の地熱発電設備容量の変化

国名	設備容量（MW）		
	2010年	2015年	2020年
アメリカ	3,098	3,450	3,700
インドネシア	1,197	1,340	2,289
フィリピン	1,904	1,870	1,918
トルコ	91	397	1,549
ニュージーランド	762	1,005	1,064
日本	536	519	550

出典：地熱資源情報ホームページより作成
※設備容量：発電所で100%の出力を発揮したときの電力量。発電所の発電能力のこと。
※1MW《メガワット》＝1,000kW《キロワット》＝1,000,000W

2 甲《こう》太《た》さんは、自修館の「探究」活動において、幕末から昭和戦前期の「日米関係」をテーマにしてインターネットや図書館の本を参考にして調べ、気になることを表とグラフにまとめました。これらを参考にして、以下の各問いに答えなさい。

表（幕末から昭和戦前期の日米関係）

1850年代　(1) 日米修好通商条約を結ぶ

1880年代　日本の (2) 生糸の輸出先において、アメリカ向けがヨーロッパ向けを追い越す

1900年代　日本の (3) 綿花輸入のうちのアメリカ綿の割合が20%前後となる

1900年代　日本は (4) 戦費調達においてイギリスやアメリカから支援を受ける

1910年代　(5) 第一次世界大戦をきっかけにして日米間の貿易がさかんになる

1920年代　コメの生産量が増えて値段が低迷した結果、日本の農家はアメリカなどに生糸を輸出することを期待して養蚕《ようさん》業を拡大していった

1929年　(6) 世界的な不景気が始まる

1930年代　(7) 日本は重化学工業化にともない、機械、非鉄金属※、原油などの輸入が増える

1940年　(8) 日米通商航海条約が効力を失う

1941年　(9) アメリカは日本の在米資産を凍結し、ガソリンの全面的輸出禁止を実施する

※非鉄金属…工業で、鉄を除く金属全体をまとめた呼び方。銅、鉛、アルミニウムなど。

グラフ（日本の輸出および輸入総額中に占める各品目の割合）

西　暦	日本の輸出の中の割合（%）		日本の輸入の中の割合（%）
	茶	生　糸	綿　花
1873～1874	28.0	33.2	2.6
1875～1879	23.5	37.9	1.2
1880～1884	20.5	38.4	1.1
1885～1889	13.0	31.9	4.3
1890～1894	8.7	34.9	14.6
1895～1899	5.1	30.3	20.5
1900～1904	4.2	27.3	25.9
1905～1909	3.0	27.0	22.7
1910～1914	2.5	28.9	32.8
1915～1919	1.3	23.5	32.6
1920～1924	0.9	33.5	26.3
1925～1929	0.6	36.9	29.4
1930～1934	0.5	22.7	29.0
1935～1939	0.6	14.1	22.7
1940～1941	0.7	10.5	14.1

出典：『新版日米関係史』（有斐閣選書）

問１　下線部（1）に関して、日米修好通商条約の内容と影響について説明した文として**最も適当なもの**を、次のア～ウから１つ選び、記号で答えなさい。

ア：日本とアメリカの国交が結ばれたため、日本の港であればどこでもアメリカの船が入港してくる可能性がある。
イ：日本は、輸出入品に対して自由に税をかけられないため、日本国内の産業を保護できない可能性がある。
ウ：日本で罪をおかしたアメリカ人の裁判は日本の法律で行うため、アメリカ人に不利な判決がなされる可能性がある。

問２　グラフから読み取れることを説明した文として**最も適当なもの**を、次のア～ウから１つ選び、記号で答えなさい。

ア：茶と生糸の二品目だけで日本の輸出総額の６割を超えることがあった。
イ：茶はつねに生糸よりも日本の輸出総額に占める割合が大きかった。
ウ：日本の輸入総額に占める綿花の割合は昭和時代から増加に転じた。

問３　下線部（2）の生糸に関する説明として**誤っているもの**を、グラフも参考にしながら、次のア～ウから１つ選び、記号で答えなさい。

ア：富岡製糸場で働く工女は全国から集められ、身につけた新しい製糸技術を日本の各地に伝えた。
イ：明治時代を通してみると、日本の輸出総額中に占める生糸の割合が30％を下回ることがあった。
ウ：アメリカでナイロンが発明されると日本の製糸業は打撃を受け、1930年代には日本で生糸がつくられなくなった。

問４　下線部（3）に関して、次の文中の空欄にあてはまる人物名を**漢字４字**で答えなさい。なお、空欄にはすべて同じ人物名が該当します。

綿花から糸をつくる紡績業の発展に貢献した［　　　　］は、銀行など多くの会社を設立しただけでなく、福祉にも力をつくして身寄りのない子どものための施設をつくりました。晩年には、外国との友好関係を大切にし、例えばアメリカとの間で人形を交換する事業を行いました。2024年度からは一万円札の肖像に［　　　　］が採用されることが決まっています。

問５　下線部（4）に関して、1900年～1909年の間に起こったこの戦争で日本が戦った相手国を**カタカナ３字**で答えなさい。

問6　下線部（5）に関して、日米間の貿易がさかんになった**理由A・B**と、その後の日本についての**説明C・D**との組合せとして**最も適当なもの**を、下のア～エから1つ選び、記号で答えなさい。

理由

A：日米両国は本格的な戦場にならなかったため、両国間の貿易は密接となった。

B：日米両国は戦場となったため、両国ともに武器を融通しあうようになった。

説明

C：日本では物価が低落を続けて不景気となったが、1923（大正12）年の関東大震災の復興景気によって経営難となる企業はなかった。

D：アメリカが世界最大の工業生産力を保有する国になる一方で、日本は欧米諸国との国際競争に立ち遅れて大幅な貿易赤字が続いた。

ア：A・C　　イ：B・C　　ウ：A・D　　エ：B・D

問7　下線部（6）に関して、1929年にアメリカから始まった不景気の影響もあり、日本の農村では生活に行きづまる人々が多くなっていきました。その理由について、表も参考にしながら、**日本とアメリカの貿易に注目し、「生糸」という語句を使って**説明しなさい。

問8　下線部（7）のような状況が進んだ結果、日本はアメリカからの輸入にますます依存するようになりました。しかし、日米関係の悪化を背景とした下線部（8）によってアメリカは日本への輸出を停止できるようになりました。1930年代以降の時期に日米関係が悪化した背景を説明した文として**最も適当なもの**を、次のア～ウから1つ選び、記号で答えなさい。

ア：日本は清から得た賠償金などを使って軍備を増強し、さらにイギリスと同盟を結んだ。

イ：日本が韓国に対する支配を強め、ついに韓国を併合して朝鮮とし、植民地にした。

ウ：日本がドイツ・イタリアと同盟を結び、資源を求めて東南アジアに軍隊を送った。

問9　資源の乏しい日本にとってアメリカとの関係は重要であったにもかかわらず、下線部（9）のように経済断交に至り、日本は武力を用いてその打開をはかろうとアメリカも相手にして戦争を拡大しました。この戦争拡大によって生じた国民生活について説明した文として**誤っているもの**を、次のア～ウから1つ選び、記号で答えなさい。

ア：戦争に反対する新聞や出版物などが厳しく取り締まられた。

イ：国が品物の値段を決めて使用量を管理したため、国民は暮らしに必要なものを不自由なく入手できるようになった。

ウ：国民は、戦争が不利になったことも知らされず、生活の不満を口にできないまま、がまんの日々を送った。

3 次の文章は、2019年4月に行われた京都精華《せいか》大学・大学院入学式におけるウスビ・サコ学長の挨拶の一部です。文章を読んで、以下の各問いに答えなさい。なお、読みやすくするために一部表現を改めています。

京都精華大学、学長のウスビ・サコです。ご列席の教職員、関係者のみなさまとともに、新入生のみなさんのご入学を心よりお祝い申し上げます。

京都精華大学が開学された1960年代は、日本だけでなくアジアやアフリカでも「(1) 自由」と「人間尊重」のための様々な運動が起こり、一定の成果を収めました。しかし昨今、近代の時代が作り出した国民国家が、(2) グローバル化によってその限界をあらわにしており、そこにかつて共生していた民族間の葛藤《かっとう》が発生しています。それに対して、ナイジェリアの詩人ウォーレ・ショインカ氏は、「今日、世界の一極化が進むことによって、人間の価値を認めない風潮がもたらされている」と指摘しておられました。私の出身国であるマリ共和国でも、つい先月、民族間の対立により、特定の民族が別の民族の村を焼き打ちし、150人以上が殺害される事態が起きました。殺し合いがあった民族同士は長年共存し、(3) 互いの価値観を尊重してきたはずです。

グローバル化は、因襲《いんしゅう》的な束縛から個が解放される一方で、地域紛争や民族対立が顕在《けんざい》化し、経済格差が広がり、人びとに不安や分断をもたらしています。また、国際社会の秩序の乱れ、地域格差の拡大などの課題も顕著《けんちょ》になり、悪化した生活環境で (4) 教育が受けられない子どもも増加しています。新入生のみなさんには、これらの問題を自分たちが生きている社会の課題として捉えていただきたいと思います。京都精華大学におけるグローバル化教育は、(5) 自国の文化と向き合い、自分の足元をしっかり見つめた上で、他者との共存及び共生社会の実現を図ることです。これは、「 A 」というSDGsの実現に尽力するとともに、教育課程でも意識をすることにしたいと思います。

今日、グローバル化にはもう一つの側面があります。テクノロジーの進歩との深い関わりです。テクノロジーの進歩によって国や地域をこえ、互いが互いの現実について、リアルタイムで話し合えるチャンスが与えられます。世界の (6) 若者たちが地球の未来を一緒に考えていくプラットフォームが多様にできており、世界を変革する希望も生まれました。この希望を現実にするためには、他者との違いを認識し、尊重する姿勢を学び、自分の価値観を形成することが求められています。

これからの大学生活において、みなさんは (7) 表現者として試行錯誤をしますが、失敗を恐れないでほしい。大学生活の中で、すべてがうまくいくはずはありません。そして一つの道でうまくいかないことがあったとしても、そのときには他の道を選択できる人間に成長して欲しい。それでも解決の道筋が見えないときには、周りの仲間や人びとに助言を求めることもしてみてください。

問1　下線部（1）について、次の**資料**は日本国憲法の条文の一部です。**資料**中の空欄のうち「自由」の語句があてはまる空欄をア～エから1つ選び、記号で答えなさい。

資料

第1条　天皇は、日本国の象徴であり日本国民統合の象徴であって、この地位は、［ア］の存する日本国民の総意に基く。

第14条　すべて国民は、法の下に［イ］であって、人種、信条、性別、社会的身分又は門地により、政治的、経済的又は社会的関係において、差別されない。

第25条　すべて国民は、健康で文化的な最低限度の生活を営む［ウ］を有する。

第31条　何人も、法律の定める手続によらなければ、その生命若しくは［エ］を奪はれ、又はその他の刑罰を科せられない。

問2　下線部（2）について、日本におけるグローバル化の影響について述べた文として**最も適当なもの**を、次のア～エから1つ選び、記号で答えなさい。

ア：日本で暮らす外国人や海外で暮らす日本人の数がともに増加傾向となる。
イ：日本の食料自給率が低下し、フードマイレージが低くなる。
ウ：産業の空洞化が加速し、フェアトレードの仕組みが注目されるようになる。
エ：工業製品などで海外の安い製品と価格競争となり、バーチャルウォーターが増える。

問3　下線部（3）に関連して、次の**会話文**を読み、思わずキャップ投票をしたくなるような二択の質問を考え答えなさい。なお、**会話文**中の条件を踏まえること。また、「あなたは猫派？犬派？」以外の質問を考えること。

会話文

Aさん：今日のSS（道徳）の授業では、「ナッジ理論」について学んだね。
Bさん：強制や罰則なしに「ついやってしまう」行動を活用する考えのことだね。
Aさん：そうそう。そこで思ったんだけど、校内のペットボトル回収箱にはキャップが分別されないまま捨てられているのをよく見るから、キャップの分別を促すことにナッジ理論を使えないかと思って。
Bさん：それは面白い考えだね。そういえばこの前旅行に行ったときに寄った高速道路のパーキングエリアに、「あなたは猫派？犬派？」って書いてあるペットボトルキャップのごみ箱があったなぁ。
Aさん：思わず投票したくなるような質問を書いて、ゴミ箱を投票箱にすることで分別を促す、というわけね。面白そうだから校内でもやってみない？
Bさん：いいね。でもどんな質問だとみんな投票したくなるんだろう。
Aさん：あまり選択肢が多くても迷ってしまうから二択がいいよね。あと、学校には様々な方が来校されるから多くの方が投票しやすいものがよくて、アニメや漫画みたいな知っている人しかわからないようなものはダメだよね。
Bさん：正解があるような計算問題やクイズも適切ではないよね。よし、色々考えてみよう！

問4　下線部（4）に関連して、日本国憲法第26条に定められた「教育を受ける権利」はどの基本的人権に分類されるか、次のア～エから１つ選び、記号で答えなさい。

ア：自由権　　イ：平等権　　ウ：社会権　　エ：新しい人権

問5　下線部（5）に関して、日本の伝統文化について述べた文として**最も適当でないもの**を、次のア～エから１つ選び、記号で答えなさい。

ア：日本の伝統文化の中には、節分や七夕など、庶民の日常生活の中で毎年同じ時期に行われる年中行事も含まれる。
イ：文化財保護法により国は文化財の保存に努力しているが、少子高齢化や過疎化が進み、存続が難しくなっている伝統文化もある。
ウ：日本には地域によって気候や土地柄に応じた多様な伝統文化がみられる。
エ：日本の伝統文化の一つである「はしを使って食事をする」というのは、世界的にみても日本だけの文化である。

問6　文中の空欄Ａにあてはまる語句として**最も適当なもの**を、次のア～エから１つ選び、記号で答えなさい。

ア：宇宙船地球号　　イ：誰一人取り残さない
ウ：かけがえのない地球　　エ：公共の福祉

問７　下線部（6）に関連して、2022年4月1日から、成年年齢が20歳から18歳に変わりました。あなたはクラスで配布された次の**資料**をみて、学校内に掲示するポスターを作成しようとしています。新たに「成人」になる18歳や19歳がトラブルに巻き込まれないようにするためのポスターとして**最も適当なもの**を、下のア～エから１つ選び、記号で答えなさい。

資料

18歳・19歳が狙われる消費者トラブルに注意！

民法改正により、2022年4月1日に成年年齢が、現行の20歳から18歳に引き下げられました。成人になると、保護者の同意を得なくても、自分の意思で様々な契約ができるようになります。

未成年者が保護者の同意を得ずに契約した場合、民法による「未成年者取消権」で取り消すことができますが、成年年齢が引き下げられることにより18歳から「未成年者取消権」が行使できなくなります。

契約に関する知識や社会経験の少ない新成人が悪質な事業者に狙われることが予想されます。実際、契約当事者が20歳である相談は19歳と比べ、2019年度で約1.8倍、2020年度で約1.7倍、2021年度（～12月）で約1.8倍に増加しています。被害に遭わないために、成人になったタイミングで増える消費者トラブルを知っておくことが大切です。

ア

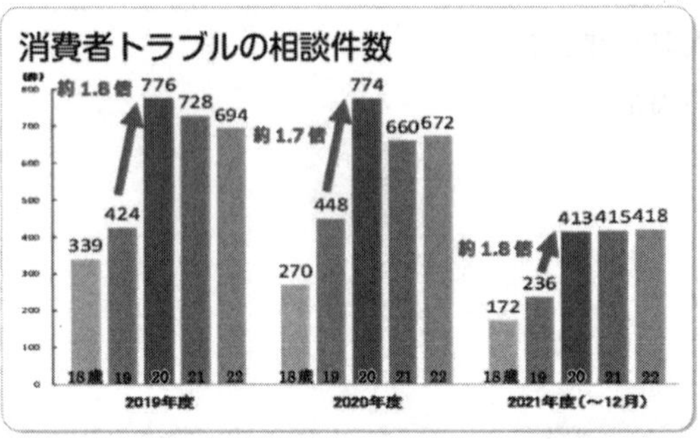

イ

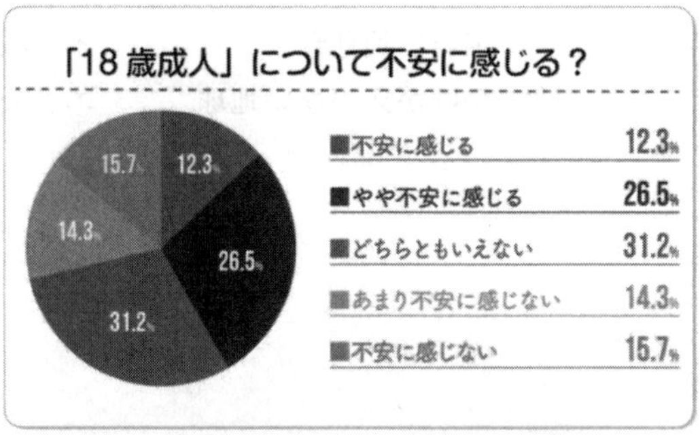

ウ

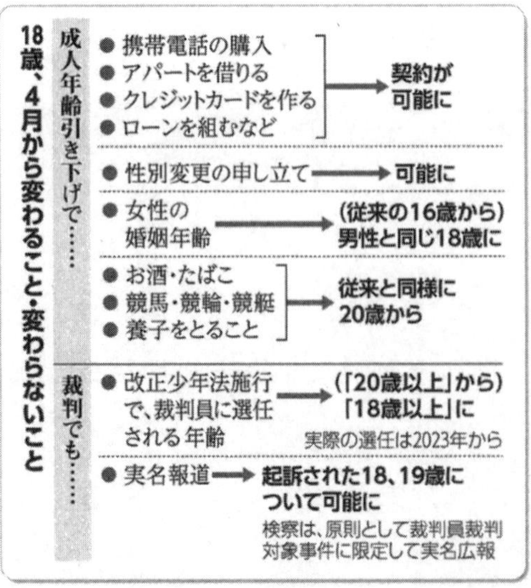

エ

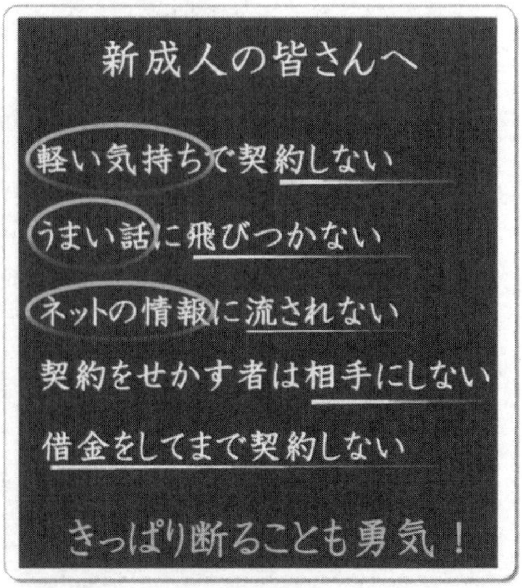

問８　下線部（7）に関連して、次の**会話文**は「表現の自由」について学習した生徒が授業を復習している様子です。**会話文**中の空欄Ⅰ・Ⅱにあてはまる語句の組合せとして**最も適当なもの**を、下のア～エから１つ選び、記号で答えなさい。

会話文

Ａさん：今日の授業は表現の自由についてだったね。「表現の自由は民主主義の維持に不可欠のものとして最大限尊重されている」と先生は言っていたけど、制限はないのかな。
Ｂさん：教科書に裁判の判例が載っているよ。「Ｘさんが書いた小説に対して、Ｙさんが『この小説には、自分の私生活が許可なく描かれている』として［Ⅰ］を主張して、文章の削除を求めた。これに対して、Ｘさんは表現の自由を主張して、文章の削除を拒否した。」と書いてあるね。この裁判は［Ⅰ］が認められて、表現の自由は制限されたみたいだね。
Ａさん：そうか、いくら表現の自由が認められているからといって何を書いてもいいというわけではないのね。
Ｂさん：そうだね。最近ではSNSで他人の悪口を書いたりして事件になることもあるけど、表現の自由だからといって許されるわけじゃないからね。民族差別をあおる［Ⅱ］を行った個人や団体の名前の公表を定めた大阪市の条例が憲法に違反するかどうかが争われた裁判が2022年にあったけど、そこでも「表現の自由の制限は必要やむをえない限度にとどまる」として憲法に違反しないと判断しているね。

ア：Ⅰ－身体の自由　　　　　Ⅱ－ヘイトスピーチ
イ：Ⅰ－身体の自由　　　　　Ⅱ－バリアフリー
ウ：Ⅰ－プライバシーの権利　Ⅱ－ヘイトスピーチ
エ：Ⅰ－プライバシーの権利　Ⅱ－バリアフリー

【理　科】〈A－1日程試験〉（30分）〈満点：50点〉

1　以下の各問いに答えなさい。

問1　次の文の空欄Aに適する植物を①～④の中から1つ選び、番号で答えなさい。
また、空欄Bに適する語句を答えなさい。

【　A　】のように種子をつくる植物のなかまを、種子植物といいます。一方、種子をつくらない植物のなかまは2つに分類され、シダ植物と（　B　）植物があります。

①　ワカメ　　②　エリンギ　　③　スギナ　　④　スギ

問2　次の文の空欄Aに適する生物を①～④の中から1つ選び、番号で答えなさい。
また、空欄Bに適する語句を答えなさい。

キンギョやニシキゴイ、【　A　】のように、本来自然にいるものと体色や形などが大きく異なるものが観賞用としてペットとして売られているものがあります。これは（　B　）という現象によって、偶然《ぐうぜん》、色などが変わったものを人間が選び、品種改良をして様々な色や形などをつくり出しているのです。

①　コガネムシ　　②　モルフォチョウ　　③　メダカ　　④　クジャク

問3　次の①～④の文の中から、その植物の特ちょうとして正しいものを1つ選び、番号で答えなさい。

①　キノコは木のかげで、弱い光で光合成をしている。
②　ソメイヨシノは、品種改良をしたため、同一の個体からは種子ができない。
③　水草のなかまは、水の中にいるため花を咲《さ》かせない。
④　タケノコとはタケの花である。

問4　次の①～④の中から、卵からふ化せずに生まれる動物を1つ選び、番号で答えなさい。

①　マナティー　　②　ミジンコ　　③　ヤドカリ　　④　ウミヘビ

2　氷を加熱して、温度を上げていく実験を行いました。以下の各問いに答えなさい。

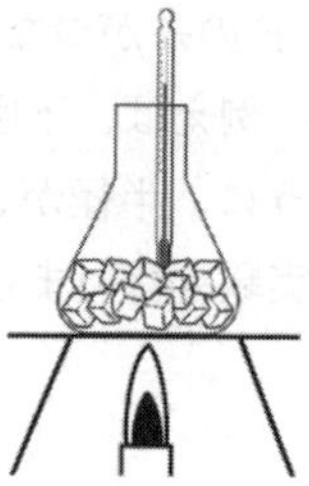

＜実験１＞

右図のように、三角フラスコに０℃の氷100 gを入れて、加熱しました。加熱をはじめて６分後、10分後、20分後付近の温度変化を表すグラフは、以下のようになりました。

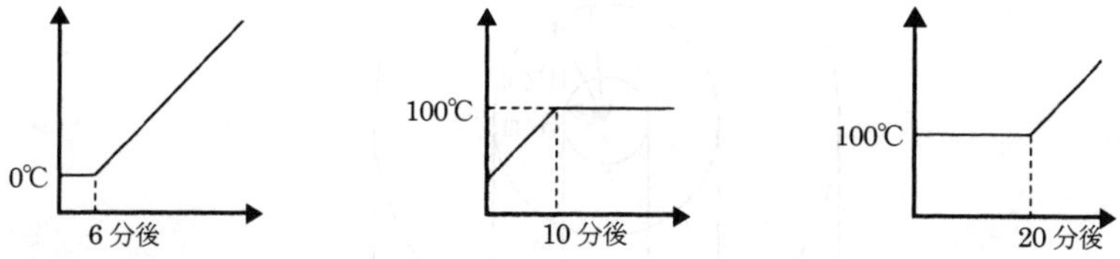

問１　加熱をはじめて８分後と、12分後のフラスコ内の氷の状態を、①～⑤の中からそれぞれ１つ選び、番号で答えなさい。

①　液体　　②　固体　　③　気体　　④　液体と気体　　⑤　固体と液体

問２　実験１において、液体の水の温度が10 ℃上がるためにかかった時間は何秒かを答えなさい。

＜実験２＞

実験１と同じように氷を加熱して、水が100 ℃になったところで加熱をやめて、フラスコにゴム栓《せん》をしました。

その後、右図のように逆さまにした三角フラスコを袋《ふくろ》に入れた氷で冷やすと、フラスコ内の水からブクブクと泡《あわ》が出てきました。

問３　フラスコ内の水から出てきた泡は何か、漢字で答えなさい。

問４　この現象を何というか答えなさい。

問５　加熱をしていないのに、このような現象が起きたのはなぜですか。その理由を説明しなさい。

3 下図は輪軸《りんじく》という実験道具です。この輪軸は3つの円板が重なって固定されており、左から順にA～Fの糸がつながっています。輪軸は1つの円板が回転すると他の円板も同じ向きに回転します。例えば、下図の糸Aを引き下げると輪軸は回転し、糸D、E、Fは上に上がります。下図のように、半径が3 cm、10 cm、17 cmの輪軸につなげた糸を引いたり、おもりを吊《つ》るしたりする実験を行いました。必要であれば円周率を3.14として、以下の各問いに答えなさい。

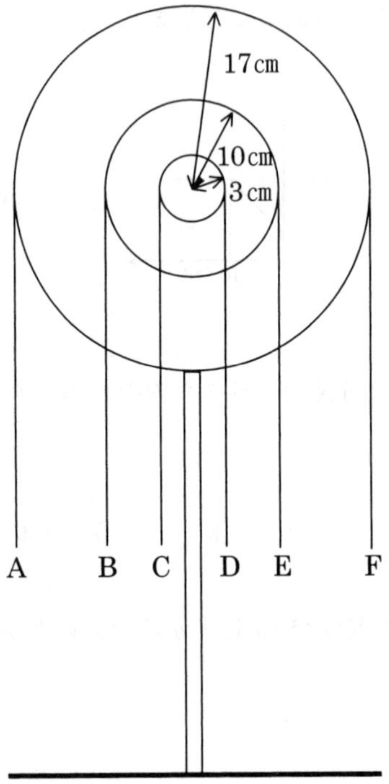

問1　Cを2 cmだけ真下に引き下げると、EおよびFはどれだけ真上に上がりますか。それぞれ分数で答えなさい。

問2　Aに16 g、Eに20 gのおもりを吊るし、輪軸が回転しないためには、**AとE以外**のどこに何gのおもりを吊るせばよいですか。1つ答えなさい。ただし、おもりの質量は整数とします。

問3　Bに85 gのおもりを吊るし、輪軸が回転しないためには、**BとE以外のうち、どこか異《こと》なる2か所**にそれぞれ何gのおもりを吊るせばよいですか。ただし、おもりの質量は整数とします。

4 以下の各問いに答えなさい。

問1 気象庁が定義《ていぎ》している気象用語の中に「猛暑《もうしょ》日」とよばれる日があります。これはどの条件の日を示すでしょうか。次の①～④の中から1つ選び、番号で答えなさい。

① 平均気温が30 ℃以上
② 最低気温が30 ℃以上
③ 最高気温が35 ℃以上
④ 平均気温が35 ℃以上

問2 低気圧や高気圧で示される気圧の単位を答えなさい。

問3 日本では梅雨や秋雨とよばれる長雨の時期があります。その長雨の原因となっているものとしてもっとも適当なものを、次の①～④の中から1つ選び、番号で答えなさい。

① 熱帯低気圧
② 偏西《へんせい》風
③ 閉そく前線
④ 停たい前線

問4 日本では地震が起きたとき、短時間でテレビ等に速報が出ます。このとき、アルファベットのMであらわされる、地震そのものの大きさ（規模《きぼ》）を示すものを何といいますか。**カタカナで答えなさい**。

問5 火山が噴火《ふんか》すると様々なものが噴出《ふんしゅつ》されます。次の①～⑤の語句の中で、火山噴出物に**分類されないもの**を1つ選び、番号で答えなさい。

① 火山灰　② 軽石　③ 長石　④ 火山ガス　⑤ 火山弾

5 次の文章を読んで、以下の問いに答えなさい。

環境問題を少しでも解決するために、世界各地で様々な取り組みが行われています。以前から日本でも、リデュース（少ない資源で物を作ったり、ひとつのものを長く使ったりすること）・リユース（ひとつの物やその部品を繰り返し使うこと）・リサイクル（ひとつの物を原材料に戻し、新たなものを作ること）といった、いわゆる3R運動や、近年ではアップサイクルとよばれる活動も活発になってきています。例えば、使用済みになった高速道路の横断幕《おうだんまく》やトラックの幌《ほろ》（荷台を覆《おお》う丈夫な布）は雨や風に強い特性を持っています。この特性を生かし、裁断《さいだん》した生地で、私たちが日常使えるバッグにするといったように、不要になった物を工夫し、新たな価値を付け加えるのがアップサイクルです。リサイクルとの大きな違いは、不要になった物を原材料に戻すかどうかです。

問　以下のア～キに日常生活で利用するものをいくつか挙げました。これらが不要になった物と仮定し、これをリサイクルするかアップサイクルするかを選び、どのようにリサイクルもしくはアップサイクルするのかを、下の解答例を参考に答えなさい。ただし、解答例と似た解答は採点しません。同じような解答は１つだけ採点し、他は採点しません。また、例えば「衣類をリサイクル（もしくはアップサイクル）し、新たな衣類を作る」といった、同じようなものを作るという解答は採点しません。この中にないものを解答する場合は、具体的な物の名称を答え、リサイクルもしくはアップサイクルについて解答しても構いません。

【不要になった物】

ア．　衣類
イ．　家具
ウ．　食器
エ．　飲み物のビンや缶
オ．　自転車
カ．　TV 等の電化製品
キ．　文房具

【解答例】

不要になった物	リサイクル アップサイクル （どちらかを○で囲む）	どのような物にするか
高速道路の横断幕	リサイクル (アップサイクル)〔○で囲まれている〕	雨や風に強いバッグ

五

世の中には、新しいものが登場し、同種のものと区別する必要が出てきた時、もともとあったものに新たな名前がつけられることがあります。たとえば「電話」といえば、今までは家や会社に置いてある電話を当然のように指していましたが、「携帯《けいたい》電話」が登場すると、従来の電話を「固定電話」と呼ぶようになりました。他にもお店の「レジ」に「セルフ（無人）レジ」が登場すると従来のレジは「有人レジ」に、「オンライン授業」が登場すると従来の授業は「対面授業」と言うようになるなど、様々な例があります。

さて、今後の社会の変化や技術の進歩にともなって、どのような言い方が生まれるでしょうか。次の条件に従って説明しなさい。

条件

・現在、すでにある言い方は説明しないこと。あくまでもこれから生まれそうな言い方を考えること。

・書き出しは「私は○○○という言い方が生まれると考えます。」とすること。なお書き方については、次の例を参考にしてかまいません。

（例）

私は「固定電話」という言い方が生まれると考えます。これまで電話といえば家や会社に置かれた電話を指すのが当たり前でしたが、技術の進歩にともなって持ち運びができる小型の電話が登場するはずです。そうなったらそれを「携帯電話」と言い、今まであった電話を「固定電話」と言って、両者を区別するようになると考えます。

問6 ———線部⑥「私は評判の『百名山』などは出かけない」とありますが、その理由を次のように説明した時、[A]・[B]に当てはまる言葉をそれぞれ指定された字数で本文から抜き出しなさい。また[C]には当てはまる言葉を5字以内で考えて答えなさい（本文の言葉を使ってはいけません）。

百名山のような人気のある山は[A 5字]が多くなり、山の面積の[B 12字]してしまい、登山者同士の間で[C]が起きる可能性が高くなるから。

問7 ———線部⑦「山小屋で一泊」とありますが、この時の筆者の様子の説明として最も適当なものを次の中から1つ選び、記号で答えなさい。

ア 同宿の人たちの様子に興味を持ちながらも、自分の好きなことを楽しんでいる。

イ 同宿の人たちの会話に入っていくことができず、さびしい思いをしている。

ウ 同宿の人たちの立てる音が気になってしまい、自分の世界に集中できないでいる。

エ 同宿の人たちといっしょに山の話題を共有することで、孤独《こどく》をまぎらわせている。

問8 ———線部⑧「天然の舞台の照明係が秘術をつくした」とありますが、これは何がどうなることをたとえたものですか。25字以内で説明しなさい。

問9 ———線部⑨「そっと地球を診断できる」とありますが、筆者は診断からどのようなことが分かったと述べていますか。その内容を次のように説明した時、[A]～[C]に当てはまる言葉をそれぞれ指定された字数で本文から抜き出しなさい。

[A 6字]によって、[B 11字]がくずれてしまい、山々はまるで自然の音が聞こえない[C 3字]のようになってしまったということ。

問1　――線部①「ひとり登山」とありますが、筆者がときどき「ひとり登山」をする理由を述べた段落を探し、最初の5字を答えなさい。

問2　――線部②「地図をたどりながら手帳に写していく」とありますが、その理由を述べた部分を「から。」に続くように7字で本文から抜き出しなさい。

問3　――線部③「応じて山容が大きくなり、標高がグンと高まっていく」とはどういうことですか。その説明として最も適当なものを次の中から1つ選び、記号で答えなさい。

ア　コースタイムを長くすることで、当初の目的よりも大きくて標高が高い山にも登れるようになるということ。
イ　地図上のコースタイムを目標に山を登り始めても、実際はいつも倍くらいの時間がかかってしまうということ。
ウ　筆者は、コースタイムが通常の倍近くかかるような大きくて標高の高い山を常に選ぶようにしているということ。
エ　コースタイムが倍になることで、あたかも通常のコースタイムがとても長い山に登ったような感覚になるということ。

問4　――線部④「ひとり登山はにぎやかである」とはどういうことですか。その説明として最も適当なものを次の中から1つ選び、記号で答えなさい。

ア　ひとりで登っていると、いろいろな人から声を掛けられ、結果的に楽しく登れるということ。
イ　ひとりで登っていると、いろいろな人物が思い浮かび、頭の中で会話をしているということ。
ウ　ひとりで登っていると、鳥の鳴き声や風の音など、自然の音に耳をすませやすいということ。
エ　ひとりで登っていると、他の登山者たちが交わす会話の様子がよく聞こえてくるということ。

問5　――線部⑤「それ」とは何のことですか。当てはまる2字を本文から抜き出しなさい。

たとえば奥日光の山々では、ガイドブックにお花畑とあるのに、ただササ原がひろがっていないだろうか。どうしたことだろう? よく見ると若木にネットがかけてある。鹿《しか》対策だ。鹿がふえすぎた。これまでは何年に一度か、大寒波が襲《おそ》い、大雪になって、そのたびに鹿が死んだ。風土と生き物のバランスが保たれていた。

地球の温暖化は、ひとごとではない。大寒波がなくなり雪がへったとたん、鹿が*6幾何級数《きかきゅうすう》的にふえてきた。以前の五倍とも十倍ともいう。正確な数は誰にもわからない。飢《う》えた鹿が花を食べつくし、樹皮《じゅひ》をはがして木を枯《か》らす。花がないので虫がこない。虫がいないので小鳥がこない。山々は静まり返った死の山になった。

ひとり登山者は沈黙《ちんもく》に慣れている。静けさを聞き分ける耳をもっている。同じ静けさでも死の山の静けさはちがうのだ。花を失い、虫にも小鳥にも見捨てられた。半枯れのササがサヤサヤと音をたてている。その音を耳の奥に聞きとどめた。ひとり登山は、⑨そっと地球を診断《しんだん》できる。

(池内紀『ひとり旅は楽し』より)

＊1　山屋…登山を愛好する人々。
＊2　しろもの…「物」を指す言葉。
＊3　担保…万が一の時に保証するもの。
＊4　百名山…作家・登山家の深田久弥《きゅうや》が選んだ、日本を代表する百の山の総称。
＊5　エマイユ　フラマン・ローズ　ヴァーミリオン…日の出を宝石や花の色にたとえた表現。
＊6　幾何級数的…急激《きゅうげき》に増える様子。

一瞬の判断で見定めて、不安を安全に変えるわけだ。

ひとり登山だと、万一のときにどうするか？　足をねんざしたり、くじいたりしたとき、歩けなくなったとき、ひとりだと困らないか？

足首は首と同じでやわらかく回転するようにできている。それをしっかりした登山靴《とざんぐつ》が保護してくれる。これ以上、何を望むことがあるだろう。

それにねんざや骨折《こっせつ》は、長い一生にもめったにない。不安を担保《たんぽ》＊3にしていると、安全の保証つきよりも、事故は少ないものなのだ。

ひとり登山は贅沢《ぜいたく》である。なにしろお山をひとり占《じ》めしている。どんなに大きな山でも面積はきまっている。グループだと、また登山者の数がふえると、当然のことながら一人あたりの占有率《せんゆうりつ》が低下する。

動物学者の研究によると、一定の面積のなかの動物が一定の数をこえると、急に生態系がくずれてくるそうだ。オス・メスともに不思議な行動をはじめ、意味もなくいじめたり、やたらに角突き合ったり、あるいは食べなくなる。拒食症《きょしょくしょう》になる。

行列のできるような山、いくつものグループが鉢《はち》合わせをするような山では、似たような現象が報告されている。人間は動物であって、とりわけ敏感《びんかん》で凶猛《きょうもう》な生き物であるからだ。

⑥だから私は評判の「百名山」＊4などは出かけない。一つ隣《となり》の山にする。あるいは一つ手前の山。そこはウソのように静かだ。標高はなくても、どっしりとした懐《ふところ》の深い山が好きだ。山を汗と筋肉と数字に閉じこめてはならないだろう。

⑦山小屋で一泊のときは、午後も早いうちにつくようにする。壁《かべ》ぎわに場をとって、一夜の宿り。リュックを整理し、ライト一つと文庫本、ＣＤセット。リキュールの小壜《こびん》。

食事のあとは寝そべって同宿の人をながめている。見ず知らずの人と、こんなに身近に、どうかすると顔をつけ合うようにして夜を過ごすなんてめったにない。バード・ウォッチングならぬヒューマン・ウォッチングのまたとない機会である。

やがて消灯《しょうとう》。女性といえども、いびき、おなら、歯ぎしりが出放題。しかし、わが耳の奥ではモーツァルトが高らかに鳴りひびいている。汗くさい山小屋の毛布の下でも、五感は音楽の都ウィーンにいる。

夜明けを待たずに抜け出して、外で日の出を待っている。はじめにうっすらとしたエマイユ＊5色があらわれる。つづいてフラマン・ローズ、つぎはヴァーミリオン、つぎは燃え上がる炎の色。めまぐるしく変化する。⑧天然の舞台《ぶたい》の照明係が秘術をつくした。

「光あれ！」

まさしく天地創造に立ち会える。

ひとり登山では同じ道を引き返すコースがいい。登りのときは気づかなかったこと、それどころか、何一つ見ていなかったことに気がつく。

四　次の文章を読んで後の問に答えなさい（句読点や記号も1字に数えます）。

次の文章は「ひとり登山」について書かれたものです。筆者は「ひとり旅」の一環《いっかん》として、ときどき「ひとり登山」に出かけます。

出かける前に地図をよく見る。①ひとり登山に先立つ「紙上登山」であって、念入りに準備をする。等高線によって向かう予定の道すじの傾斜《けいしゃ》ぐあいがわかる。たいてい、はじめはゆるやかで、そのうち線がこみ合ってくる。岩が出ていたり、とりわけ急峻《きゅうしゅん》なところは「ハッチング」といって、特有のしるしで示されている。＊1山屋の符牒《ふちょう》で「毛虫」と称するそうだが、毛虫がゾロゾロと這《は》っているところは、ひとり登山者には向かない。その手の山は選ばない。

吊《つ》り橋を渡ってブナ林——②地図をたどりながら手帳に写していく。ながめているだけだとダメ、自前の地図をつくって、はじめて地形が身につく。そこにガイドブックの情報を書き入れておく。「枝道あり」とか「増水時徒渉《としょう》注意」とかいったことだ。当節の登山地図にはコースタイムがついているが、それを二倍に換算《かんさん》する。倍の時間をかける。山高きが故《ゆえ》に尊からず、山行《さんこう》速きが故にエライのではない。もしそうならカモシカが一番エライ。時間を倍にして、途中を二倍楽しもうというのだが、コースタイムが長くなるにつれて、たとえば、四時間の山が八時間の山になる。③応じて山容が大きくなり、標高がグンと高まっていく。

山頂に行きつく前に、前山や、山の肩といわれる出っぱりや、ちょっとした峰《みね》があるものだ。それもきちんと書き入れておく。足のための目じるし、とともに何かのときに山頂の代理をする。条件しだいで、そこを自分の頂きにして、すたこらもどってくる。「個性に立脚《りっきゃく》する創作」は山登りの技術だけではなく、山そのものにもかかわっている。山容を変え、標高を高め、山頂を移す。要するに自分の山を創ればいい。

雨具、セーター、下着の予備、薬……。あれこれ配慮《はいりょ》すると、むやみに荷物がふくれてくる。どこをどう切りつめるか。自分の体力をどの程度まで信頼するか。いや応なく自分の生物的な健康度を秤《はかり》にかける。ひとり旅に、ときおり、ひとり登山をはさみこむ理由である。

（中略）

④ひとり登山はにぎやかである。いろんな人がお伴《とも》をしてくれる。「雑念」といわれる＊2しろものらしいのだが、ひそかに誰かと対話している。死者だってよみがえる。任意によび出して、話し相手を申しつける。急に初恋の人があらわれたりして忙《いそが》しい。

ところがひと汗かいたころ、⑤それがそっくり消えている。汗とともに流れ出たようだ。もはや何も考えず、何も思わず、ただ喘《あえ》ぐような自分の呼吸を聞いている。行く手がV字にえぐれているとき、手がかりを見定め、間合いをはかり、ヒョイと跳《と》ぶ。安全をたしかめてから跳ぶわけではない。

問4 ―――線部④「鳥や虫のことばがわかった」とありますが、仮に人間が動物の「ことば」を理解するようになったらどのようになると筆者は述べていますか。そのことが説明された部分を2つ、それぞれ30～35字で抜き出し、それぞれ最初と最後の5字を答えなさい。

問5 [A]～[D]に当てはまる言葉として最も適当なものを次の中から1つずつ選び、それぞれ記号で答えなさい。

ア したがって　イ たとえば　ウ しかし　エ あるいは　オ むしろ

問6 ―――線部⑤「たいせつな違う点」とありますが、このうち「『ことば』の身につけ方」について動物と人間との違いを筆者はどのように述べていますか。説明しなさい。

問7 ―――線部⑥「もともと生まれつき定められたこと」と同じ意味を表す部分を本文から18字で抜き出しなさい。

問8 ―――線部⑦「もし新しい外国語を身につけたとしたら、私たちの世界はどれほど広くなることでしょうか」とありますが、なぜ外国語を身につけると私たちの世界は広くなると考えられるのですか。その説明として最も適当なものを次の中から1つ選び、記号で答えなさい。

ア 多くの種類の外国語を話せるようになればいろいろな職業につける可能性が高まり、自分の将来の選択肢《せんたくし》が増えるから。

イ 外国語には自国語とは違う表現が含《ふく》まれており、それらを知ることで自分の物の見方や視野が広がるはずだから。

ウ 外国語の文法の仕組みは自国語とは全く異なるものであり、新しいことを一から学ぶことでその人の思考力が高まるから。

エ 新しい外国語を学ぶことは楽しく刺激《しげき》に満ちた体験であり、学びを通じてその人の学習意欲がますます向上するから。

問9 本文の内容をふまえた時、次の中から人間にしかできないことを2つ選び、記号で答えなさい。

ア 自分がまだ行ったことのない場所について考えをめぐらせること。

イ リンゴを見たら「赤」、レモンを見たら「黄色」と反応すること。

ウ おいしいものを発見した時、その存在をすぐに相手に伝えること。

エ おいしいものを発見した時、その入手方法を相手に伝えること。

オ 目の前に天敵があらわれた時、逃げろという合図を相手に送ること。

明日はきっとおいしいものを見つけるぞ、などといった気持ちを伝えることができるでしょうか。とてもできないことです。

動物の「ことば」の仕組みは、生まれつき身に備わっていますが、その代わり、動物たちには、⑥もともと生まれつき定められたことしか、表わしたり、伝えたりしようとしないのです。動物の「ことば」は、動物たちをせまい世界の中に閉じこめています。

私たち人間の世界は、このように閉じたものではありません。人間の「ことば」は、「ここ」「いま」のことがらをはるかに越えて、過去のことも、未来のことも、そしてじっさいにはありえない想像上のことであっても、表わし、伝えることができます。人間は「ことば」を学ばなければならない代わりに、学べば学ぶほど、新しい言いまわしを身につければつけるほど、世界が広くなっていきます。そして、さらにすすんで、⑦もし新しい外国語を身につけたとしたら、私たちの世界はどれほど広くなることでしょうか。私たちのほうでその気になれば、人間の「ことば」は私たちをいくらでも広い世界へと連れていってくれます。

私たちがなんの気なしに使っている「ことば」――その「ことば」は、私たちにとってほんとうに、深い深いかかわりをもっているのです。

（池上嘉彦『ふしぎなことば　ことばのふしぎ』より）

＊1　チャット…ちょっとした会話。

問1　――線部①「イルカの『ことば』」とありますが、イルカの「ことば」の使い方について説明された部分を本文から51字で抜き出し、最初と最後の5字を答えなさい。

問2　――線部②「そのようなこと」の説明として最も適当なものを次の中から1つ選び、記号で答えなさい。

ア　危険を避けることで、その集団の寿命《じゅみょう》がのびていくこと。

イ　危険が差し迫っている際に、反射的にその危険を避けること。

ウ　危険が目の前にせまっていることをいち早く相手に伝えること。

エ　危険を体験した際の心情や危険の予防策について話し合うこと。

問3　――線部③「百以上の手話を自分でも使うようになった」とありますが、なぜチンパンジーに手話を使わせる実験をするようになったのですか。その理由が説明された部分を「きたから。」に続くように50字程度で抜き出し、最初と最後の5字を答えなさい。

でいる多くの動物たち――この動物たちはいったい何を感じ、何を思っているのでしょうか。動物たちの「ことば」がわかれば、私たちと動物たちとの間にはもっともっと心をかよわせることができるようになるでしょう。そして、「動物のことば」も、私たちに、もっともっと広い新しい世界のあることを教えてくれるに違いありません。――かつてはこのような美しい未来が想像されていたようです。しかし、研究者による「動物のことば」との熱心な取り組み――それを通して次々に明らかになってきたのは、[A]「動物のことば」と「人間のことば」の間には越《こ》え難《がた》いとしか思えないような大きな落差があるのではないかということです。

私たちは、動物たちのなかにも「ことば」らしいものをもっているものがいて、相互《そうご》に合図し合っているということ、そして類人猿にもなると、さまざまな品物の「名前」を、たとえば違った色のカードと対応させるということもできる――こういうことをみました。でも、このような動物たちの「ことば」は、私たち人間の「ことば」と同じように「ことば」なのでしょうか。

動物たちの「ことば」と私たち人間の「ことば」との間には、⑤たいせつな違う点がいくつかあります。[B]、アリやミツバチは、どのようにして「ことば」を身につけるのでしょうか。お母さんのアリが子どものアリに向かって、えさを見つけたときにはこうするのですよ、と教えているというのは、考えてみただけでもほんとうにほほえましい光景です。でも、じっさいには、アリのお母さんはそんなことをする必要はないのです。アリであれば、えさを見つけると、足の先からにおいのするものがしぜんに出てくるというふうに、生まれつき仕組まれているのです。ミツバチの場合も、お母さんが子どもの手足をとって、ダンスの仕方を教えてやるというわけではありません。

(中略)

人間の「ことば」は、こういうふうにはいきません。私たちが日ごろ使っている日本語ですと、まるで生まれつき身についていたように思えるかもしれませんが、たとえば、どういう場合に「アニ」といって「オトウト」とはいわないのか、などということは、みんな私たち自身が他の人から教えられたり、[C]、他の人が使っているのを見たり聞いたりして学び知ったのか、どちらかです。ひとりでに使えるようになったというわけではありません。このことは、外国語を身につける場合を考えてみれば、もっとはっきりするでしょう。

動物たちは「ことば」の勉強をしなくてすむからいいな、などと思ってはいけません。動物たちは、たしかに人間のように、努力して「ことば」を学ばなければならないというようなことはありません。[D]、その代わり、動物たちは、いつも、そしていつまでたっても、もとから本能として身についていることしか伝えることができないのです。

それからもうひとつ、動物の「ことば」は、いま、ここにあることがらを伝えることはできるでしょうが、「いま」と「ここ」を越えたもっと広い世界のことがらを伝えることはできないでしょう。たとえば、アリたちは、アリの「ことば」で、三日前に見つけたケーキがとても甘かったこと、

三　次の文章を読んで後の問に答えなさい（句読点や記号も1字に数えます）。

二十世紀の後半から二十一世紀に入っても、①イルカの「ことば」は一部の研究者によって熱心に、そして集中的に研究されました。その過程では、たとえば、同じ集団に属するすべての個体には別々の「呼び名」がついていて、自分が何かを伝えたい相手が誰なのかが識別できるようになっているといったことまで確認されたとのことです。いつかは人間がイルカの「ことば」を習って、イルカと＊1「チャット」することができると考えた研究者もいたようです。

しかし、現在では、それは人間の側での勝手な「高望み」ということで一件落着になりそうな様子です。その理由は、イルカの「ことば」は現実に差し迫《せま》ったこと、自分たちの身に直接関わりうることを「合図」するという使い方にもっぱら限られているからです。「合図」を受けた側のイルカはそれに本能的、反射的に反応して身体を動かします。そして、たとえば差し迫った危険が避《さ》けられるというわけです。

人間であるあなただったら、そのようにして無事にすんだ後、多分仲間にその折に自分の体験した緊張《きんちょう》感を語ったり、以後、そのような危険を前もって避けるべく、どのようにすればよいかを話し合ったりするかも知れません。しかし、イルカの「ことば」の場合、②そのようなことは文字通り「話にならない」のです。

他方、チンパンジーとかゴリラといった「類人猿《るいじんえん》」については、人間のことば――特に、ものの名前――を覚えさせようとする実験もなされてきました。たとえば、チンパンジーの赤ちゃんを人間の赤ちゃんといっしょに同じやり方で育ててみて、どれくらい人間のことばが使えるようになるかを見てみるということも試みられました。そのようにして育てられたヴィッキーという名のチンパンジーは、「ママ」、「パパ」、「カップ」（飲みものが欲しいということ）という三つの単語を覚えたそうです。

しかし、そのうちに、チンパンジーの口は、人間のことばのような音を出すのにふさわしい仕組みになっていないのだということがわかってきました。そこで、声を使うかわりに、手話や、色や形の違う札やカードを用いていろいろなことを伝えたり、理解することができないかという実験がされるようになりました。ワッシューという名前のチンパンジーは、③百以上の手話を自分でも使うようになったということです。

日本でも、「アイ」と名づけられ、母親にまでなった〝天才〟チンパンジーが異なる品物を（人間が使う「リンゴ」とか「カバン」といった「名前」の代わりに）色の異なるカードと対応させるといったようなやり方で習得しました。そして人がある品物を見せると、画面からそれに対応する色のカードを選んで指さしする――こういう作業を眼にも止まらぬ速さでやってのける場面をテレビでごらんになったこともあると思います。

むかしむかし、イスラエルを治めていたソロモンという賢《かしこ》い王様は、④鳥や虫のことばがわかったといいます。私たちといっしょにこの地球に住ん

二

次の①～⑤の（　　）の中に入る言葉として最も適当なものをそれぞれ1つ選び、記号で答えなさい。

① 難問を（　　）両断にして解決する。

ア 一党　イ 一刀　ウ 一等　エ 一統

② 彼は大器（　　）の人だった。

ア 晩生　イ 万成　ウ 晩成　エ 万勢

③ 練習で力を使いすぎて本番がうまくいかないとは本末（　　）だ。

ア 点倒　イ 転倒　ウ 転頭　エ 点到

④ 新しい職場で（　　）一転、がんばる。

ア 心気　イ 新規　ウ 新気　エ 心機

⑤ あの人の主張には大義（　　）がない。

ア 名文　イ 明文　ウ 明分　エ 名分

2024年度 自修館中等教育学校

【国語】〈A－1日程試験〉（五〇分）〈満点：一〇〇点〉

一 次の――線部のカタカナは漢字に改め、漢字はその読み方をひらがなで答えなさい。

① 仕事のノウリツが上がる。
② テンケイ的な和食を出す店。
③ シメイ感の強い人。
④ ケンセツ的な意見が出る。
⑤ 月は地球のエイセイだ。
⑥ 演奏会は好評をハクした。
⑦ 自分のヒタイに手を当てる。
⑧ 学校の沿革をまとめる。
⑨ 今年は豊年だろう。
⑩ 快いねむりにつく。

2024年度
自修館中等教育学校 ▶解説と解答

算 数 ＜A－1日程試験＞（50分）＜満点：100点＞

解 答

1 (1) 8 (2) $3\frac{1}{2}$ (3) 271 (4) 4 (5) 8 **2** (1) 16個 (2) 16通り (3) 時速4km (4) 3.717cm (5) $36cm^3$ **3** (1) 140000円 (2) 144000円 (3) **(小)**…60個，**(大)**…120個 (4) **(小)**…240個，**(大)**…0個 **4** (1) 赤色 (2) 緑色 (3) **赤**…1匹，**青**…1匹，**緑**…1匹 (4) **色**…青色，**最低回数**…10回，**理由**…(例) 解説を参照のこと。

解 説

1 四則計算，計算のくふう，逆算，約束記号

(1) $28-4\times\{12-(33-5)\div 4\}=28-4\times(12-28\div 4)=28-4\times(12-7)=28-4\times 5=28-20=8$

(2) $\frac{1}{2}+0.75\times 8-4.5\div 1\frac{1}{2}=\frac{1}{2}+6-4.5\div 1.5=\frac{1}{2}+6-3=3\frac{1}{2}$

(3) $A\div C+B\div C=(A+B)\div C$となることを利用すると，$45678\div 246-12345\div 246+87654\div 246-54321\div 246=\{(45678-12345)+(87654-54321)\}\div 246=(33333+33333)\div 246=66666\div 246=271$

(4) $\frac{3}{8}\times\square+5\div 2\times(6-3)=9$より，$\frac{3}{8}\times\square+2.5\times 3=\frac{3}{8}\times\square+7.5=9$，$\frac{3}{8}\times\square=9-7.5=1.5$ よって，$\square=1.5\div\frac{3}{8}=\frac{3}{2}\times\frac{8}{3}=4$

(5) $2\times 2\times 2\times 2\times 2=32$より，2※5＝3となるから，(2※5)※4＝3※4となる。また，$3\times 3\times 3\times 3=81$より，3※4＝8と求められる。

2 つるかめ算，場合の数，流水算，長さ，展開図，体積

(1) アイスクリームだけを25個買うと，$150\times 25=3750$(円)になるから，予定の金額よりも，$3750-3500=250$(円)多くなる。アイスクリームのかわりにプリンを買うと，1個あたり，$150-120=30$(円)安くなるので，予定の金額以内で買うためには，$250\div 30=8$余り10より，プリンを，$8+1=9$(個)買う必要がある。よって，アイスクリームは，$25-9=16$(個)買うことができる。

(2) 10円玉の枚数が3枚の場合は，$10\times 3=30$(円)の1通りである。また，10円玉の枚数が2枚の場合，残りの金額は，$30-10\times 2=10$(円)になる。これを5円玉と1円玉で作るとき，{5円玉，1円玉}の枚数は{0枚，10枚}，{1枚，5枚}，{2枚，0枚}の3通りとなる。同様に，10円玉の枚数が1枚の場合，残りの金額は，$30-10\times 1=20$(円)になる。これを5円玉と1円玉で作るとき，5円玉の枚数は0枚以上4枚以下の5通り考えられるので，この場合は5通りとなる。さらに，10円玉の枚数が0枚の場合，残りの金額は30円になり，これを5円玉と1円玉で作るとき，5円玉の枚数は0枚以上6枚以下の7通り考えられるから，全部で，$1+3+5+7=16$(通り)ある。

(3)　上りの速さは時速，30÷3＝10(km)，下りの速さは時速，$30\div1\frac{40}{60}$＝18(km)なので，下の図1のように表すことができる。よって，川の流れの速さは時速，(18－10)÷2＝4(km)とわかる。

(4)　下の図2で，㋐と㋑の部分の面積が等しいから，それぞれに★の部分を加えると，(㋐＋★)と(㋑＋★)の面積も等しくなる。つまり，おうぎ形CFEと長方形ABCDの面積も等しくなる。ここで，おうぎ形CFEの面積は，$9\times9\times3.14\times\frac{90}{360}$＝63.585(cm^2)なので，長方形ABCDの面積も63.585cm^{2}であり，DCの長さは，63.585÷5＝12.717(cm)とわかる。よって，DFの長さは，12.717－9＝3.717(cm)と求められる。

図1

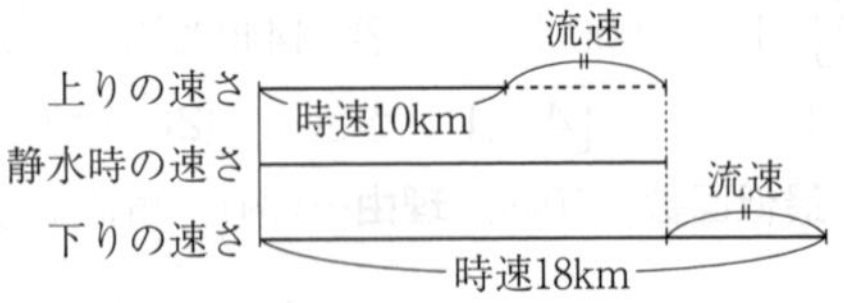

図2

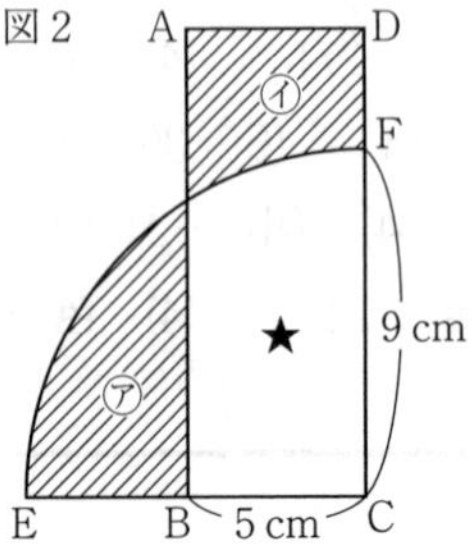

図3

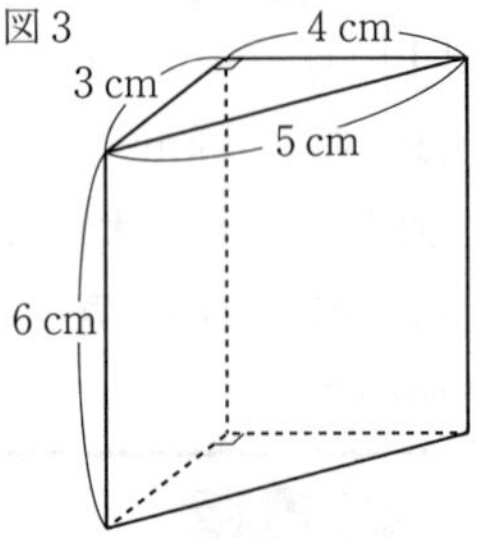

(5)　展開図を組み立てると，上の図3のような三角柱になる。この三角柱は，底面積が，4×3÷2＝6(cm^2)，高さが6cmだから，体積は，6×6＝36(cm^3)である。

3　条件の整理

(1)　42kgは42000gである。大山こま(大)だけを製造する場合，材料の量を考えると，42000÷300＝140(個)まで製造でき，職人さんの作業時間を考えると，480÷3＝160(個)まで製造できる。よって，製造できるのは140個だから，得られる利益は，1000×140＝140000(円)となる。

(2)　(1)と同様に考える。大山こま(小)だけを製造する場合，材料の量を考えると，42000÷100＝420(個)まで製造でき，職人さんの作業時間を考えると，480÷2＝240(個)まで製造できる。よって，製造できるのは240個なので，得られる利益は，600×240＝144000(円)となる。

(3)　大山こま(小)だけを240個製造した状態から考える。大山こま(小)を3個減らすと，職人さんの作業時間が，2×3＝6(時間)減るから，そのかわりに大山こま(大)を，6÷3＝2(個)製造することができる。このとき得られる利益は，大山こま(小)を3個減らすことによって，600×3＝1800(円)減り，大山こま(大)を2個増やすことによって，1000×2＝2000(円)増えるので，全体では，2000－1800＝200(円)増えることになる。よって，この交換《こうかん》をできるだけ多く行えばよい。ただし，このとき必要な材料は，大山こま(小)を3個減らすことによって，100×3＝300(g)減り，大山こま(大)を2個増やすことによって，300×2＝600(g)増えるから，全体では，600－300＝300(g)増えることになる。大山こま(小)だけを240個製造したとき，残っている材料の量は，42000－100×240＝18000(g)なので，この交換を，18000÷300＝60(回)行うことができる。したがって，利益が最も大きくなるのは，大山こま(小)を，240－3×60＝60(個)，大山こま(大)を，2×60＝120(個)製造するときである。

(4)　得られる利益が変わっても製造できる個数は変わらないから，大山こま(小)だけの場合の利益は，490×240＝117600(円)，大山こま(大)だけの場合の利益は，700×140＝98000(円)とわかる。そこで，(3)と同様に，大山こま(小)だけを240個製造した状態から，大山こま(小)3個と大山こま(大)2個を交換することを考える。このとき得られる利益は，大山こま(小)を3個減らすことによって，490×3＝1470(円)減り，大山こま(大)を２個増やすことによって，700×２＝1400(円)増えるので，全体では，1470－1400＝70(円)減ることになる。つまり，この交換を行うことによって得られる利益が少なくなってしまうので，利益が最も大きくなるのは大山こま(小)だけを製造した場合とわかる。よって，大山こま(小)を240個，大山こま(大)を０個製造するときである。

4　調べ

⑴　出会うカメレオンを□で表すと，下の図１のようになる。これより，１回目に赤と青が出会うとそれぞれが緑になり，２回目に緑と青が出会うとそれぞれが赤になり，３回目に緑と青が出会うとそれぞれが赤になる。よって，３回出会うと全てが赤色になる。

⑵　⑴と同様に考えると，下の図２のようになる。よって，４回出会うと全てが緑色になる。

⑶　下の図３のように最初に赤，青，緑が１匹《びき》ずついるとき，赤と青が出会えば全てが緑色になり，青と緑が出会えば全てが赤色になり，赤と緑が出会えば全てが青色になる。よって，条件に合うのは，赤が１匹，青が１匹，緑が１匹である。

図１

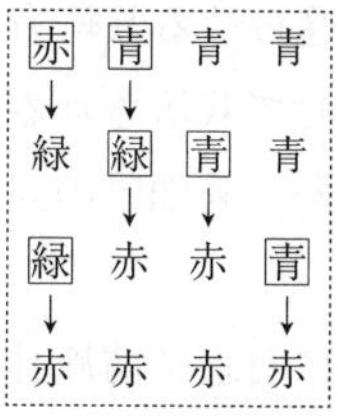

図２

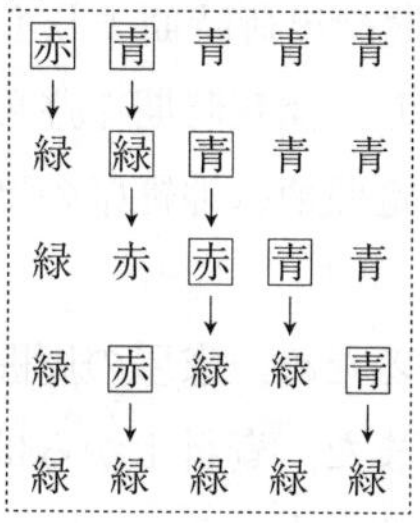

図３

図４

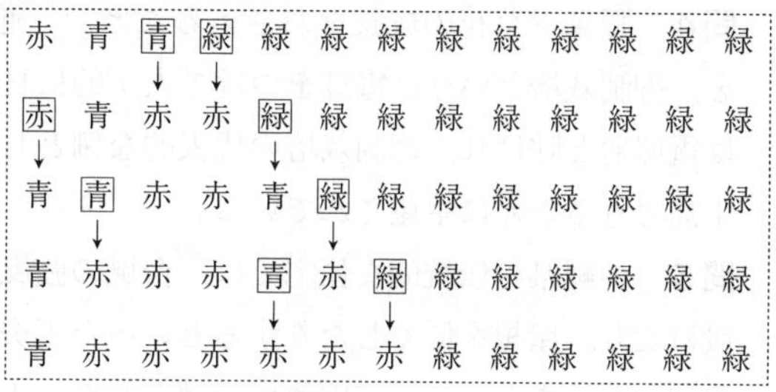

⑷　上の図４で，赤，青，青を全て緑にすることはできないから，10匹の緑をほかの色に変える必要がある。図４のように４回出会うと，赤と緑を６匹ずつにすることができる。この後，赤と緑が出会うことを６回くり返すと全てが青色になる。よって，４＋６＝10(回)で全てを青色にすることができる。なお，最初に緑が10匹いるので，全ての緑をほかの色に変えるためには，少なくとも10回出会う必要がある。したがって，これは最低回数であるといえる。

社　会　＜A－1日程試験＞（30分）＜満点：50点＞

解　答

1　**問1**　ウ　　**問2**　ウ　　**問3**　ア　　**問4**　抑制栽培　　**問5**　（例）風の影響を少なくするために，住宅の高さを低くしている。(家のまわりを石垣で囲んだり，防風林を植えたりしている。)　**問6**　イ　　**問7**　（例）日本はニュージーランドよりも地熱資源量が多いにもかかわらず，ニュージーランドよりも地熱発電設備容量が少ない。　**2**　**問1**　イ　　**問2**　ア　　**問3**　ウ　　**問4**　渋沢栄一　　**問5**　ロシア　　**問6**　ウ　　**問7**　（例）日本の農家はコメの値段が下がったため，アメリカなどに輸出する生糸からの収入に依存した。そのため，アメリカが不景気となったことで生糸の値段が下がると，日本の農家の生活が行きづまった。　**問8**　ウ　　**問9**　イ　　**3**　**問1**　エ　　**問2**　ア　　**問3**　（例）旅行に行くなら，北海

道？　沖縄？　**問4**　ウ　**問5**　エ　**問6**　イ　**問7**　エ　**問8**　ウ

解　説

1　日本の産業や各地域の特色などについての問題

問1　1970年代から世界各国は，自国の沿岸から200海里の範囲《はんい》内での外国船の漁を制限するようになった。1982年には国連海洋法条約が採択《さいたく》され，ここで200海里の排他《はいた》的経済水域が国際的なルールとして認められるようになった。こうした動きが広がるとともに，外国の海での漁が難しくなっていったため，遠洋漁業の漁獲《ぎょかく》量は減少していった(ウ…○)。

問2　近畿地方は，滋賀県，三重県，和歌山県，奈良県，京都府，大阪府，兵庫県の２府５県からなる。このうち，滋賀県大津市，三重県津市，兵庫県神戸市の３市が，県名と県庁所在地名が異なる(ウ…○)。

問3　京都市中心部は京都盆地の北側に位置し，三方(北・東・西)を山に囲まれているため，フェーン現象が起こりやすく，夏は最高気温が35℃以上の猛暑《もうしょ》日となることが多い(ア…×)。

問4　野菜や草花の成長をおさえることで，通常の収穫《しゅうかく》時期や出荷時期よりも遅《おく》らせる栽培《さいばい》方法を，抑制《よくせい》栽培という。電灯をつけて人工的に日照時間をのばし，開花時期を遅らせて栽培される菊《きく》は電照菊と呼ばれ，抑制栽培の代表的な例として知られる。電照菊は沖縄県のほか，愛知県の渥美《あつみ》半島でもさかんに生産されている。

問5　沖縄県の伝統的な住宅では，台風の強風から家屋を守るため，家屋の周囲に石垣《いしがき》や防風林を設けたり，屋根を低くしたりするといった工夫が見られる。また，資料Ⅰからは読み取れないが，屋根がわらをしっくいで固めて飛ばされないようにしている家屋もある。

問6　新潟県を流れる阿賀野《あがの》川の下流域では，上流にある化学工場の廃水《はいすい》にふくまれていたメチル水銀(有機水銀)が川を汚染《おせん》したために水銀中毒の患者《かんじゃ》が発生し，このことが1965年に正式に発表された。これは，1950年代に熊本県で発生した水俣《みなまた》病と同じ原因・症状《しょうじょう》だったため，新潟水俣病(第二水俣病)と呼ばれた(イ…○)。なお，アのカドミウムは富山県で発生したイタイイタイ病の原因となった物質，ウの亜硫酸《ありゅうさん》ガスは三重県で発生した四日市ぜんそくの原因となった物質で，水俣病，新潟水俣病，イタイイタイ病，四日市ぜんそくを合わせて四大公害病という。エのトリチウムは，放射性物質の１つである。

問7　資料Ⅱによると，日本の地熱資源量は世界第３位，ニュージーランドは第８位で，ニュージーランドの地熱資源量は日本の15％程度に過ぎない。一方，資料Ⅲで日本とニュージーランドを比べると，2020年の日本の地熱発電設備容量は，ニュージーランドの半分ほどしかないことがわかる。これらのことから，日本は地熱資源をエネルギーとして有効に使えていないという実態がうかがえる。

2　江戸時代末～昭和時代の歴史的なことがらについての問題

問1　1858年，江戸幕府はアメリカと日米修好通商条約を結び，貿易を開始した。このとき，輸出入品にかかる関税の率は相互《そうご》に協議するとされ，日本には自由に税率を決める権限(関税自主権)がなかったため，安い外国製品の流入から日本国内の産業を保護するのが難しくなった(イ…○)。なお，開港地とされたのは函館《はこだて》・新潟・横浜(神奈川)・神戸(兵庫)・長崎の５つである(ア…×)。日本はアメリカに領事裁判権を認めたので，日本国内で罪をおかしたアメリカ人については，アメリカ領事がアメリカの法律にもとづいて裁判を行うことになった。そのため，アメリカ人にとって有利な判決が下る可能性があった（ウ…×）。

問2　日本の輸出品において，茶と生糸を合わせた割合は，1873～74年には，28.0＋33.2＝61.2（％），1875～79年には，23.5＋37.9＝61.4（％）と，全体の６割を超《こ》えることがあった（ア…〇）。なお，茶は常に生糸よりも日本の輸出総額に占《し》める割合が低かった（イ…×）。日本の輸入総額に占める綿花の割合が増加に転じたのは，明治時代の1885～89年である。昭和時代は1926年に始まり，その初期に当たる1930～34年以降，綿花の割合は減少を続けている（ウ…×）。

問3　1930年以降も日本の輸出総額に占める生糸の割合は10～20％程度あることが統計の表から読み取れるので，1930年代にも日本で生糸が生産されていたとわかる（ウ…×）。なお，1872年に官営模範工場として操業を開始した富岡製糸場では工女が活躍《かつやく》し，彼女たちが身につけた技術は日本の製糸業の発展に大きく貢献《こうけん》した（ア…〇）。明治時代は1868年から1912年までにあたり，1900年以降，日本の輸出総額に占める生糸の割合は30％を下回ることがあった（イ…〇）。

問4　渋沢《しぶさわ》栄一は埼玉県出身の実業家・教育家で，明治政府で働いた後，1873年に日本初の銀行である第一国立銀行を設立した。また，大阪紡績《ぼうせき》会社をはじめとする数多くの会社の設立や経営にたずさわったことから，「日本資本主義の父」とも呼ばれる。こうした業績が評価され，2024年に発行される新一万円札には，渋沢栄一の肖像《しょうぞう》が採用されることになった。

問5　19世紀後半，日本は南下政策を進めるロシアとの対立を深めていき，この対立は1904年に日露戦争へと発展した。日露戦争は日本に有利な状況《じょうきょう》で進んだが，おたがいに戦争を続けるのが困難な状況となったため，アメリカのルーズベルト大統領の仲立ちで1905年にポーツマス条約が結ばれ，戦争が終結した。

問6　1914年に始まった第一次世界大戦はヨーロッパを主戦場として行われたため，本格的な戦場とならなかった日本とアメリカは貿易がさかんになった（A…〇，B…×）。また，日本では戦時中に大戦景気と呼ばれる好景気が訪れたが，その後は戦後恐慌《きょうこう》，関東大震災《しんさい》による震災恐慌により国民の生活は苦しくなった（C…×）。一方，アメリカは世界最大の工業国となったが，日本は1918年に第一次世界大戦が終わってヨーロッパ諸国が復興し始めると，輸入が輸出を上回るようになって貿易赤字が続いた（D…〇）。

問7　1929年にアメリカで株価が大暴落すると，これをきっかけとして世界恐慌と呼ばれる世界的な不景気が広がった。これによって，日本でもコメをはじめとする農産物の価格が下がった。特に，当時最大の生糸の輸出先だったアメリカへの輸出が減ったことで，農家の貴重な現金収入源であった養蚕業は大打撃《だげき》を受けた。

問8　1939年，ドイツがポーランドに侵攻《しんこう》すると，イギリスとフランスがドイツに宣戦布告し，第二次世界大戦が始まった。開戦当初，ドイツは快進撃を続け，イタリアもドイツ側に立って参戦すると，日本国内では，イギリスやアメリカと対立してでもドイツとの同盟関係を結ぼうという意見が強くなった。そして1940年，日本は東南アジアのフランス領インドシナ（現在のベトナム北部）へ軍を進め，ドイツ・イタリアと日独伊三国同盟を結んだ。これによってアメリカとの対立は決定的なものとなり，アメリカは日本への輸出制限などをするようになった（ウ…〇）。なお，日本が日清戦争で清（中国）から賠償《ばいしょう》金を得たのは1895年，イギリスと日英同盟を結んだのは1902年のことである（ア…×）。また，日本は20世紀初めから韓国への支配を強め，1910年には韓国併合《へいごう》条約を結んだ。韓国は朝鮮へと改められ，日本は朝鮮を植民地として支配した(イ…×)。

問９　1937年に日中戦争が始まり，戦争が長期化すると，男性が多く出兵して労働力が減ったことや，産業が戦争優先になったことで，国内では生活必需《ひつじゅ》品が不足するようになった。そのため，生活必需品は配給制や切符制とされ，国民は不自由な生活をしいられた(イ…×)。

3　日本国憲法や人権，現代の社会などについての問題

問１　日本国憲法第31条は，「何人も，法律の定める手続によらなければ，その生命若《も》しくは自由を奪《うば(わ)》はれ，又《また》はその他の刑罰《けいばつ》を科せられない」と定め，基本的人権のうちの自由権，特に生命・身体の自由を保障している。なお，アには主権，イには平等，ウには権利が当てはまる。

問２　グローバル化とは，ものやお金，人，情報などが世界規模で結びつき，世界が一体化する動きのことをいう。グローバル化が進むと，世界的な人の移動が行われるようになるので，海外で暮らす日本人や日本で暮らす外国人は増えると考えられる(ア…○)。なお，グローバル化が進むと，輸入される食料の量や種類が増えると考えられ，この場合，フードマイレージ(食料の輸送量と輸送距離《きょり》をかけ合わせて算出される数値)は上昇《じょうしょう》する(イ…×)。産業の空洞《くうどう》化は，企業《きぎょう》の工場などが，税や人件費などの安い外国へと移転することで国内の製造業が衰退《すいたい》することをいう。フェアトレードは発展途上国の生産者や労働者の生活を守るために公正な貿易を行うことをいい，グローバル化の進展にともない注目されるようになると考えられるが，産業の空洞化の問題と直接関係するわけではない(ウ…×)。バーチャルウォーターとは，食料を輸入した国が自国でその食料を生産した場合，どのくらいの水が必要になるかを推定したものである。グローバル化の進展にともなって食料の輸入が増えれば，バーチャルウォーターも増えると考えられるが，工業製品の価格競争と直接の関係があるわけではない(エ…×)。

問３　最後のＡさんとＢさんのやりとりを参考にして，広く知られていることがらで二択の質問を考えるとよい。

問４　日本国憲法第26条が定める「教育を受ける権利」は，生存権(第25条)，働く権利(第27条)，労働基本権(労働三権，第28条)とともに社会権に分類される(ウ…○)。なお，アの自由権とイの平等権は，社会権とともに基本的人権の１つに数えられる。エの新しい人権は，憲法に明記されていないものの，社会の変化によって主張されるようになってきた権利のことで，環境《かんきょう》権などがこれに当たる。

問５　中国や韓国といった東アジアの国や，東南アジアの一部の国では，はしを使って食事をする文化が見られる(エ…×)。

問６　2015年に国際連合の総会で採択されたSDGs(持続可能な開発目標)では，地球上の「誰《だれ》一人取り残さない」持続可能な社会を実現するため，2030年までに世界が達成するべき17分野の目標(ゴール)と169のターゲット(達成基準)が設定された(イ…○)。なお，アの「宇宙船地球号」は，地球を１つの宇宙船ととらえ，そこに暮らす人間は同じ宇宙船の乗組員だという意識を持ってさまざまな問題に取り組んでいくべきだという考え方で，1960年代に広がった。ウの「かけがえのない地球」は，1972年にスウェーデンのストックホルムで開かれた国連人間環境会議における標語，エの「公共の福祉《ふくし》」は「社会全体の利益」といった意味で使われる言葉である。

問７　新成人が資料にあるような契約《けいやく》に関わるトラブルに巻き込《こ》まれないように注意するポスターがふさわしいので，新成人に向けて契約における注意事項《じこう》を，禁止の口調で列挙したエが選べる。

なお，新成人だけのデータではないアや，契約に関する注意事項が書かれていないイでは，伝えたいことが伝わらない。ウには，新成人ができるようになったことが書かれているが，契約に関わるトラブルを強調したエに比べると，注意が伝わりにくいといえる。

問8　Ⅰはプライバシーの権利で，自分の私生活に関する情報を自分で管理する権利をいう。新しい人権の１つで，作家や報道機関などが主張する表現の自由と個人のプライバシーの権利がぶつかって，裁判になることがある。なお，身体の自由は自由権の１つで，正当な理由と法律の手続きがないかぎり，逮捕《たいほ》されたり拘束《こうそく》されたりしない権利のこと。また，Ⅱはヘイトスピーチで，人種や出身国，宗教，性別，社会的立場，障がいなどを理由として，特定の少数者に対する憎《にく》しみや暴力，差別をあおったり，さげすんだりする表現をいう。なお，バリアフリーとは，社会におけるバリア(障壁)をなくし，誰にとっても暮らしやすい社会をつくろうという考え方や取り組みのこと。

理　科　＜A－1日程試験＞（30分）＜満点：50点＞

解　答

1　**問1**　A　④　　B　コケ　　**問2**　A　③　　B　突然変異　　**問3**　②　　**問4**　①
2　**問1**　8分後…①　　12分後…④　　**問2**　24秒　　**問3**　水蒸気　　**問4**　沸騰　　**問5**　（例）　気圧が低くなったことで沸点が下がったから。　　**3**　**問1**　E　$6\frac{2}{3}$cm　　F　$11\frac{1}{3}$cm　　**問2**　Dに24g　　**問3**　（例）　Dに170gとFに20g　　**4**　**問1**　③　　**問2**　ヘクトパスカル(hPa)　　**問3**　④　　**問4**　マグニチュード　　**問5**　③　　**5**　（例）　解説の図を参照のこと。

解　説

1　**生物についての小問集合**

問1　スギ，アブラナ，トウモロコシなどのように，花を咲《さ》かせ種子をつくってふえる植物を種子植物という。一方，花を咲かせず種子をつくらない植物には，スギナのようなシダ植物とゼニゴケなどのコケ植物があり，これらは胞子《ほうし》でふえる。なお，ワカメは藻《そう》類，エリンギは菌《きん》類に分類される。

問2　キンギョやニシキゴイ，メダカなどは，観賞用として本来自然にいるものと体色や形などが大きく異なるものが売られていることがある。それらは，突然《とつぜん》変異という現象によって，偶然《ぐうぜん》，色や姿などが変わったものを，より美しく珍《めずら》しいものに変えようと品種改良を重ねてつくり出されている。

問3　①　菌類のキノコは光合成を行わず，枯《か》れた植物などを栄養として育っている。　②　ソメイヨシノは同一の個体の花では種子ができない性質があるため，接《つ》ぎ木，または，さし木という方法でふやしている。　③　水草のなかまでも，水面の上にのびた花を咲かせて受粉するものや，水中で花粉を放出して受粉が行われるものがある。　④　タケノコはタケの地下茎《ちかけい》から出てくる若い茎《くき》である。タケは，およそ120年に一度，イネの穂《ほ》のようなクリーム色の花を咲かせるが，一《いっ》斉《せい》に花が咲く原因については解明されていない。

問4　マナティーは北アメリカ大陸東部などに生息し，体長３メートル以上にもなる大型のほ乳類で，親と似た姿で生まれる。なお，ミジンコとヤドカリは甲殻《こうかく》類，ウミヘビはは虫類で，いずれも卵からふ化する。

2 水の状態変化についての問題

問1　加熱をはじめてから6分間は，フラスコの中は0℃の氷と0℃の水が混ざった状態で，6分後には氷がすべてとけて液体だけとなり，0℃から温度が上がっていく。8分後はまだ100℃にはなっていないので，すべて液体の状態となる。10分後から20分後までは100℃のままで，液体の水がさかんに沸騰《ふっとう》しているので，12分後は液体と気体が混ざった状態になっている。なお，20分後からは気体となった水蒸気の温度が上がっていることがわかる。

問2　0℃の水が100℃になるまでにかかった時間が，10－6＝4(分)なので，10℃上がるのにかかった時間は，$4\times60\times\frac{10}{100}=24$(秒)と求められる。

問3～問5　高い山の上など気圧の低いところでは，100℃より低い温度で水は沸騰する。同様に，問題文中の図のようにして三角フラスコの底を冷やすと，フラスコ内の空間に満たされていた水蒸気が液体の水に戻《もど》ってフラスコ内の圧力が下がるので，沸点が下がり沸騰が起こる。よって，このときフラスコ内の水から出てきた泡《あわ》は水蒸気と考えられる。

3 輪軸《りんじく》についての問題

問1　3つの円板はつねに同じ角度ずつ回転するので，輪軸の片側を引き下げるとき，糸が動く長さは円板の半径に比例する。したがって，Eが上がる長さは，$2\times\frac{10}{3}=\frac{20}{3}=6\frac{2}{3}$(cm)となる。また，Fが上がる長さは，$2\times\frac{17}{3}=\frac{34}{3}=11\frac{1}{3}$(cm)となる。

問2　輪軸が回転しない(つりあっている)ときは，てこのはたらきと同じように，(輪にかかる重さ)×(輪の半径)で求められる回転力が左右で等しくなる。Aに吊《つ》るした16gのおもりによる左回りの回転力は，16×17＝272，Eに吊るした20gのおもりによる右回りの回転力は，20×10＝200となり，右回りの回転力が，272－200＝72だけ小さい。おもりの質量は整数なので，72÷3＝24，72÷17＝4.2…より，Dに24gのおもりを吊るせば輪軸が回転せずにつりあう。

問3　Bに85gのおもりを吊るしたとき，左回りの回転力は，85×10＝850となる。ここで，たとえばDとFの2か所におもりを吊るす場合を考えると，Fに吊るすおもりが10gのとき，右回りの回転力が，10×17＝170となり，Dに吊るすおもりによる回転力を，850－170＝680としなくてはならず，680÷3＝226.6…より，おもりの重さが整数にならない。次に，Fに吊るすおもりを20gとすると，右回りの回転力が，20×17＝340となり，Dに吊るすおもりによる回転力は，850－340＝510となるから，510÷3＝170(g)のおもりを吊るせばよいことがわかる。

4 気象や大地についての小問集合

問1　一日の最高気温が25℃以上の日を夏日，30℃以上の日を真夏日，35℃以上の日を猛暑《もうしょ》日と定義している。

問2　地球のまわりの空気(大気)にも重さがあり，この大気による圧力(気圧)の大きさを示す単位をヘクトパスカル(hPa)といい，1気圧(標準的な高度0mの地表の気圧)は1013ヘクトパスカルである。また，まわりより気圧の高いところを高気圧，低いところを低気圧とよぶ。

問3　5月から7月の長雨を梅雨，9月から10月にかけての長雨を秋雨という。これらは，北の冷たくしめったオホーツク海気団と，南の暖かくしめった小笠原《おがさわら》気団が日本列島付近でほぼ同じ勢力でぶつかってできる停たい前線によってもたらされる。

問4　地震《じしん》のＰ波(小さいゆれをもたらす波)のあとにＳ波(大きいゆれをもたらす波)が遅《おく》れてやってくることを利用し，Ｐ波の大きさから，地震の規模《きぼ》や震源を予測して，Ｓ波がくる前に速報として発表するシステムを緊急《きんきゅう》地震速報という。また，地震の規模を表す尺度《しゃくど》をマグニチュードといい，アルファベットのMで表す。マグニチュードが１だけ大きくなると，地震のエネルギーは約32倍大きくなる。

問5　長石は地殻《ちかく》に大量に含《ふく》まれる白っぽい鉱物《こうぶつ》で，火山噴出《ふんしゅつ》物ではない。火山噴出物には，火山弾《だん》，軽石，溶岩《ようがん》，火山灰，火山ガスなどがある。なお，火山ガスには，水蒸気，二酸化硫黄《いおう》，塩化水素，硫化《りゅうか》水素，二酸化炭素，一酸化炭素，水素などが含まれている。

5　リサイクル・アップサイクルについての問題

リサイクルは不要になった物を原材料に戻してから新たな物を作るのに対して，アップサイクルは原材料に戻さずに元の製品の素材をそのまま生かして新たな物を作る。これらの例としては下の図のようなものがあげられる。

不要になった物	リサイクル アップサイクル	どのような物にするか
衣類	リサイクル	裁断《さいだん》してマットレスなどのつめ物にする
割れた陶器《とうき》	アップサイクル	漆《うるし》と金で金つぎをして使用する
プラスチックでできたボールペン	リサイクル	トレーやアクセサリー
魚の皮	アップサイクル	フィッシュレザーとして財布《さいふ》やバッグにする
廃棄《はいき》するはずの野菜の茎や皮	アップサイクル	スナック菓子《がし》
ビニール傘《かさ》	アップサイクル	透明《とうめい》なバッグ
漁網《ぎょもう》の廃棄物	アップサイクル	財布やバッグ

国　語　＜A－1日程試験＞（50分）＜満点：100点＞

解　答

一　①～⑦　下記を参照のこと。　⑧　えんかく　⑨　ほうねん　⑩　こころよ

二　①　イ　②　ウ　③　イ　④　エ　⑤　エ　三　**問1**　現実に差し～られている　**問2**　エ　**問3**　チンパンジ～がわかって(きたから。)　**問4**　私たちと動～とができる／私たちに，～えてくれる　**問5**　**A**　オ　**B**　イ　**C**　エ　**D**　ウ　**問6**　(例)　動物はものごとの伝達方法が生まれつき仕組まれているのに対して，人間は他人から教えられたり，見たり聞いたりしてことばを身につける。　**問7**　もとから本能として身についていること　**問8**　イ　**問9**　ア，エ　四　**問1**　雨具，セー　**問2**　地形が身につく(から。)　**問3**　エ　**問4**　イ　**問5**　雑念　**問6**　**A**　登山者の数　**B**　一人あたりの占有率が低下　**C**　(例)　けんか　**問7**　ア　**問8**　(例)　日の出の光の色が，めまぐるしく変化すること。　**問9**　**A**　地球の温暖化　**B**　風土と生き物のバランス　**C**

死の山　五 (例)　私は,「人間小説」という言い方が生まれると考えます。小説は人間が書くものでしたが, AI技術の発展によって, そのうちAIが書いた小説が登場するはずです。そうなったら, それを「AI小説」と言い, 人間が書いたものを「人間小説」と呼んで区別するようになると思います。読者が, 読みたい方を選べるように, そのような区別をした方がよいと思います。

●漢字の書き取り

一 ① 能率　② 典型　③ 使命　④ 建設　⑤ 衛星　⑥ 博　⑦ 額

解 説

一 漢字の書き取りと読み

①　仕事のはかどり具合。　②　あるグループに共通の特徴《とくちょう》。基準となるもの。　③　自分にまかされた特別な役割。　④「建設的」は, 問題解決に向けて, 前向きに取り組もうとすること。　⑤　地球などの周りをまわる天体。　⑥「博する」は, ここでは, 手に入れること。　⑦　おでこ。　⑧　ある会社や学校がつくられてから, 現在に至るまでの歴史。　⑨　農作物の収穫《しゅうかく》が豊かな年。　⑩　音読みは「カイ」で,「快晴」などの熟語がある。

二 四字熟語の完成

①「一刀両断」は, ものごとを思い切って処理すること。　②「大器晩成」は, すぐれた人物は大成するまでに時間がかかるということ。　③「本末転倒《ほんまつてんとう》」は, 大切な部分とそうでない部分が入れ替《か》わってしまうこと。　④「心機一転」は, 気持ちを入れ替えて新たにものごとを始めること。　⑤「大義名分」は, ものごとを行うときの正当な理由。

三 出典：池上嘉彦《いけがみよしひこ》『ふしぎなことば　ことばのふしぎ』。人間の「ことば」が, 動物たちの「ことば」と異なる点として, 努力して学ぶ必要があることと,「ことば」を学ぶことで自らの世界が広がるということがあると説明されている。

問１　次の段落で, イルカが「ことば」を使う場面について説明されている。イルカの「ことば」は,「現実に差し迫《せま》ったこと, 自分たちの身に直接関わりうることを『合図』するという使い方にもっぱら限られている」のである。

問２　直前に書かれているように,「そのような」が指し示すのは, 危険から逃《のが》れた後, 自分の体験を語ったり, 危険を避《さ》ける方法について議論したりすることである。問１でみたように, イルカの「ことば」は, 今まさに起こっていることに対して発するものなので, 過去や未来のことを話すことはできないのである。

問３　前の, チンパンジーやゴリラのような「類人猿《るいじんえん》」に「人間のことば」を覚えさせようとした実験の話に注目する。最初は,「類人猿」に「ものの名前」を覚えさせる実験を行っていたが, チンパンジーの口が「人間のことばのような音を出すのにふさわしい仕組みになっていない」ことがわかったため,「手話」などを使わせる実験に切り替えたのである。

問４　直後に,「動物たちの『ことば』がわかれば, 私たちと動物たちとの間にはもっともっと心をかよわせることができるようになる」し,「私たちに, もっともっと広い新しい世界のあることを教えてくれる」に違《ちが》いないと書かれている。

問5　**A**　人間が「動物のことば」を理解できれば，動物と心をかよわせ，もっと広く新しい世界を知ることができるだろうと期待して，研究者は研究を重ねてきたが，「動物のことば」と「人間のことば」の間には越《こ》え難《がた》い「大きな落差がある」ことが明らかになったという文脈である。よって，二つのことを並べて，前のことがらより後のことがらを選ぶ気持ちを表す「むしろ」があてはまる。　　**B**　「動物のことば」と「人間のことば」の「たいせつな違う点」を説明する例として，「アリやミツバチ」の話が挙げられているので，具体的な例を挙げるときに用いる「たとえば」が選べる。　　**C**　人間がことばを覚えるとき，どういう場合にどういうことばを使えばよいのかは，ほかの人から教えられたりするか，ほかの人が使っているのを見たり聞いたりするかの「どちらか」によるという文脈なので，同類のことがらを並べ立て，いろいろな場合があることを表す「あるいは」がふさわしい。　　**D**　前で，動物たちは，人間のように「努力して『ことば』を学ばなければならないというようなことは」ないと述べ，後で，いつまでも「もとから本能として身についていることしか伝えることができない」と筆者は述べている。よって，前のことがらを受けて，それに反する内容を述べるときに用いる「しかし」があてはまる。

問6　続く部分の，動物と人間の「ことば」の身につけ方について述べられている部分に注目する。アリの場合には，「えさを見つけると，足の先からにおいのするものがしぜんに出てくる」など，動物たちには，何かを伝達する方法が「生まれつき仕組まれている」が，人間は，「ことば」をほかの人から教えられたり，見聞きしたりして身につけるという違いがある。

問7　ここでの，「もともと生まれつき定められたこと」とは，「動物たち」の「『ことば』の仕組み」について述べられていることである。動物は，「生まれつき仕組まれ」た「ことば」しか使うことができないとあるので，同じことが書かれている空らんDをふくむ文の，動物たちは，「もとから本能として身についていることしか伝えることができない」という部分からぬき出せる。

問8　前の部分で，人間は，「ことば」を「学べば学ぶほど，新しい言いまわしを身につければつけるほど，世界が広くなって」いくと述べられている。その内容を受け，外国語を身につけると世界が広くなると述べられているのだから，それまでコミュニケーションを取ることができなかった人と話せるようになったり，外国で活やくすることができるようになったりして，「物の見方や視野が広がる」ことにつながるのだと読み取れるので，イが選べる。

問9　最後の部分にある通り，人間の「ことば」の特徴は，自ら学ぶ努力をする必要がある代わりに，「過去のことも，未来のことも，そしてじっさいにはありえない想像上のことであっても，表わし，伝えることができ」るということである。よって，「自分がまだ行ったことのない場所について」想像できるというアと，「おいしいものを発見した」ときの方法について，過去の経験を話そうとするエがあてはまる。

四　**出典：池内《いけうち》 紀《おさむ》『ひとり旅は楽し』**。「ひとり登山」を趣味《しゅみ》とする筆者が，「百名山」などの有名な山ではなく，あえて無名の山に時間をかけて登る理由と，その楽しみ方について述べている。

問1　五つ目の段落をみると，筆者が「ひとり登山」をする理由は，「自分の生物的な健康度」をはかるよい機会になるからだと述べられている。

問2　直後をみると，登山をする前に，「自前の地図」をつくることで，「地形が身につく」と述べられている。

問3　ここでは，当初予想されているコースタイムを倍にすることで，「山容が大きくなり，標高がグンと高まっていく」と述べられている。「時間を倍にして，途中《とちゅう》を二倍楽しもう」という筆者の登山の方針に従うと，実際は四時間ほどで登れる山も，その二倍の八時間のコースタイムにすることで，より充実感《じゅうじつかん》を得られることになるので，エがふさわしい。

問４　同じ段落をみると，「死者」がよみがえったり，任意に「話し相手」を呼び出したり，「初恋の人があらわれたり」するなど，頭のなかでいろいろな人との対話が生じるので，「にぎやか」なのだとわかる。

問５　「ひとり登山」では，「雑念」によって，頭の中でいろいろな対話が生じるが，それが「そっくり消え」たことで，「何も考えず，何も思わず」という状態になったのだから，「雑念」が消えたのだとわかる。

問６　**Ａ～Ｃ**　筆者は，「いくつものグループが鉢合《はちあ》わせをする」ような「登山者の数」が多い山は，「一人あたりの占有率《せんゆうりつ》が低下」してしまい，好ましくないと考えている。また，「一定の面積のなかの動物が一定の数をこえ」たら，「意味もなくいじめたり，やたら角突《つのつ》き合ったり」するとあるので，「けんか」や「いさかい」が起きることも理由であると想像できる。

問７　「ライト二つと文庫本，CDセット。リキュールの小壜《こびん》」という荷物から，筆者が山小屋での一泊を，好きなことをして過ごそうとしていることがわかる。また，「同宿の人をながめ」るという「ヒューマン・ウォッチングのまたとない機会」と感じてもいる。

問８　ここでは，筆者が，日の出を待っている。空の色が「うっすらとしたエマイユ色」から，「フラマン・ローズ」になり，「ヴァーミリオン」，「燃え上がる炎《ほのお》の色」と，「めまぐるしく変化する」ようすが描《えが》かれている。

問９　**Ａ～Ｃ**　ここでの，「ひとり登山者」が「地球を診断《しんだん》」するということは，「静けさを聞き分け」て地球のようすを推測することである。前の部分にある通り，筆者はひとり登山をしたとき，「地球の温暖化」によって，「風土と生き物のバランス」がくずれてしまい，「死の山の静けさ」になっていることに気づいたのである。

五　**条件作文**

「社会の変化」や「技術の進歩」をきっかけとして，新しいものが登場したとき，それと区別するために，「もともとあったもの」に別の名前がつけられるとして，どのような言い方が生まれるかを考える。たとえば，「自動運転」のように，人間の力を使わなくてもよくなる新しいものが生まれたとき，それまでにあった人の力で動かしていたものに，「手動」「人力」などの言葉をつけて呼ぶようになるなどが考えられる。条件をきちんと守れているかや，主語と述語はきちんと対応しているか，誤字・脱字《だつじ》はないか，文脈にねじれはないかといったことにも気をつける。

2024年度 自修館中等教育学校

【探究Ⅰ】〈Ａ－１日程試験〉（50分）〈満点：100点〉

［注意事項］　計算問題は，答えだけでなく途《と》中《ちゅう》式や求め方なども書きなさい。

1　カンタロウさんとシュウ子さんは探究の授業で科学館の算数の展示室に来ています。
〔会話文〕を読んで、各問いに答えなさい。

〔会話文１〕

カンタロウ　「ここは、算数を体験しながら学べる場所なんだって。」

シュウ子　「いろいろな展示があるね。最初は回転コーナーに行ってみましょう。」

カンタロウ　「いろいろな図形を回転軸《かいてんじく》の周りに一回転させる展示だね。」

シュウ子　「最初はレンガ模様の図形を、縦《たて》の太線を軸として一回転させたときに、反対側の色の付いた面を通る形について考えることができるね。」

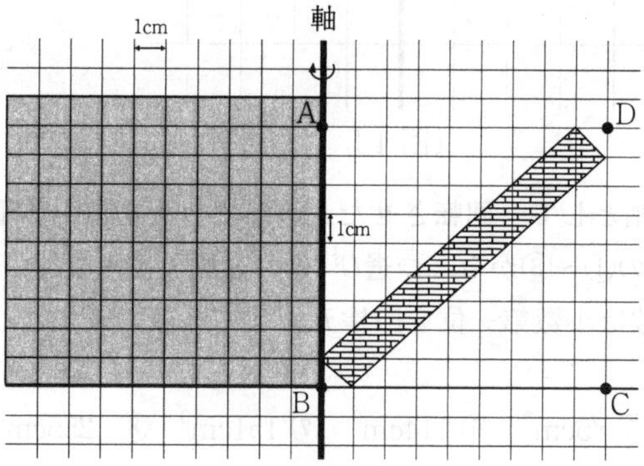

〔図１〕

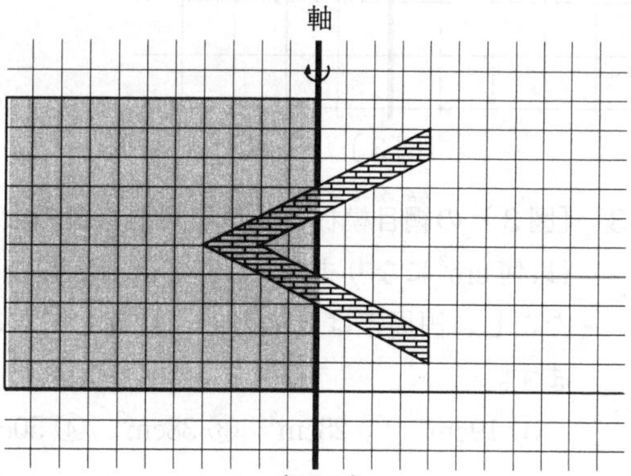

〔図２〕

カンタロウ　「〔図１〕のようなレンガ模様の長方形を、縦の太線を軸として一回転させたとき、色が付いた面に重なる部分の面積は何 cm^2 になるのかな。」

シュウ子　「求めたい図形は、レンガ模様の図形を軸で折り返したものだから、〔図１〕のレンガ模様の長方形の面積を求めればいいんだよ。」

カンタロウ　「レンガ模様全体をぎりぎり囲む正方形ＡＢＣＤから、大きい三角形を２つと、小さい三角形を２つ引けば、面積が求められるね。」

シュウ子　「レンガ模様全体をぎりぎり囲む正方形ＡＢＣＤの面積は［（あ）］cm^2、面積が［（い）］cm^2 の大きい三角形が２つ、面積が［（う）］cm^2 の小さい三角形が２つあるから、重なる部分の面積は［（え）］cm^2 になることが分かるね。」

問１　〔会話文１〕の空欄《くうらん》（あ）～（え）にあてはまる数を答えなさい。

問２　〔図２〕のようなレンガ模様のくの字型の図形を、縦の太線を軸として一回転させたとき、色が付いた面に重なる部分を解答用紙に描《か》きなさい。ただし、図は定規《じょうぎ》を使わないで描くこと。また、図の中はぬりつぶしたり、レンガ模様を描いたりせずに枠《わく》だけ描くこと。

〔会話文2〕

カンタロウ　「隣《となり》の展示では、一回転させてできる立体について考えるみたいだよ。」

シュウ子　「今度は、一回転させたときに図形が通過した部分の全《すべ》てを考えて、出来上がる立体について考えるんだね。」

カンタロウ　「独楽《こま》を回すように図形を回転させたとき、残像で見える立体について考えればいいんだね。」

シュウ子　「〔図4〕のように縦の太線を軸として一回転させてできた立体を、さらに横の太線を軸として一回転させて作る立体もあるよ。どんな立体になるのかな。」

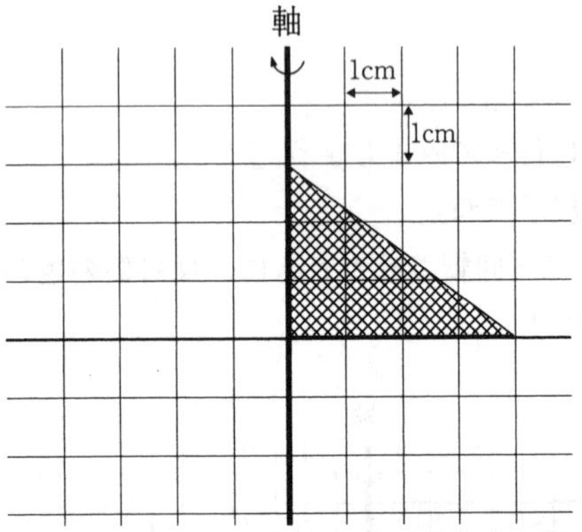

〔図3〕

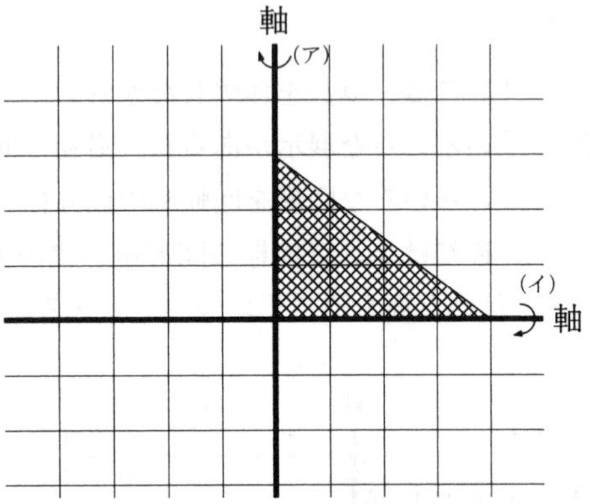

〔図4〕

問3　〔図3〕の網目模様《あみめもよう》の直角三角形を縦の太線を軸として一回転させたときにできる立体の体積は、何 cm^3 になりますか。あてはまるものを、次の①～⑧から一つ選び、その番号を答えなさい。ただし、円周率は3.14とし、計算して求めた数は小数第一位を四捨五入して整数で表すとします。

① $19cm^3$　② $28cm^3$　③ $38cm^3$　④ $50cm^3$　⑤ $85cm^3$　⑥ $114cm^3$　⑦ $151cm^3$　⑧ $255cm^3$

問4　〔図4〕の網目模様の直角三角形を、（ア）縦の太線を軸として一回転させてできた立体を、さらに（イ）横の太線を軸として一回転させてできる立体は、どのような形をしていますか。次の①～⑥から一つ選び、その番号を答えなさい。

①
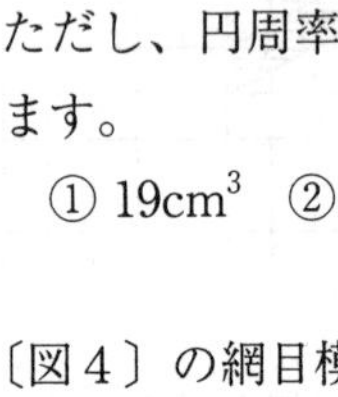

②
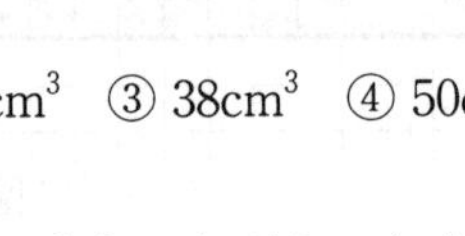

③
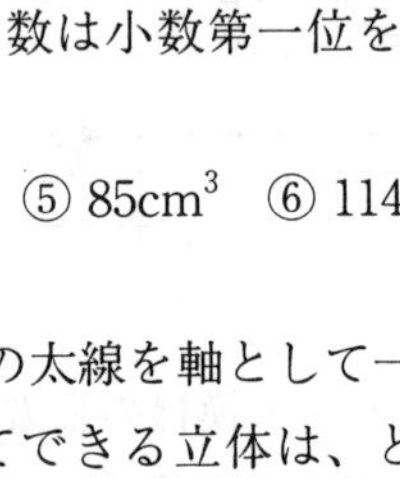

④
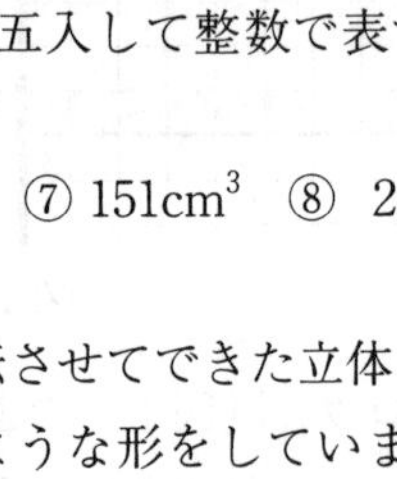

⑤
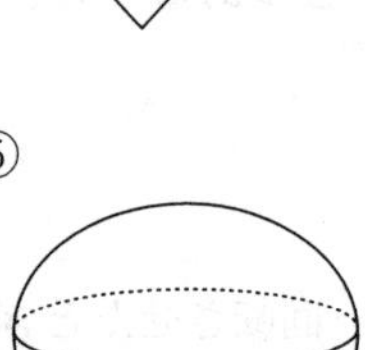

⑥
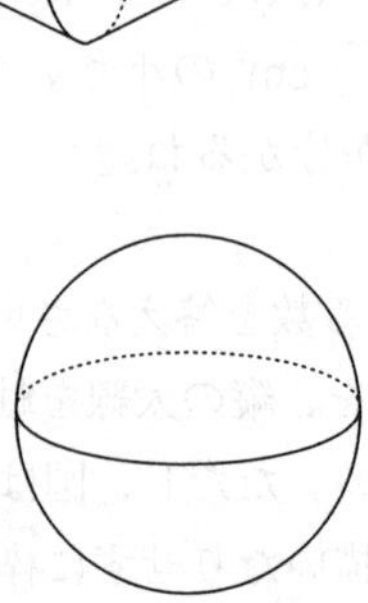

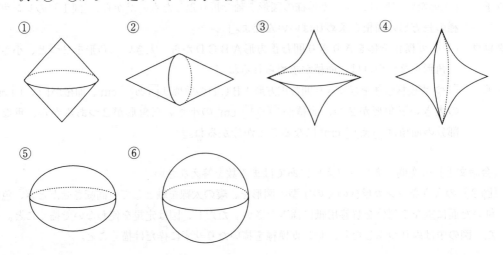

〔会話文3〕

カンタロウ　「次は直線や平面についてのコーナーに行ってみよう。」

シュウ子　「まずは、直線についてだね。〔図5〕のようにある1点を通る直線を引こうとすると、人によって引く直線は違《ちが》ってしまうね。でも、〔図6〕のように2点を通る直線を引こうとすれば、誰《だれ》が引いても一種類の直線しか引けないね。」

カンタロウ　「そうだね。円についても同じように考えてみると、〔図7〕のように2点を通る円を描こうとすると、人によって違う円が描けてしまうね。円の場合は、　　（お）　　、誰が描いても一種類の円しか描けないようになるんだね。」

シュウ子　「この考え方は、日常生活に役立っているかもしれないね。(A) 普段《ふだん》使う椅子《いす》の脚《あし》は4本だけれど〔図8〕、ガタつくときがあるよね。カメラの三脚《さんきゃく》〔図9〕はぐらぐらしないでバランスがいいものね。本数が多い方が安定するわけではないんだね。」

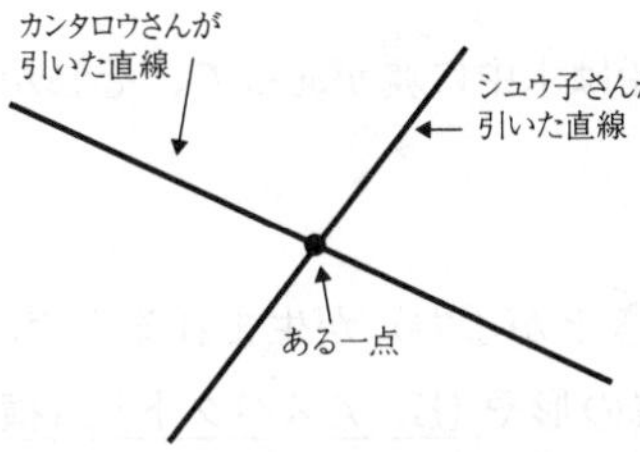

〔図5〕

〔図6〕

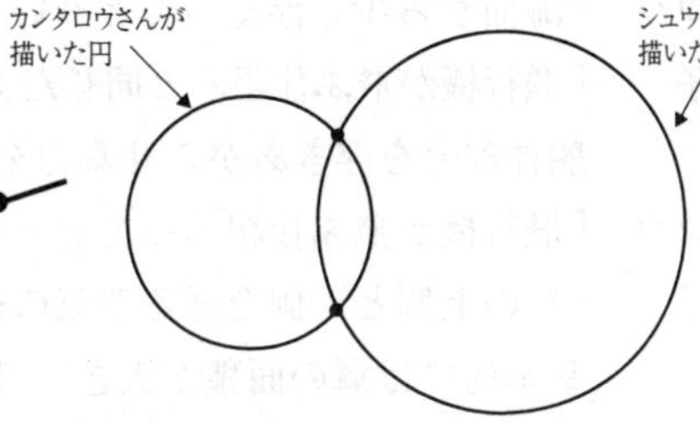

〔図7〕

〔図8〕

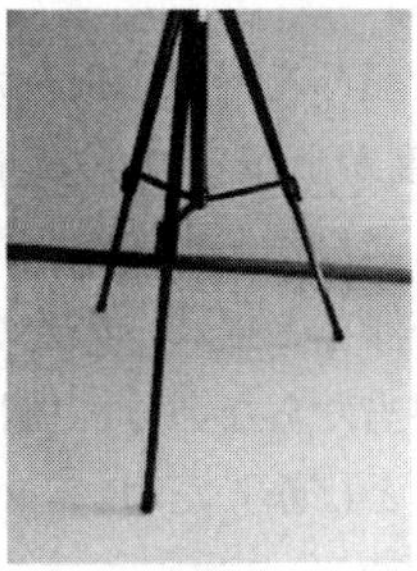
〔図9〕

問5　〔会話文3〕の空欄（お）にあてはまる文を、次の①～④から一つ選び、その番号を答えなさい。

①　通る点が1点しか分からなくても、半径が分かれば

②　2点のうち、1点を中心にして、もう1点を通る点とすれば

③　一直線上にない3点を通るとすれば

④　どの2点を結んでも平行にならない4点を通るとすれば、どのような4点を選んでも

問6　下線部（A）について、カンタロウさんはシュウ子さんの発言を次のようにまとめました。空欄（か）にあてはまる言葉を、以下の①～③から一つ選び、その番号を答えなさい。

〔まとめ〕

> カメラの三脚のように、3本の脚ならば（か）がただ1つに決まるが、椅子のように4本の脚の場合、（か）は1つに決まらない場合があるため、1本の脚が浮《う》いてしまうことがある。

①　点　　②　直線　　③　平面

2 次の〔会話文〕、〔資料〕などを読んで、各問いに答えなさい。

〔会話文１〕

カンタロウ　「家族で船に乗って八丈島《はちじょうじま》に行くことになったのだけれど、思っていたよりも時間がかかるみたい。そもそも船ってどのくらいのスピードが出るのかな。」

シュウ子　「船といっても色々あって、タンカーだと12(注)ノット、小型漁船だと25ノット、高速フェリーだと35ノットくらいの速さが出るといわれているよ。」

カンタロウ　「もっと速い船はないのかな。」

シュウ子　「水中翼船《よくせん》という海面から少し浮《う》きながら進む船があって、伊豆《いず》諸島でも運航しているよ。この船はジェットエンジンが組み合わされているから(A)高速ジェット船と呼ばれていて、最高速度が45ノットも出るらしいよ。」

カンタロウ　「海面から少し浮くってどういう仕組みなのかな。」

シュウ子　「飛行機が飛ぶ仕組みと同じだよ。〔図1〕のように水中翼船は水中に翼《つばさ》があって、それが船体部分を浮きあがらせる力を生み出すんだよ。」

カンタロウ　「飛行機が飛ぶ仕組みってどうなっているのかな。」

シュウ子　「翼の上側と下側を通る空気の速さが違うことで揚力《ようりょく》（浮き上がる力）が生まれるんだ。基本的には翼の面積が大きいほど揚力が大きくなるよ。翼の形や(B)アスペクト比（横の長さと縦の長さの比）と呼ばれる比によっても空気抵抗《ていこう》が変わって、飛行性能が変わるんだ。」

カンタロウ　「その仕組みを船に応用したのが水中翼船なんだね。でも、船体が海面から少し浮くとなぜ速度が上がるのかな。」

シュウ子　「船体に当たる海水が減って、抵抗《ていこう》が減るからだよ。」

カンタロウ　「船体が浮くと揺《ゆ》れるのかな。」

シュウ子　「海水が当たらない分、揺れは少なくなるみたいだよ。」

カンタロウ　「良いことばかりだね。」

(注)　1ノット…時速約1.85km

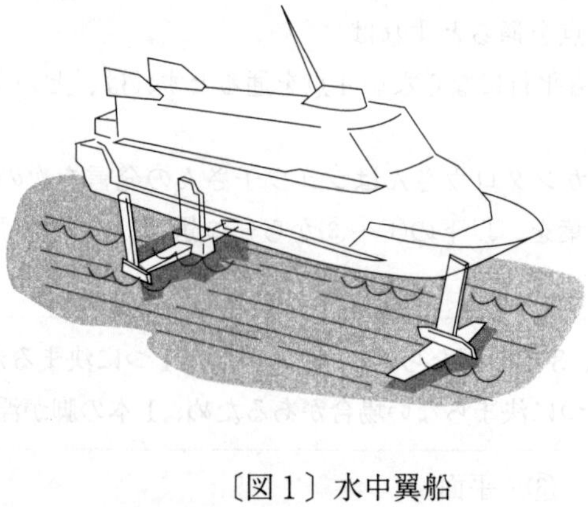

〔図1〕水中翼船

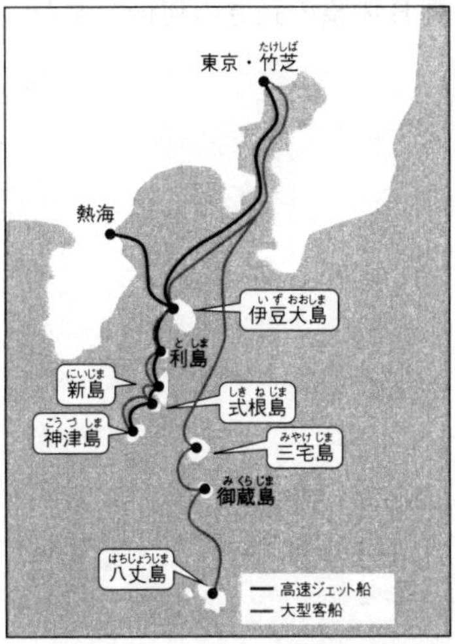

〔図２〕 伊豆諸島航路図

〔資料１〕 ある月の時刻表

船種		高速ジェット船（水中翼船）		大型客船	
運航便コード		1220	1230	3000	
運行日		毎日		日～木曜	金・土曜
東京（竹芝）	発	8：50	14：15	23：00	22：00
大島	着	10：35	16：00	翌５：45	翌６：00
	発	10：45	－	－	6:20
利島	着	11：14	－	－	7:40
	発	11：15	－	－	7:45
新島	着	11：40	－	－	8:35
	発	11：45	－	－	8:45
式根島	着	12：00	－	－	9:05
	発	12：05	－	－	9:10
神津島	着	12：30	－	－	10:00

出典：東海汽船ホームページを基に作成

問１　下線部（A）について、東京の竹芝《たけしば》から神津島《こうづしま》までの距離《きょり》を180kmとしたとき、〔資料1〕の時刻表を参考にすると竹芝から神津島までの高速ジェット船の平均速度は時速何kmになりますか。ただし、停泊中の時間は含まないものとします。もっとも近い数を、次の①～⑧から一つ選び、その番号を答えなさい。

①　44　　②　49　　③　54　　④　59　　⑤　65　　⑥　69　　⑦　75　　⑧　79

〔会話文２〕

カンタロウ　「水中翼船の原理はなんとなく分かりましたが、アスペクト比がよく分かりません。」

先生　「アスペクト比とは長方形の横の辺と縦の辺の比を表したものです。テレビやパソコンの画面、写真のサイズの横と縦の比などで見かけたことがあるのではないでしょうか。飛行機や鳥の翼でのアスペクト比も同じように、翼の横の長さを翼の縦の長さで割ったものと考えてください。翼では、縦の長さに対する横の長さが大きいほど空気抵抗が少なくなるといわれています。」

カンタロウ　「〔図3〕の㋐を㋑や㋒で割った値を考えれば良いのですね。空気抵抗が少ないということは、飛行性能が高いということですね。」

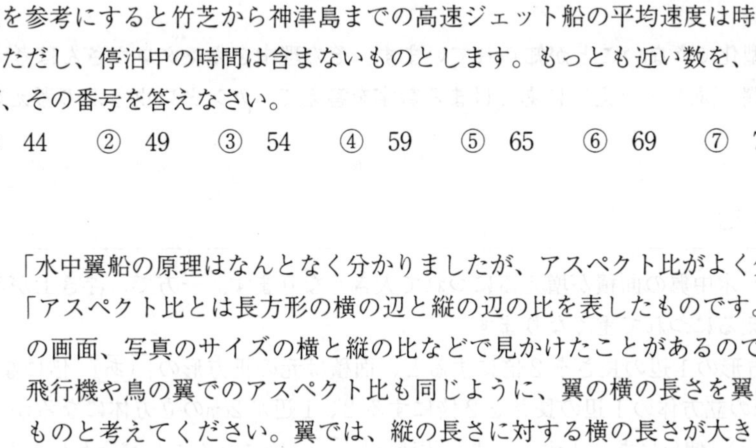

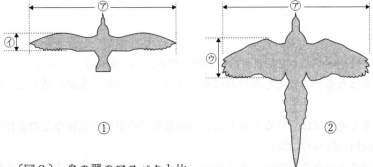

〔図３〕 鳥の翼のアスペクト比

出典：我孫子《あびこ》市鳥の博物館資料を基に作成

問２　下線部（B）について、横と縦の長さの比が「4：3」の写真Ａと横と縦の長さの比が「5：4」の写真Ｂの縦の長さが同じであるとき、写真Ａの横の長さは写真Ｂの横の長さの何倍ですか。次の①～⑧から一つ選び、その番号を答えなさい。

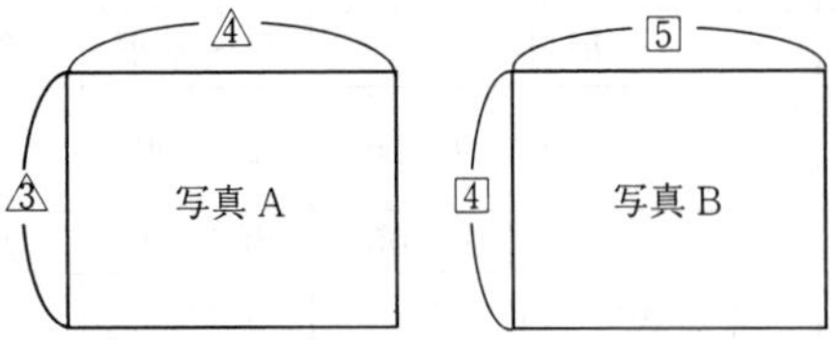

〔図４〕　写真のアスペクト比

① 3分の4倍　② 4分の3倍　③ 3分の5倍　④ 5分の3倍
⑤ 4分の5倍　⑥ 5分の4倍　⑦ 15分の16倍　⑧ 16分の15倍

問３　下線部（B）について、〔図３〕の①、②の鳥のうち、羽に受ける空気抵抗がより少ないと考えられる鳥はどちらですか。その番号を答えなさい。ただし、㋐は同じ幅であり、㋑は㋒よりも短いものとします。

問４　水中翼船は大型化できないことが知られています。その理由をカンタロウさんは考えました。次の文章の空欄《くうらん》（あ）～（え）にあてはまる数字を答えて、カンタロウさんの考えを完成させなさい。

〔カンタロウさんの考え〕

浮き上がる力は、水中翼の面積が増えるにつれて大きくなります。一方で、浮き上がるほうの船体は、体積が増えるにつれて重くなります。

１辺が1cmの正方形の１辺の長さを２倍にすると、面積は元の正方形の（あ）倍になります。一方で、１辺が1cmの立方体の１辺の長さを２倍にすると、１辺が2cmの立方体になるから、体積は元の立方体の（い）個分になります。つまり体積は（い）倍になることが分かります。

水中翼船全体を３倍の大きさにすると、翼の長さは３倍になるから、翼の面積は（う）倍、客室を含《ふく》めた船体全ての体積は（え）倍となり、ある大きさ以上にすると船の重さに翼が耐《た》えられなくなって、浮かなくなるのです。つまり、単純に大型化することはできません。

〔会話文３〕

カンタロウ　「水中翼船は速度が速くて揺れも少ないから便利だね。船のイメージが変わったよ。」

シュウ子　「水中翼船はなるべく軽くしなければならないから、燃料を大量に積むことは難しそうだね。」

カンタロウ　「そうなると遠くには行けなくなるね。目的地までの距離や気候などの条件を考えて船を使い分ければいいんだね。」

シュウ子　「使い分けるということでは、東京都では、通勤でも船を利用しようとする動きがあるみたいだよ。〔資料２〕をみてみましょう。」

〔資料２〕

都は2016年度から、交通手段として船を活用できないか社会実験を始めている。2019年と2022年には「らくらく舟旅通勤」と銘《めい》打った実験を実施《じっし》した。

都内の河川などでは、屋形船や遊覧船は運航しているが、日常の移動手段としての船は普及《ふきゅう》していないのが現状だ。都はニューヨークやロンドンなど、舟運《しゅううん》がより日常的に使われている大都市の事例を参考にしつつ、東京ならではの活用法を探っている。

昨年の実験は10、11月の平日に計14日間実施された。両国～天王洲《ず》、豊洲《す》～お台場、日本橋～日の出など、東京湾《わん》や隅田川などを通る６航路で計656便。運賃は200～1000円だった。のべ2800人が乗船し、特に夕方の利用に人気があったという。

人口増加が著しい臨海地域の交通手段として、また、船では座ってパソコンを開きながら移動できることもあり、ポストコロナ社会の新しいライフスタイルとして、都は舟運に期待を寄せる。

だが課題も多い。都市整備局によると、「通勤に利用してもらうには、運賃を高くできない。事業性をどう確保するかは大きな課題。屋根のない船もあり、天候によっては欠航することがある」。

昨年の実験では、雨のため35便が欠航になったという。それでも、日本橋の船着き場のように、徒歩３分ほどで地下鉄に乗り換えできるところもあり、都心で整備が進むシェアサイクルと組み合わせた利用法も広がる可能性があるという。担当者は「徐々《じょじょ》に認知度を上げていき、いずれ公共交通のステージへと高めていきたい」と話す。

出典：朝日新聞　2023年４月20日
※一部、表記を改めたところがあります。

問５　カンタロウさんは、日常の移動手段として船が活用できないかを考えました。〔資料２〕を基《もと》に考えられるものとして正しい組み合わせを、次の①～⑧から一つ選び、その番号を答えなさい。

ア　東京都は、屋形船や遊覧船を日常の移動手段として活用できないかと探っている。

イ　日常の移動手段として船を利用する場合、他の交通機関の運賃と大きく差がないほうが利用しやすい。

ウ　夕方の乗船が人気なのは、昼間より夜間のほうが高速で移動でき、早く帰宅できるからである。

エ　自動車を運転しながらパソコンは使用できないが、船を利用した通勤ではそれが可能である。

オ　現状では屋根のない船もあるが、それが改善されれば天候によって欠航することはなくなる。

カ　舟運が実現できれば、シェアサイクルなどを組み合わせて都心に流入する自動車を抑制《よくせい》できる可能性がある。

①　ア・イ・ウ　　②　イ・ウ・エ　　③　ウ・エ・オ　　④　エ・オ・カ
⑤　ア・ウ・オ　　⑥　イ・エ・カ　　⑦　ウ・オ・カ　　⑧　ア・オ・カ

3　カンタロウさんは関西フィールドワークに向けて琵琶湖《びわこ》について調べました。〔資料〕を読んで、各問いに答えなさい。

〔資料1〕

滋賀県は2日、(A)「琵琶《びわ》湖の深呼吸」(全層循環《じゅんかん》)が3年ぶりに確認できたと発表した。琵琶湖の底の酸素濃度《のうど》が回復し、生物の生存環境が改善した。1月に冷え込んだことが原因とみられる。三日月《みかづき》大造《たいぞう》知事は「ホッとした。引き続き、生物への影響《えいきょう》を注視したい」と定例会見で述べた。

琵琶湖環境《かんきょう》部によると、琵琶湖では冬に酸素を多く含《ふく》んだ湖面近くの水が沈《しず》み、湖底の水を押《お》し上げて混ざり合う。湖面近くの水が強風や雪解け水などで冷えて密度が大きくなるためで、この現象で酸素が行き届くことを深呼吸と呼ぶ。湖底の魚やエビなどが、生きやすい環境になるという。

水中の酸素濃度(DO)は、高島市今津沖にある水深90mの複数の地点で定期的に調査している。琵琶湖で最も深いエリアで、1LあたりのDOが10mgなら「湖面近くの酸素濃度と同じ」と判断。深呼吸をしたことになる。0.5mg未満なら、ほぼ酸素が無い状態という。

2018年度と19年度の2月に実施した調査では、DOが10mgを大きく下回り、深呼吸が確認されなかった。しかし今年度は、2月1日に5地点を調べたところ、9.8～10.4mgになった。同部は深呼吸をしたと判断した。

琵琶湖の深呼吸は、1979年度の調査開始以来、2018年度に初めて確認されなかった。暖冬が原因と考えられている。彦根市の1月上旬の平均気温は、18年度4.6度、19年度7.2度だったが、今年度は2.4度だった。1月中旬から下旬に水中ロボットなどで水深90mの地点を調査したところ、生物の死骸《しがい》は見つからなかったという。

出典：朝日新聞　2021年2月3日

※一部、表記を改めたところがあります。

問1　下線部（A）について、「琵琶湖の深呼吸」とはどのようなことですか。

問2　〔資料1〕から読み取れる内容としてあてはまるものを、次の①～④からすべて選び、その番号を答えなさい。

①　琵琶湖の全層循環は湖面が冷えることで起きる現象である。

②　琵琶湖の水について、1Lあたりの水中の酸素濃度（DO）が0.5mg未満なら魚やエビが住むのに適切と考えられている。

③　琵琶湖では調査開始から2017年まで全層循環が観測されていた。

④　琵琶湖の全層循環は彦根市の1月の平均気温とは関係しない。

〔資料2〕

マザーレイクゴールズ（MLGs）は、「琵琶湖」を切り口とした2030年の持続可能社会へ向けた目標（ゴール）です。MLGsは、琵琶湖版のSDGs（持続可能な開発目標）として、2030年の環境《かんきょう》と経済･社会活動をつなぐ健全な循環の構築に向け、琵琶湖を切り口として独自に13のゴールを設定しています。

例年冬に琵琶湖北湖で見られる全層循環が、平成30年度（2018年度）冬季に観測史上初めて確認できず、翌年も２年連続で確認できませんでした。

地球温暖化の影響を受け、全層循環が未完了になる時がくることは環境省のシミュレーションにおいても予測されていましたが、それは2030年代と考えられていました。このように、気候危機は、最新の科学的知見の予測を超えて加速しています。

琵琶湖の環境保全の取り組みは、単に一つの湖の環境を守るためのものではなく、地球規模で誰《だれ》一人取り残さない持続可能な社会をつくるための取り組みと分かちがたいものとなっています。

私たちは、MLGsによって、琵琶湖の環境を守ろうと呼びかけるだけではなく、琵琶湖に映し出され、象徴《しょうちょう》される私たちの暮《く》らしを持続可能なものにするにはどうすればいいか、と問いかけたいと思います。

持続可能な社会を実現するための目標としては、SDGsがあります。SDGsは、国連が定めた世界規模の目標なので、日本で、とりわけ自分の地域での行動を考える時、随分《ずいぶん》遠いことのように感じられることもあります。

そこで、より多くの多様な主体が、琵琶湖を守るための自発的、主体的な取り組みを通じてSDGsをより自分ごととして捉《とら》えられるよう、SDGsと地域・現場の取り組みとの間におく目標がMLGsです。

これをSDGsの達成の視点から見ると、琵琶湖を通じてSDGsをアクションまで落とし込《こ》む仕組みがMLGsであり、MLGsの取り組みはSDGsの達成に貢献《こうけん》するものと言えます。

出典：マザーレイクゴールズ推進委員会ホームページより抜粋《ばっすい》
※一部、表記を改めたところがあります。

問３　マザーレイクゴールズ（MLGs）と持続可能な開発目標（SDGs）はどのように関連していますか。

〔資料３〕

琵琶湖は世界でも有数の古い歴史をもつ湖です。約400万年前に現在の三重県伊《い》賀《が》市付近に浅くて狭《せま》い湖ができ、その後、断層運動によって地盤《じばん》が陥没《かんぼつ》する影響《えいきょう》と土砂が窪地《くぼち》を埋《う》める影響を受けながら、形状を変えて移動し現在に至っています。現在の琵琶湖は、少なくとも約40万年間この場所に定まっています。

一般的な湖は土砂の堆積《たいせき》の影響を受けて１万年程度で消失してしまいますが、琵琶湖のように10万年以上の歴史をもつ湖はまれです。世界でも10万年以上の歴史をもち、固有種がいる湖（古代湖）は、約20しかなく、日本では琵琶湖だけです。

最初の古琵琶湖からは約400万年、現在の琵琶湖になってからでもおよそ40万年という大変長い時間の中で琵琶湖の生物の一部は独自の進化をとげ、世界で琵琶湖にしかいない種（固有種）が生まれました。琵琶湖には1700種以上の水生動植物が生息することが報告されており、そのうちの60種以上が琵琶湖の固有種です。

出典：滋賀県ホームページより抜粋

問４　カンタロウさんは〔資料３〕から、琵琶湖の固有種について次のようにまとめました。空欄（あ）～（う）にあてはまる言葉を答えなさい。

〔まとめ〕

通常の湖は［　（あ）　］の影響を受けて１万年程で消失するが、琵琶湖は断層運動などによって形状を変えながら移動して、少なくとも［　（い）　］年前から現在の場所に存在している。そのため、生物の一部が長い年月をかけて独自の進化をとげたと考えられ、現在琵琶湖には固有種が［　（う）　］種以上生息している。

【探究Ⅱ】〈A－1日程試験〉（50分）〈満点：100点〉

［注意事項］　計算問題は，答えだけでなく途中《とちゅう》式や求め方なども書きなさい。

1　2023年9月1日にジロウさんの学級ではシェイクアウト訓練《くんれん》が行われました。
次の〔会話文〕、〔資料〕などを読んで、各問いに答えなさい。

〔会話文１〕

ジロウ　「今日は防災の日だったから学校でシェイクアウト訓練があったんだ。」

お母さん「9月1日は関東大震災《だいしんさい》が起きた日だから防災の日に制定されているものね。」

ジロウ　「2023年は関東大震災が起きてから100年の節目の年だと先生が話してくれたよ。東京都で大火災が起きたことは知られているけれど、神奈川県こそ震源地《しんげんち》そのもので大きな被害《ひがい》があったんだって。」

お母さん「そうなのね。節目の時に備えを見直すことは大切だね。横浜国立大学では『ぼうさいこくたい』を行い、防災へ意識向上を図るそうよ。いつ天災はやってきても不思議ではないから日頃《ひごろ》から備えておかないとね。先生はどんな話をしてくれたの？」

ジロウ　「神奈川県周辺についての話は大きく分けると5つあったんだ。」

ジロウさんは先生が話してくれたことをお母さんに伝えました。

〔先生が話してくれたこと〕

①

秦野と中井の境《さかい》では、土砂崩《くず》れで川がふさがり、堰《せ》き止めが起こりました。これによってできた湖を震生湖《しんせいこ》と呼びます。

②

土砂災害が各地で発生し、特に小田原の根府川《ねぶかわ》駅では、山津波《やまつなみ》によって列車が海中に没《ぼっ》する列車転落事故が起き、その直後に津波が押し寄せ、犠牲《ぎせい》者を出しました。

③

鉄製よりも安価な陶製《とうせい》の土管を使用することで、秦野《はだの》は全国的にも早く水道施設《しせつ》が整備されました。(A) 当時としては模範《もはん》的な施設で、消火のための設備もあったのにも関わらず、地震後の火災を食い止めることができませんでした。

④

地震による山林の崩壊《ほうかい》で炭焼き業が打撃《だげき》を受けたことを機に、足柄《あしがら》茶の栽培《さいばい》が新たな産業の復興《ふっこう》策《さく》として山北（足柄上郡）で始まりました。

⑤

地震後には、伊豆《いず》半島から相模湾《さがみわん》、房総《ぼうそう》半島の沿岸に高い津波が押し寄せ、熱海《あたみ》、伊東、鎌倉《かまくら》などで、多くの犠牲者が出ました。

問１　下線部（A）について、ジロウさんは火災を食い止めることができなかった理由を調査し、次のようにまとめました。空欄《くうらん》（あ）、（い）にあてはまる語句をそれぞれ答えなさい。

〔まとめ〕

土を粘土《ねんど》にして焼き上げた陶製の土管は鉄製の土管よりも（あ）という強みがあり、秦野で普及《ふきゅう》した。しかし、関東大震災は震源が秦野に近かったため陶製の土管は（い）が多く、消火に活用することが困難であった。

問２　神奈川県周辺は、富士山や箱根の火山噴火《ふんか》による堆積物《たいせきぶつ》が地表を覆《おお》っています。〔先生が話してくれたこと〕の①～⑤から、このこととももっとも関連が薄《うす》い災害《さいがい》を一つ選び、その番号を答えなさい。

〔会話文２〕

お母さん　「神奈川県周辺の話をいろいろと教えてくれたのね。そういえば、物理学者で、俳人でもあった寺田寅彦《てらだとらひこ》さんは、震生湖に訪れ、『山さけて成しける池や水すまし』との句を残しているんだって。寺田さんは『天災は忘れたころにやってくる』と防災へ警鐘《けいしょう》を鳴らした人物として有名だよ。最近は『防災』だけでなく、いかに被害を減らせるかという『減災』という言葉も聞くようになったね。」

ジロウ　「そうだね。自然災害は人が食い止められるものばかりではないからこそ日頃の備えが大切なんじゃないかな。寺田さんの言葉から（B）『防ぐ』だけではない『ぼうさい』のヒントがもらえた気がするよ。これを機にいろいろと調べてみようかな。」

問３　下線部（B）について、ジロウさんはお母さんとの会話から日頃の備えの大切さを再確認するとともに、「ぼうさい」しないことが減災につながると考えました。〔会話文〕を参考にして、「ぼうさい」を想像し、漢字２字で答えなさい。

ジロウさんも神奈川県内で起きた災害について調べてみることにしました。
〔資料〕

大地震のたびに発生し、道路や橋、上下水道などのインフラを破壊《はかい》する液状化。関東大震災でも起きていたことはあまり知られていない。この100年間で都市化に伴《ともな》う土地の造成が進み、液状化のリスクはますます高まっている。どう備えればいいのだろうか。

「二つの橋が倒壊《とうかい》」

潮が引くと、2本の鉄道橋の間の川面から、円形の土台がうっすらと現れた。神奈川県平塚市の相模川にかかる「旧馬入川橋梁《ばにゅうがわきょうりょう》」の橋脚《きょうきゃく》の跡《あと》だ。100年前、ここに架《か》かっていた鉄道と道路の二つの橋は、いずれも関東大震災で倒壊した。首都圏への交通や住民の生活に欠かせないものだったが、応急復旧に1～2カ月かかり、その間は渡し船で川を渡っていたと、平塚市博物館の記録にある。「何かの跡だとは思っていたけれど、100年前のものとは思わなかった」。川沿いの遊歩道を散歩していた地元の70代男性に尋《たず》ねると、驚《おどろ》いた様子だった。

「水がジャブジャブ」

橋の倒壊は、必ずしも地震の強い揺《ゆ》れだけが原因ではない。いったい何があったのか。地元の複数の文書に、水や砂が地面から噴出したという証言が、いくつも残っていた。「余震の度に庭に地下水がしみ出た。メスの豚が行ったり来たり走ったが、その足跡にすぐ水がたまった」(市博物館の報告書)、「(土地が) 2メートルぐらい下がって、水がジャブジャブ上がってきた」(西さがみ庶民《しょみん》史録5号) ――。いずれも、液状化が起きたことを示すものだ。平塚市を含む一帯の平野部は、川で運ばれてきた細かい泥《どろ》などが厚く堆積《たいせき》した地盤があちこちにある。水分を多く含み軟弱《なんじゃく》なため、液状化を引き起こしたのだ。(後略)

出典：毎日新聞　2023年8月26日

問4　ジロウさんは、過去の事例から平塚市では今後災害時に液状化の被害が想定されると考えました。平塚市周辺で液状化が起きると考えられる理由を〔資料〕を参考にして2つ答えなさい。

問5　過去、大きな災害が起きたところには自然災害伝承碑《でんしょうひ》（ ）として地図記号が2019年から導入されました。これによってどのような効果が期待されるかを考え、答えなさい。

問6　ジロウさんはこれまで見聞きしてきたことをふまえ、改めて自分の住んでいる町を見渡してみました。そこで感じたことを〔考え方〕にまとめました。この〔考え方〕を生かそうとした時、それぞれの施設《しせつ》はどこにあったほうがよいと考えますか。それぞれ〔図〕の①～⑤から一つずつ選び、その番号を答えなさい。

〔考え方1〕

大人よりも逃げる速度が遅いと考えられる子どもたちを災害から守るため、幼稚園《ようちえん》や保育園、学校は安全性が高い高台にあったほうがよい。

〔考え方2〕

市役所や病院、消防署などの公共的な施設は、市民が行き来しやすい場所にあることが望まれるため人が多く住んでいる平地にあったほうがよい。

〔図〕住んでいる町

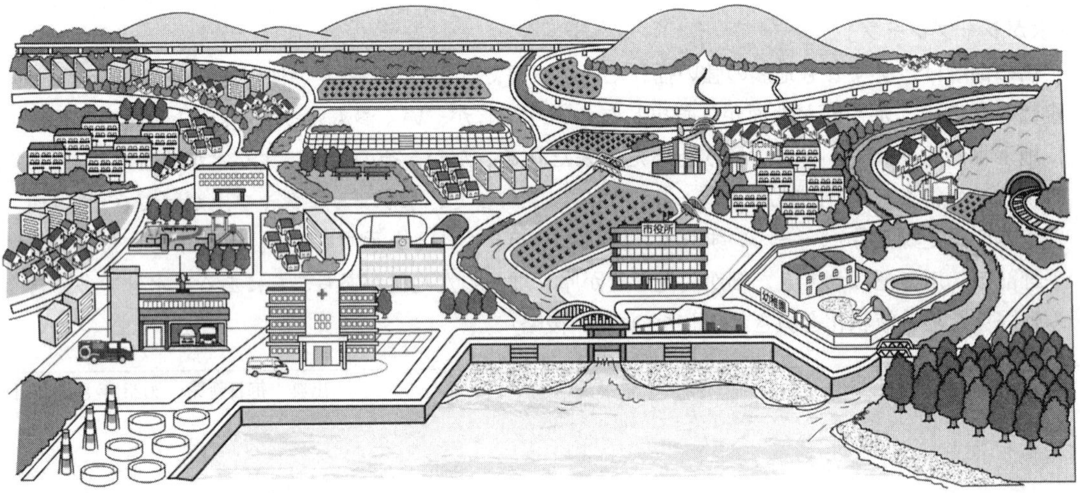

〔図〕施設の移動先　※家や畑など、町並みは省略して描《えが》いています。

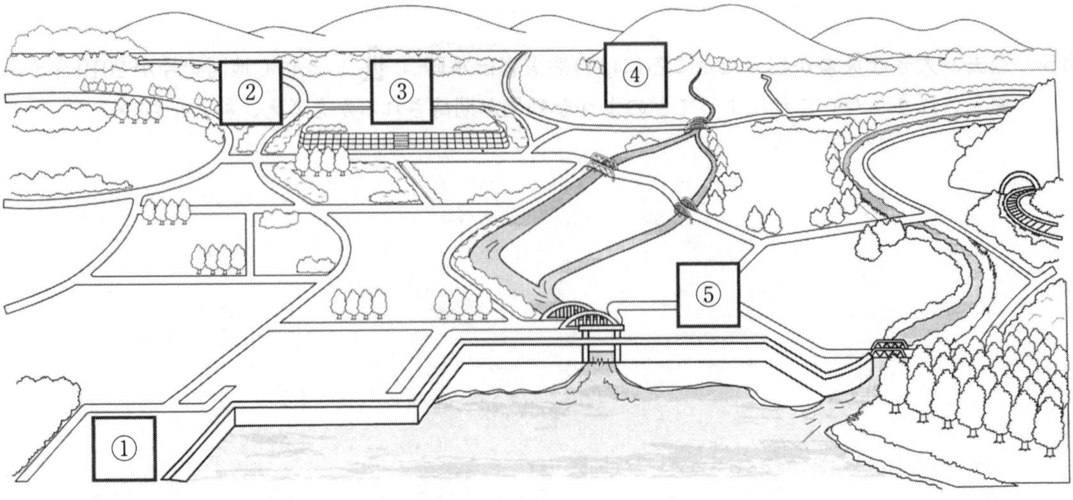

2 次の〔資料〕、〔会話文〕などを読んで、各問いに答えなさい。

〔資料1〕

富士山が世界文化遺産に登録されてから22日で10年。新型コロナウイルス禍《か》が落ち着き、人流が動き出すと、霊峰《れいほう》富士を取り巻く往年《おうねん》の課題が再び頭をもたげてきた。環境保全と地域振興《しんこう》を両立させる取り組みが待ったなしになっている。(中略)

9月10日までの開山期間中、登山道沿いの山小屋の多くは宿泊予約でほぼ満室。「インバウンド（訪日外国人）が目立つ」(山小屋関係者）のも特徴《とくちょう》だ。

関係者らが危惧《きぐ》するのは「弾丸《だんがん》登山」の増加。山小屋に宿泊できないと、5合目から夜間に一気に山頂を目指す登山者が増える。寝不足などで低体温症や高山病、けがなどのリスクが高く、山小屋などが救護《きゅうご》対応に追われることも。落石事故の危険も高まる。

夏の富士登山はゴミ問題なども含めて過密の弊害《へいがい》が長年指摘《してき》されてきた。2013年の世界遺産登録では国連教育科学文化機関（ユネスコ）の世界遺産委員会の求めに応じ、山梨、静岡両県などでつくる富士山世界文化遺産協議会が18年に来訪者管理計画を策定《さくてい》した。(中略)

富士吉田市は麓《ふもと》から5合目までの吉田口登山道の再興に23年度から乗り出す。富士山信仰《しんこう》の(A)「富士《ふじ》(注1)講《こう》」信者がたどったルートの魅力《みりょく》を高め、5合目以上に集中する登山客の分散効果も見込む。(中略)

富士山観光の課題は、観光・登山客がリピートしたくなる体験を提供できるかにある。過密な夏山登山の体験者からは「1度登れば十分」との声が少なくない。

富士急行の堀内社長は「インバウンドの回復で覆《おお》い隠《かく》されているが、富士五湖周辺の国内観光客は(注2)趨勢《すうせい》として減っている。(B) 消費型から再生産型の観光へシフトしなければならない」と話す。

鉄道構想への意見は分かれるが、富士山の自然環境を守りながら観光客に高い満足度を与えるエリアに変革する必要があるという点で、関係者の考えは一致する。建設的な議論が求められる。

出典：日本経済新聞　2023年6月22日
※一部、表現を改めたところがあります。

(注1) 講……神社、仏閣《ぶっかく》への参詣《さんけい》などをする目的でつくられた信者の団体。

(注2) 趨勢…物事が移り進んでゆく様子。また、そのいきおい。なりゆき。動向。

問1　下線部(A)について、富士山以外にも神奈川県の大山が古くから信仰の対象となってきました。〔資料2〕を参考に、御師《おし》が大山と富士山の両方をお参りすることを勧《すす》めた理由を答えなさい。

〔資料2〕

江戸時代の浮世絵《うきよえ》をみると、大山と富士山がセットで描《えが》かれているものが多くあります。富士山も大山と同じように古くから人々の信仰《しんこう》の対象となり、富士講による富士参りも盛んに行われていました。大山道にある道標《どうひょう》には富士方面を標示するものもあり、富士山をお参りした人は、「片参り」ではいけないといって大山にもお参りしました。これは、大山阿夫利《おおやまあふり》神社の祭神「大《おお》山祇大神《やまつみのおおかみ》」の(注1)息女が富士山本宮浅間大社の祭神「木花之佐久夜毘売命《このはなさくやひめのみこと》」とされ、父子関係にあることから両参りの信仰があったようですが、この背景には当時の信仰の拡大を図るための御師による精力的な布教活動があったようです。御師とは、寺社の定員外の宗教家のことで、大山では例祭以外の８月～翌年５月は、寺社の(注2)教宣《きょうせん》係的存在として、各地の講を丁寧《ていねい》に回って(注3)檀家《だんか》の確保に努めたとされています。こうしたことから、「両参り」は大山御師及び富士山関係御師による「片参り(注4)忌避《きひ》」の伝承を宣伝活動したことにより生み出された「パッケージ化された参詣」と考えられます。以上のことから古くから大山と富士山はとても縁が深く、参詣の道筋として多くの人々が行き来していました。

出典：伊勢原市観光協会ホームページより抜粋《ばっすい》

(注1) 息女…むすめ。特に、身分ある人のむすめにいう。また、人のむすめを敬っていう言葉。

(注2) 教宣…団体などの活動における教育と宣伝。

(注3) 檀家…決まった寺院の信徒《しんと》になり、経済支援をすることで、葬式《そうしき》や法事などの供養《くよう》をしてもらえる家。

(注4) 忌避… きらって避けること。いやがること。

問2　下線部（B）について、「消費型から再生産型の観光へシフト」とありますが、これはどのような観光を目指すことですか。もっともあてはまるものを次の①～④から一つ選び、その番号を答えなさい。

①　世界遺産委員会の求めに応じ、来訪者管理計画を策定すること。
②　弾丸登山のように危険がともなう観光を避けること。
③　富士山に一度訪れたら終わりではなく、何度も来てもらえるようにすること。
④　リサイクルを進め、ゴミが散乱してしまった富士山を再生すること。

〔会話文〕

カンタロウ　「富士山の世界文化遺産登録が決まって10年が経ったけれど、様々な問題があるようだね。」

シュウ子　「弾丸登山については、ニュースで何度も報道されているね。無理な登山計画がもとで遭難《そうなん》してしまい、救助される方も多いみたい。」

先生　「そうですね。山岳遭難については〔グラフ〕のような状況です。入山する人数を制限するため、入山料の義務化が検討されています。海外では国立公園の入園料などとして入山料を導入しているところがあります。しかし、富士山の入山料については、登山者全員を確実に把握《はあく》できるのかといった公平性の課題や、徴収《ちょうしゅう》のための費用負担が課題となって2014年からは保全協力金として導入されていますが義務化には至《いた》っていません。」

シュウ子　「義務化されなければ、払《はら》わない人もいるでしょうね。」

先生　「保全協力金は救護所の拡充《かくじゅう》のほかに、ゴミの回収や、登山道の整備などに使われますので、登山客のためになるのですが、その点についての理解が得られていないようです。」

カンタロウ　「たしかに自然を保護することにもつながる話ですが、それは登山者だけが行うことなのでしょうか。このことはSDGsの目標の中でも少し矛盾《むじゅん》を感じます。また、富士山観光の課題とも逆行してしまわないでしょうか。」

〔グラフ1〕山岳遭難《そうなん》発生状況

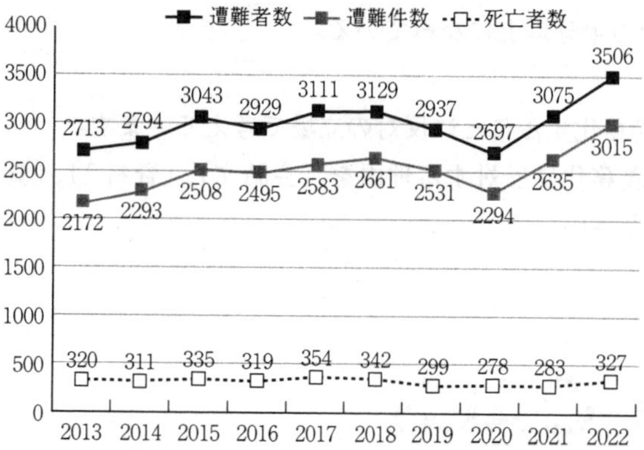

〔グラフ2〕原因別発生状況（2022年）

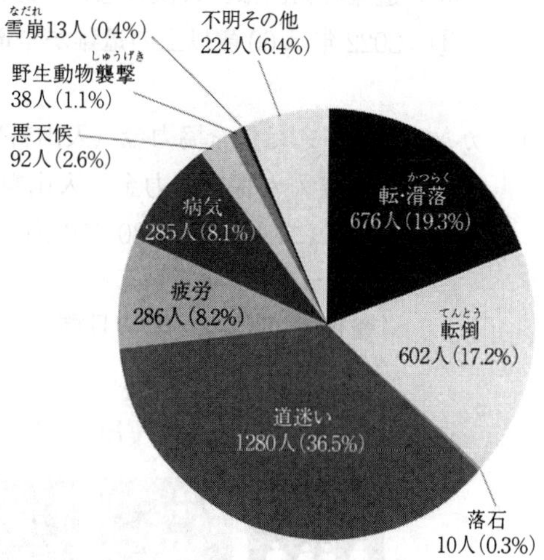

〔グラフ 3〕年齢層別遭難者数の変化

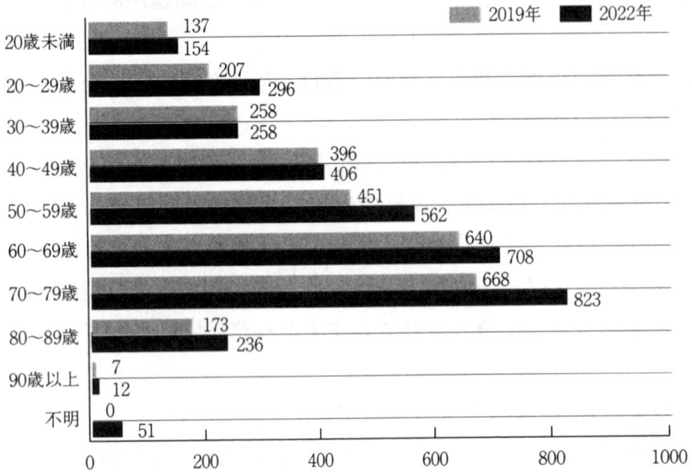

出典：警視庁生活安全局生活安全企画課

問 3　遭難に関わる〔グラフ〕から読み取れるものを次の①～④からすべて選び、その番号を答えなさい。

① 2022 年の山岳遭難件数は、2013 年の約 1.4 倍になっている。

② 2022 年は、遭難者の 1 割以上の人が亡くなっている。

③ 遭難の原因は、天候の悪化や野生動物の襲撃など自然によるものが多い。

④ 2022 年は 60 歳以上の遭難が全遭難者の半分以上になっている。

問 4　カンタロウさんは保全協力金（入山料）を義務化することに反対の立場で考えています。
カンタロウさんが保全協力金（入山料）の義務化に反対する理由を〔会話文〕、〔資料 1〕、〔資料 3〕を参考にして考え、80 字以内で答えなさい。

〔資料 3〕SDGs　17 の目標

3 次の〔会話文〕、〔資料〕などを読んで、各問いに答えなさい。

〔会話文１〕

カンタロウ「国指定特別史跡《しせき》の吉野ヶ里遺跡《いせき》で行われている発掘《はっくつ》調査が注目を集めているね。」

シュウ子「国内最大規模の弥生《やよい》時代の(注1)環濠《かんごう》集落で知られる吉野ヶ里遺跡は約30年前、古代史最大の謎である『邪馬台国《やまたいこく》』を想起させるとして一躍《いちやく》ブームになったみたいだよ。」

カンタロウ「そうだね。今回はこれまで未調査だった『謎のエリア』が調査されたよ。『邪馬台国』の手がかりが見つかるかな。少し調査してみよう。」

〔資料１〕

今回、吉野ヶ里遺跡から出土した石棺墓《せっかんぼ》の発掘調査で関心が高まった邪馬台国は、江戸時代以降、その所在地を巡《めぐ》って論争が繰り広げられてきた。

邪馬台国は、魏《ぎ》、蜀《しょく》、呉《ご》の中国・三国時代を記した正史「三国志」の一部「魏志倭人伝《ぎしわじんでん》」に登場する。約2000文字の中で、２世紀後半〜３世紀の倭（日本）の政治や地理、風俗《ふうぞく》などについて記しており、倭国大乱（内戦）の末、約30の国々が邪馬台国の女王・卑弥呼《ひみこ》を共立して政治連合体を結んだとされる。

倭人伝は朝鮮《ちょうせん》半島から、「七万余戸」の人々が暮らす最大の国・邪馬台国への行程を記しているが、諸国間の方角や距離《きょり》が不正確なため、邪馬台国が奈良盆地東南部にあったとする「畿内《きない》（近畿）説」と「九州説」を中心に、江戸時代から今日まで所在地の議論が続いている。

倭人伝に記された国々のうち対馬国（長崎県対馬市）、一支《いき》国（同壱岐《いき》市）、末盧《まつろ》国（佐賀県唐《から》津《つ》市）、伊都《いと》国（福岡県糸島地方）、奴国《なこく》（福岡市、春日市）までは、江戸時代の儒学者・新井白石が比定した所在地が現在も定説だが、そこから先の国々は畿内説と九州説で分かれる。

畿内説を大きく後押ししているのが、纒向《まきむく》遺跡（奈良県桜井市）の発掘成果だ。全国各地の土器が多数出土し、居館跡は列島最大規模。前方後円墳《ふん》「箸墓《はしはか》古墳」は卑弥呼の墓ではないかと有力視されている。

対して九州説の候補地は各地にあるが、福岡県南部から佐賀県南部に広がる筑紫《つくし》平野に集中する。その中でも吉野ヶ里遺跡は倭人伝に登場する卑弥呼の宮室、(注2)楼観《ろうかん》、城柵《じょうさく》をほうふつとさせる遺構群があり、注目されてきた。

論争に終止符を打つ決定的証拠《しょうこ》があるとすれば、卑弥呼が魏の皇帝《こうてい》から贈《おく》られた「親魏倭王《しんぎわおう》」の金印や、宝物を授ける際に押印《おういん》した粘土《ねんど》「封泥《ふうでい》」の出土が挙げられるが、今日まで見つかっていない。

西谷正・九州大名誉教授（東アジア考古学）は「邪馬台国論争は、国家の起源を考える永遠の課題。日本列島各地にあった国々の実態を考古学で地道に解明していくことで、(A) 相対的に邪馬台国の所在地を探ることが重要だ」と語る。

〔邪馬台国関連の年表〕

紀元前後	倭人が100余国に分かれ、一部の国は楽浪郡《らくろうぐん》と交渉
57年	倭の奴国王が後漢に朝貢《ちょうこう》、「漢委奴国王《かんのなのわのこくおう》」の金印を授かる
107年	倭国王の帥升《すいしょう》らが後漢に遣使
2世紀後半	倭国大乱。その後、邪馬台国の卑弥呼を女王に共立
239年	卑弥呼が使者・難升米《なしめ》らを魏に派遣。魏が卑弥呼に「親魏倭王」の金印や銅鏡100枚、難升米らに銀印を授与
247年	卑弥呼が魏に、対立していた狗奴国《くなこく》との交戦を告げる
248年頃	卑弥呼が死去。径100余歩の冢《つか》（塚）をつくり、奴婢《ぬひ》100余人を殉葬。13歳の宗女、台与《とよ》が後継者に
266年	倭が西晋《せいしん》に遣使

出典：読売新聞　2023年７月８日より抜粋

(注1) 環濠集落…周囲に濠を巡《めぐ》らせた集落《しゅうらく》のこと。

(注2) 楼観………古代中国の言葉で、櫓《やぐら》のような高い建物のこと。

問１　〔資料１〕から読み取れるものとして正しい組み合わせを次の①～⑧から一つ選び、その番号を答えなさい。

ア　卑弥呼は魏に使者を送り、魏から「漢委奴国王」と刻印された金印を授与された。

イ　魏志倭人伝には紀元前の倭（日本）の様子が約2000文字で記されている。

ウ　魏志倭人伝に邪馬台国への行程は記されているものの、邪馬台国の正確な位置はわかっていない。

エ　邪馬台国が畿内にあったとする説は、纒向遺跡から全国各地の土器が多数出土したことが理由である。

オ　邪馬台国が九州にあったとする説は、魏志倭人伝に登場する「親魏倭王」の金印が吉野ヶ里遺跡から見つかったことを理由としている。

カ　約30の国々と結びついていたとされる邪馬台国は狗奴国と対立していた。

①　ア・イ・ウ　　②　イ・ウ・エ　　③　ウ・エ・オ　　④　エ・オ・カ
⑤　ア・イ・エ　　⑥　イ・ウ・オ　　⑦　ウ・エ・カ　　⑧　イ・エ・カ

問２　下線部（A）について、カンタロウさんは〔資料１〕を見ながら次のようにまとめました。空欄（あ）、（い）にあてはまる文を答えなさい。

〔カンタロウさんのまとめ〕

魏志倭人伝には、朝鮮半島から邪馬台国へ行程が記されている。しかし、邪馬台国の所在地が、さまざまな遺跡の発見があるにも関わらず、畿内説と九州説に分かれているのは［　（あ）　］なためである。決定的な証拠が見つからない今、所在地を探るためには「相対的」に見出していく必要がある。そのためには［　（い）　］することが必要だと考えられる。

カンタロウさんは、他にも発掘調査が行われた遺跡について調べ、次の〔調べたこと〕にまとめました。これらを参考に以下の各問いに答えなさい。

〔調べたこと〕

□ (B) 牽牛子塚《けんごしづか》古墳は奈良県明日香《あすか》村にある。この古墳は江戸時代からすでに存在が確認されていたらしく、「あさがお塚」と記されている。つまり、古墳の形状があさがおの花びらのように多角形であったことがわかる。最近の発掘調査から以下のようなことが判明した。

・古墳の周囲には石が細長く敷《し》き詰《つ》められ、この石敷のコーナー部分の角度が135度であった。

・牽牛子塚古墳の南東側に接した場所から新たな古墳が発見され、越塚《こしつか》御門《ごもん》古墳と名付けられた。越塚御門古墳の形状は牽牛子塚古墳とは異なる四角形と考えられる。

□ (C) 松江《まつえ》城下町遺跡は島根県松江市にある江戸時代の城下町遺跡である。現在の松江城下町は江戸時代初期に整備され、堀《ほり》割《わ》り、道路、橋などの基本的な町の形状が現在までほとんどそのままに継承《けいしょう》されているようだ。

・この地は松江城に隣接し、1869（明治２）年の版籍奉還《はんせきほうかん》から1871（明治４）年の廃藩《はいはん》置県までは、松江藩最後の藩主松平定安《さだやす》とその家族が仮住まいしていた。

・発掘調査よりこの地から、次のような箱Dが発見された。
　箱Dの中には別の箱Eが入っていた。箱Eの中には、一度半分に割った竹を合わせたものが入っていた。その竹の中には土の玉と鉄の玉が入っていた。
　箱Eのフタには「橘明喬《たちばなめいきょう》」と墨で書かれた文字があった。
・他にも、発掘調査より、埋められた当時のままの(注)胞衣《えな》箱が出土した。この胞衣箱のふたには「明治三年…（中略）…誕生女子胞衣」と書かれていた。このことから、この胞衣箱は松平定安の九女、鑑子《あきこ》のものであることがわかった。

(注)胞衣…胎児《たいじ》を包む羊膜《ようまく》や胎盤《たいばん》、臍帯《さいたい》（いわゆるへその緒《お》）などの総称。

問３　下線部（B）について、カンタロウさんとシュウ子さんが話しています。〔会話文２〕の空欄（う）、（え）にあてはまるものを下の選択肢《せんたくし》からそれぞれ一つずつ選び、その番号を答えなさい。

〔会話文２〕
カンタロウ　「古墳の石敷のコーナーの部分の角度が135度とはどういうことかな。」
シュウ子　「内角がすべて135度で構成されているということだね。」
カンタロウ　「内角って何かな？」
シュウ子　「右図のように隣《とな》り合う２辺が多角形の内部につくる角度だよ。」
カンタロウ　「三角形の内角の和が180度、四角形の内角の和が360度、五角形が540度と（う）度ずつ増えているから、１つの内角が135度なら全ての内角が同じと考えると（え）角形だね。」

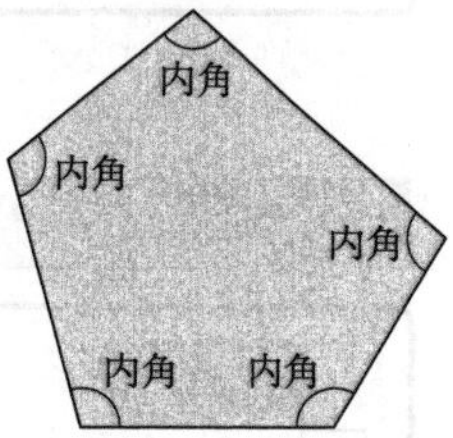

（う）の選択肢
①　30　②　90　③　180　④　360
（え）の選択肢
⑤　五　⑥　六　⑦　七　⑧　八

問４　下線部（C）について、カンタロウさんは玉や胞衣箱が埋められた目的をまとめました。空欄（お）、（か）にあてはまる文として正しい組み合わせを次の①～④から一つ選び、その番号を答えなさい。

〔まとめ〕
　橘明喬は、土地や家の間取りなどから吉凶《きっきょう》を占《うらな》うことを生業にした人物の息子であり、父の仕事を引き継いでいたと考えられる。また、松江城下町の別の場所からも丸い鉄球が出土した例が確認されている。よって、土の玉や鉄の玉は（お）ための道具ではないか。
　胞衣は胎児が産み出された後に排出《はいしゅつ》されることから後産《あとざん》ともよばれ、かつて胞衣は産まれてきた子どもと同等とみなされたようだ。また、出土した胞衣箱の中には羽子板《はごいた》が入れられていた。そのことから胞衣箱は（か）ために丁重《ていちょう》に埋められたと推測される。

①　（お）－武器として使う　（か）－衛生的な考えに基づいて処分する
②　（お）－武器として使う　（か）－健やかに育つことを願う
③　（お）－神仏に祈《いの》りを捧《ささ》げる祈禱《きとう》の　（か）－衛生的な考えに基づいて処分する
④　（お）－神仏に祈りを捧げる祈禱の　（か）－健やかに育つことを願う

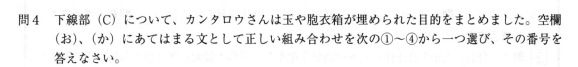

2024年度
自修館中等教育学校 ▶解　答

※　編集上の都合により，Ａ－１日程試験の探究Ⅰ・探究Ⅱの解説は省略させていただきました。

探究Ⅰ　＜Ａ－１日程試験＞（50分）＜満点：100点＞

解　答

1　**問１**　(あ)　81　(い)　32　(う)　0.5　(え)　16　**問２**　右の図　**問３**　④　**問４**　⑥　**問５**　③　**問６**　③

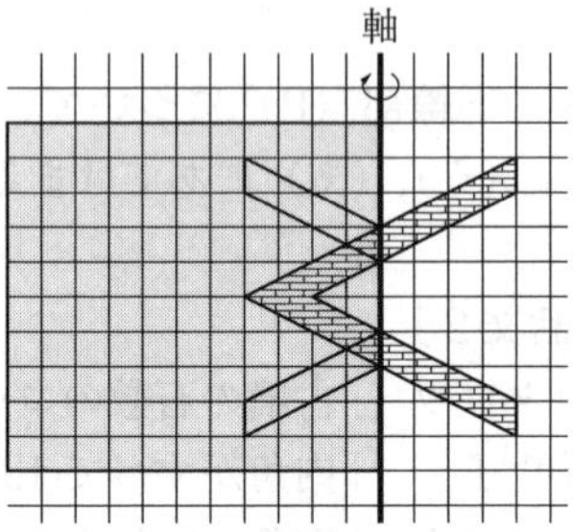

2　**問１**　③　**問２**　⑦　**問３**　①　**問４**　(あ)　4　(い)　8　(う)　9　(え)　27　**問５**　⑥

3　**問１**　（例）　酸素を多く含んだ湖面近くの水が沈み，湖底の水を押し上げて混ざり合うことで湖底まで酸素が行き届き，生物が生きることができる環境になること。　**問２**　①，③　**問３**　（例）　マザーレイクゴールズ(MLGs)は，琵琶湖を通じて持続可能な開発目標(SDGs)を身近な行動にまで落とし込んだもの。　**問４**　(あ)　土砂の堆積　(い)　(約)40万　(う)　60

探究Ⅱ　＜Ａ－１日程試験＞（50分）＜満点：100点＞

解　答

1　**問１**　(あ)　（例）　安価　(い)　（例）　破損　**問２**　⑤　**問３**　忘災　**問４**　（例）　都市化にともなう土地の造成が進んだため。／川で運ばれてきた細かい泥などで軟弱な地盤となっているため。　**問５**　（例）　過去から教訓を学び，被害を減らすこと。　**問６**　**考え方１**…③　**考え方２**…②

2　**問１**　（例）　大山と富士山の祭神の関係を生かし，信仰の拡大を図りながら檀家を確保するため。　**問２**　③　**問３**　①，④　**問４**　（例）　富士山は世界文化遺産として認められ，登山者のみが保護等の協力金を負担すべきではない。また，入山制限が富士山観光の課題であるリピーターの確保を妨げる恐れがある。

3　**問１**　⑦　**問２**　(あ)　（例）　諸国間の方角や距離が不正確　(い)　（例）　日本列島にあった国々の実態を考古学で地道に解明　**問３**　(う)　③　(え)　⑧　**問４**　④

2023 年度 自修館中等教育学校

【算　数】 〈A－1日程試験〉 (50分) 〈満点：100点〉

［注意事項］1．問題**1**・**2**は，答えのみを解答用紙に書きなさい。

2．問題**3**・**4**は，答えだけでなく途《と》中《ちゅう》式や求め方なども書きなさい。

1　次の□にあてはまる数を答えなさい。

（1） $(54-38)\times 2-3\times 4=\square$

（2） $0.75-\frac{5}{7}\times 0.2-\frac{5}{14}=\square$

（3） $45-4.5\times 5-0.45\times 20=\square$

（4） $18-(34\times 2-\square\div 8)=14$

（5） a ※ b を a を b 回かけた数の１の位の数　と約束します。

このとき、(2 ※ 8) ※ 5 ＝□

2　次の各問いに答えなさい。

（1）ある算数のテストの得点はＡさんはＢさんより15点低く、ＢさんはＣさんより12点高く、ＣさんはＤさんより７点低かったので、この４人の平均点は72点でした。Ｃの得点は何点か答えなさい。

（2）12kmの道のりを、はじめ毎時5kmの速さで１時間20分歩き、そのあと毎時4kmの速さで歩きました。合計で何時間何分歩いたか答えなさい。

（3）右の図は正六角形です。

㋐の角度を答えなさい。

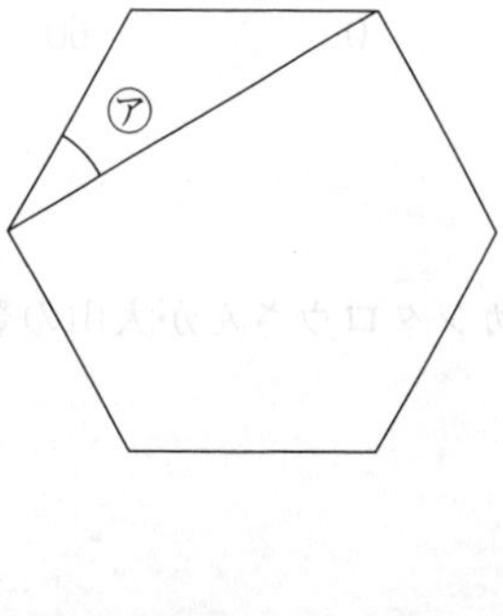

(4) 右の図は、1辺が6cmの正方形の内部に半径6cmのおうぎ形を重ねてかいたものです。図のしゃ線部分の周囲の長さを答えなさい。ただし､円周率は3.14とします。

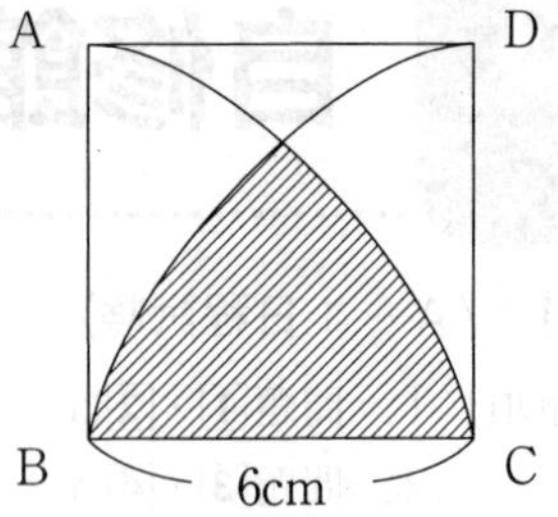

(5) 右の図のように、直径8cm、高さ12cmの円柱を正四角柱でくりぬいたときにできる立体の体積を答えなさい。ただし、円周率は3.14とします。

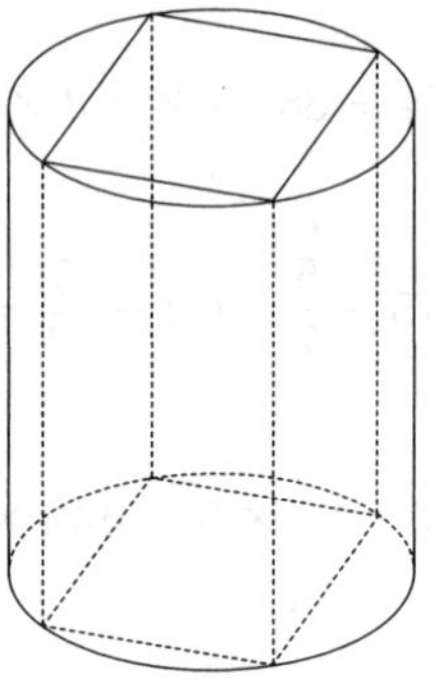

3 シュウコさんは伊勢原市にある大山《おおやま》に登ることにしました。すると、大山のふもとで山登りが趣味のカンタロウさんに出会い、同時にふもとを出発しました。大山の登山コースはふもとから頂上まで3.6kmで、カンタロウさんは登りは分速50m、下りは分速72mで進みます。シュウコさんはふもとを出発して休憩をとりながら登り、頂上に着いたときに40分の休憩をとってから山を下り始めました。カンタロウさんはトレーニングのために、休憩することなく同じコースを登り下りし続けます。シュウコさんの進んだ様子が図1のようになるとき、次の問いに答えなさい。

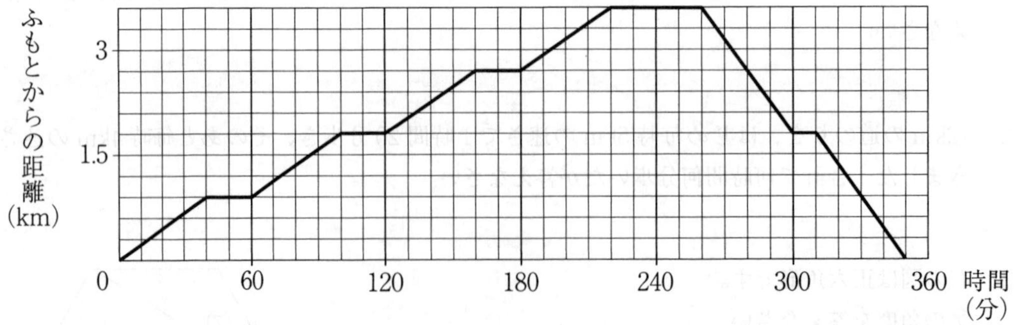

図1

(1) カンタロウさんが大山の登山コースを1回往復するのにかかる時間は何分間か答えなさい。

(2) 休憩時間を含め、シュウコさんが山を下りる平均の速さは分速何 m であるか答えなさい。

(3) シュウコさんとカンタロウさんが同時にふもとを出発してから２回目に出会うのは何時間何分後か答えなさい。

(4) カンタロウさんが登りの速さを変え、さらに頂上とふもとでそれぞれ５分の休憩をとることにしたところ、カンタロウさんの２回目の頂上到着がシュウコさんの頂上到着と同時になりました。このとき、カンタロウさんの登りの速さは分速何 m だったか答えなさい。

4 次のような規則にしたがって白玉と黒玉を並べていきます。

［規則］① １段目には白玉を置く。
② ２段目以降、両端には白玉を置く。
③ ３段目以降、右上と左上にある２個の玉が同じ色なら黒玉を、違う色なら白玉を置く。

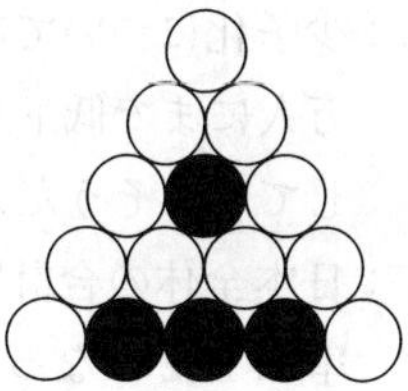

５段目まで置いたときは右上の図のようになります。このとき、次の各問いに答えなさい。

(1) ７段目まで並べたとき、黒玉は何個必要であるか答えなさい。

(2) 一つの段にすべて白玉が並ぶときが規則的にあらわれます。
どのような規則性になっているか説明しなさい。

(3) 16段目まで並べたとき、白玉は何個必要であるか答えなさい。

(4) 64段目まで並べたとき、黒玉は何個必要であるか答えなさい。

【社　会】〈A－１日程試験〉(30分)〈満点：50点〉

1　日本の地理について、次の４人の会話文を読み、以下の各問いに答えなさい。

会話文

Aさん：世界の人口について調べると、新しい発見があったよ。国際連合の「世界人口予測」によると、2022年には世界の総人口が80億人に達し、2023年中には［ A ］の人口が中国を抜いて世界最多になるらしいよ。

Bさん：これまで世界の人口は約70億人と覚えていたよ。今後もどんどん増えていくのかな。

Aさん：2080年ごろには104億人でピークになるようだよ。日本はどうなのかな。

Bさん：少子化に歯止めがかからない日本は、2008年をピークに人口が減り続けていることを知っているよね。現在の日本の人口は約１億2600万人だけれども、30年後ぐらいには１億人を割るという予測もあるみたい。

Cさん：長寿化も進んでいるから、高齢者は当分増え続けるようだよ。人口減少や少子高齢化といった（1）日本の人口に関する問題は山積みだね。

Dさん：少子化について詳しく調べると、2000年には約119万人だった出生数が、2020年には約84万人にまで低下していたよ。2020年の日本全体の合計特殊出生率《ごうけいとくしゅしゅっしょうりつ》※は1.33で、５年連続低下しているそうだよ。少子化は深刻な問題だね。

Aさん：日本全体の合計特殊出生率が減少する一方で、（2）明石市のように2020年の合計特殊出生率は1.62となっていて、日本全体を大きく上回る都市もあるようだよ。「こどもを核としたまちづくり」を進め、子どもの医療費や保育費を無料にしているそうだよ。

Bさん：インターネットで「日本の人口減少」と検索したら、「東京の人口1398万人、26年ぶりに減少」という記事を見つけたよ。人口減少は地方だけでなく、（3）東京都のような大都市でも起きているようだよ。

Cさん：近年のコロナ禍で、テレワークが広がりを見せる中、今の仕事を手放さずに（4）地方への移住を考える人が増えているようだね。

Dさん：人口減少や高齢化社会について詳しく調べてみたら、各地方都市で対策が行われているよ。例えば（5）富山県の富山市では、人口減少と高齢化社会への対応をするため、持続可能なコンパクトシティの形成を推進しているそうだよ。

Aさん：「公共交通機関の活性化」・「公共交通機関周辺への居住促進」・「中心市街地の活性化」の３点を重視して、コンパクトシティを形成しているみたいだね。また、2018年には内閣府の（6）「SDGs未来都市」に選定されているよ。

Bさん：富山県以外の（7）地方都市の取り組みを調べて比較してみるのも面白そうだね。

Cさん：これからも人口減少や少子高齢化に限らず、日本が抱えている様々な問題にもっと関心を持って考えていくことが大切だね。

※合計特殊出生率：合計特殊出生率は、15歳から49歳までの女性の年齢別出生率を合計したもので、１人の女性が仮にその年次の年齢別出生率で一生の間に生むとしたときの平均子ども数に相当する。

問1　**会話文**中の空欄Aにあてはまる国名として適当なものを、次のア～エから1つ選び、記号で答えなさい。

ア：インド　　イ：ブラジル　　ウ：インドネシア　　エ：アメリカ合衆国

問2　下線部 (1) について、日本の人口に関する説明文として<u>最も適当でないもの</u>を、次のア～エから1つ選び、記号で答えなさい。

ア：農林水産業のほかに中心となる産業が少ない地方では、働く場所を求めて人々が地方を離れてしまい、人口が減り続ける過疎化が進んでいる。

イ：1947年から49年にかけ出生数が急増するベビーブームが起こり、その時に生まれた世代が親となり、1971年から74年にかけ再びベビーブームが起こった。

ウ：東京23区・大阪市・福岡市を中心とする大都市圏を三大都市圏と呼び、日本の人口の約48%が集中しているため、通勤ラッシュや交通渋滞などの社会問題が生じている。

エ：農業や介護など多くの分野での人手不足を背景に外国人の受け入れを積極的に広げたため、2020年末には日本の総人口の約2%を外国人が占めている。

問3　下線部 (2) について、明石市は日本の標準時子午線《しごせん》(東経135度の経線) が通る都市です。明石市が属する府県の位置として適当なものを、次の**地図**中のア～エから1つ選び、記号で答えなさい。

地図

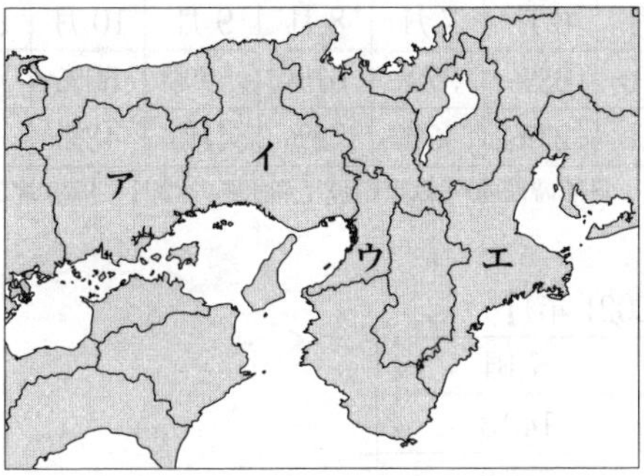

問4　下線部 (3) について、次の**資料**中の矢印と数字は、東京23区への通勤・通学者数を示しています。**資料**から考えて、東京23区の昼と夜の人口はどのようになっていると考えられますか。次のア～ウから1つ選び、記号で答えなさい。

資料

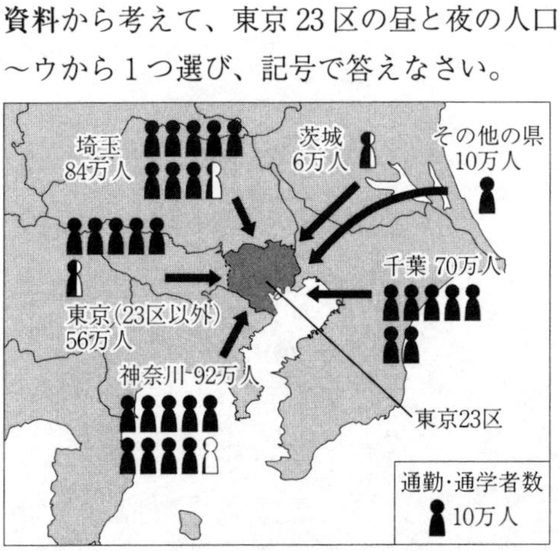

※東京都の人口は約1396万人

ア：昼の人口より夜の人口の方が多い。

イ：夜の人口より昼の人口の方が多い。

ウ：昼の人口と夜の人口はほぼ同じである。

問５　下線部（4）について、次の**資料**はＣさんが地方への移住について詳しく調べた際に見つけた**資料**の一部です。**資料**中の空欄Ｂにあてはまる語句を答えなさい。

資料

・「認定NPO法人ふるさと回帰支援センター」が公表している「移住希望地ランキング」では、静岡県が2020、21年と連続で首位を獲得。
・静岡県に来る移住者の約３割は東京から、神奈川・埼玉・千葉を含めると全体の７割ほどを占めている。
・静岡県への移住者が多い理由のひとつは、首都圏へのアクセスの良さ。
・同県で移住者数が最も多い市町は三島市。三島と東京間は、［　Ｂ　］を利用すれば１時間以内で行き来することができる。
・三島を通る［　Ｂ　］は、東京と新大阪を結び、仕事や観光などで多くの人に利用されている。

問６　下線部（5）に関して、富山県は中部地方に属し、中部地方の日本海側は北陸地方と呼びます。北陸地方は、古くから地場産業がさかんで、現在でも富山県の銅器、石川県の金箔《ぱく》、新潟県の洋食器、福井県のめがねフレームは、各県の代表的な産業です。北陸地方において地場産業がさかんな理由を、以下の各**資料**をもとに簡潔に説明しなさい。

資料１【北陸地方の晴れの日と降水ありの日の出現率】

	1月	2月	3月	4月	5月	6月	7月	8月	9月	10月	11月	12月
晴れの日	15%	18%	37%	50%	58%	63%	37%	61%	57%	50%	42%	23%
降水ありの日	68%	68%	52%	43%	32%	23%	43%	22%	41%	43%	48%	69%

※晴れの日：日照時間40％以上の日　降水ありの日：降水量1.0mm以上の日

資料２【北陸地方のコメの作付面積と収穫量（2021年）】

	北陸地方	全国
作付面積（万 ha）	20.2	140.3
収穫量（万 t）	107.2	756.3

問７　下線部（6）に関して、コンパクトシティを目指す政策は、SDGs17の**目標**達成への貢献になると考えられています。次のⅠ・Ⅱの**政策例**を実現していくことは、以下の①～⑤のどのSDGs17の**目標**達成への貢献につながると考えられますか。**最も適当な組合せ**を、下のア～カから１つ選び、記号で答えなさい。

政策例

Ⅰ．中心市街地に公共交通機関としてハイテク化した新しい路面電車交通「ライトレール（LRT）」や路線バスの整備、自転車の駐輪場の建設など、自家用車を使用しなくても生活できる環境をつくる。

Ⅱ．路面電車交通「ライトレール（LRT）」などの公共交通機関を整備した中心市街地に、マンションなどを建設して市民の居住を促進し、街の各地に分散している商店街を中心市街地に集め、商業施設をつくる。

SDGs17の目標

①
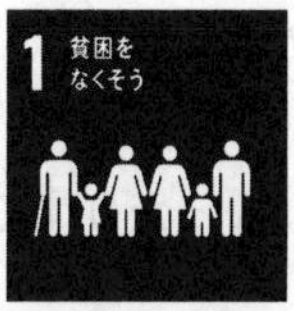

②

③

④

⑤

ア：Ⅰ－④　Ⅱ－②　　イ：Ⅰ－⑤　Ⅱ－②　　ウ：Ⅰ－③　Ⅱ－④
エ：Ⅰ－③　Ⅱ－①　　オ：Ⅰ－⑤　Ⅱ－④　　カ：Ⅰ－④　Ⅱ－③

問８　下線部（7）に関して、人口50万人以上の市で政令（内閣が制定する命令）によって指定を受けた市を政令指定都市といいます。指定されるには、70万人以上の人口が必要とされています。では神奈川県にはいくつの政令指定都市がありますか。**解答欄に合わせて**答えなさい。

2 甲太《こうた》さんは、自修館の「探究」活動において、日本の「女性の歴史」をテーマにしてインターネットや図書館の本を参考にして調べ、気になることを表にしてまとめました。これを読み、以下の各問いに答えなさい。

表（女性の歴史）

3世紀	(1) 卑弥呼は中国に使いを送り、中国から「親魏倭王《しんぎわおう》」の称号や金印などをおくられた。
7世紀	古代にいた女帝の一人である (2) 持統《じとう》天皇は、戸籍を作成させた。
奈良時代	女性も (3) 口分田の班給を受けた。
平安時代	貴族の女性は、(4) かな文字を用いて文学作品を著した。
鎌倉時代	(5) 北条政子は事実上の将軍（尼将軍）として鎌倉幕府を運営した。
鎌倉時代	分割相続の際、女性は男性と同じく財産の分与を受けたり、地頭になったりすることがあった。
室町時代	日野富子は、将軍家の妻として8代将軍 (6) 足利義政にかわって実質的に政務を執った。
江戸時代	武家において女性が当主となることは許されなかった。
江戸時代	女性に対しては、『女大学《おんなだいがく》』などの教訓書によって、(7)「三従《さんじゅう》の教え」や貞節《ていせつ》などといった男尊女卑《だんそんじょひ》の道徳が説かれた。

問1　表中の下線部（1）に関して、卑弥呼が使いを中国に送った背景について説明した文として最も適当なものを、次のア～ウから1つ選び、記号で答えなさい。

ア：中国は、日本に従うように何度も使者を送ってきたため、卑弥呼はその要求をはねつけようとした。

イ：倭では争いがたえなかったため、くにぐにが相談し、卑弥呼を王にたてることにした。

ウ：卑弥呼を天皇とする新たな政治の仕組みを整えるため、中国の政治の仕組みや文化を学ぼうとした。

問2　表中の下線部（2）に関して、持統天皇が活躍した時代にあてはまるものを、次のア～ウから1つ選び、記号で答えなさい。矢印（→）は時代の流れを示しています。

仏教伝来 → ア → 大化の改新 → イ → 平城京遷都《せんと》 → ウ → 大仏開眼式《かいげんしき》

問３　表中の下線部（3）の口分田とは、６歳以上の男女に与えられた一定面積の田地のことであり、租税《そぜい》が課せられました。この時代の税制度の説明として**誤っているもの**を、次のア～ウから１つ選び、記号で答えなさい。

ア：成人男子３人に１人の割合で、沖縄や北海道の守りにつく兵役《へいえき》が課せられた。
イ：成人男子には、１年に60日以内、地方の役人の命令で働く雑徭《ぞうよう》が課せられた。
ウ：成人男子には、地方から中央に特産物か布をおさめる調《ちょう》が課せられた。

問４　表中の下線部（4）に関して、紫式部がかな文字を使って書いた作品名を１つ答えなさい。

問５　表中の下線部（5）に関して、次の**演説文**は北条政子によるものとされています。この**演説文**の背景を説明した文として適当なものを下のア～ウから１つ選び、記号で答えなさい。なお、**演説文**は読みやすいように、現代語に訳し、途中を省略しています。

演説文

故頼朝公が朝敵《ちょうてき》を征討《せいとう》し幕府を開いて以来、皆が得た官位や俸禄《ほうろく》などを考え合わせると、その恩は山よりも高く海よりも深い。その恩に感謝し報いようとする気持ちは、決して浅いはずはない。しかし、反逆した者の告げ口で誤った命令が出された。名誉を重んじる者は、頼朝公以来三代にわたる将軍のあとを守れ。上皇方《じょうこうがた》に味方したい者がいれば、今はっきり申し出よ。

ア：朝廷の重要な地位を独占している平氏に対して多くの貴族が反感を持っていた。
イ：元軍が２度にわたって九州北部に攻めてきていた。
ウ：源氏の将軍が絶えたあと、朝廷は鎌倉幕府をたおす兵を集めた。

問６　表中の下線部（6）の人物に関する説明として適当なものを、次のア～ウから１つ選び、記号で答えなさい。

ア：足利義満の孫であり、15世紀終わりに京都の東山に銀閣を建てた。
イ：明を従えようと考え、２度にわたって朝鮮に大軍を送りこんだ。
ウ：明との国交をはじめて開き、貿易をはじめたことで大きな利益を得た。

問７　表中の下線部（7）に関して、次の**文**は「三従の教え」を説明したものです。文中の空欄にあてはまる語句を**漢字１字**で答えなさい。

文

女性が従うべきとされた三つの道のこと。仏教や儒教道徳でいわれたもの。家にあっては父に従い、嫁《か》しては夫に従い、夫が死んだあとは［　　］に従うという女性としての心構えを教えたことば。

問８　鎌倉時代と江戸時代とを比較したとき、どちらの方が女性の地位が高いと考えられますか。表に書かれている内容を理由にして説明しなさい。

3 次の文章は、ウクライナのゼレンスキー大統領が日本の国会においてオンライン形式で行った演説の一部です。文章を読んで、以下の各問いに答えなさい。なお、読みやすくするために一部表現を改めています。

ウクライナの大統領として、史上初めて日本の(1) 国会で話をすることができ光栄です。

両国の首都は8,193キロ離れていて、飛行機では15時間かかりますが、自由を望む気持ち、生きたいという気持ち、それに(2) 平和を大切に思う気持ちに距離がないことを、2月24日に実感しました。両国の間には1ミリたりとも距離はなく、私たちの気持ちに隔たりがないことを。ロシアは私たちの交易路である海さえも封鎖しています。世界のほかの、潜在的な侵略者に、海路を封鎖すれば自由国家を脅《おびやか》すことができると示しているのです。

皆さん！ウクライナとそのパートナーの国々、そして私たちの反戦の連帯こそが、世界の安全を崩壊させず、国家の自由、人々、社会の多様性、それに国境の安全確保のための土台を保障するのです。それは私たちと子どもたち、それに孫たちの平和を守るためです。国際機関が機能しなかったことを目の当たりにしたと思います。国連や(3) 安全保障理事会でさえも…。いったい何ができるのでしょうか。機能するため、ただ議論するだけでなく真に決断し影響力を及ぼすためには、改革、そして誠実さが必要です。(4) ロシアによるウクライナへの攻撃によって世界が不安定化し、多くの新たな危機にさらされています。あすのことさえ、誰も予想できなくなっています。資源を輸入している国にとって、世界市場の不安定化は大きな問題です。環境面と(5)食料面の危機はかつてないほど深刻です。そして最も大切なのは、地球上のすべての侵略者たちに、戦争を始めたり世界を破壊したりすれば大きな罰を受けることになると知らしめ、思いとどまらせることです。責任ある国々がまとまって平和を守るのは、全く論理的で正しいことです。日本がこの歴史的な時期に、道義に基づいた立場をとり、ウクライナに真の支援をしてくれていることに感謝しています。日本はアジアで初めて、平和を取り戻すためロシアに圧力をかけ、ロシアに対する制裁に踏み切ってくれました。どうかこれを続けてください。ロシアが平和を追求し、ウクライナへの残忍な侵略の津波を止めるよう、アジアのほかの国々とともに力を合わせ、状況の安定化に取り組んでください。皆さんもこの気持ちは分かると思いますが、人々は子ども時代に過ごしたふるさとに、住み慣れた故郷に戻らないといけないのです。平和が脅かされるたびに強く、予防的に行動できるよう、新しい安全保障体制を構築しなければなりません。

日本の皆さん！私たちが力を合わせれば、想像以上に多くのことを成し遂げられます。私は、皆さんのすばらしい発展の歴史を知っています。いかに調和を作りだし、守れるかを。規範に従い、命を大切にしているかを。環境を守れるかを。

問1　下線部 (1) について、国会の重要な議決では衆議院の優越が認められています。衆議院の優越が認められている理由を、「国民の意見」という語句を用いて、説明しなさい。

問２　下線部（2）に関連して、次の文章のルールと表の内容を満たした文として最も適当なものを、下のア～エから１つ選び、記号で答えなさい。

文章

国際社会の平和と安定のためには、国家間の協調が重要です。

国家間協調の実現について考えるために、次の表であらわされるゲームを考えることにします。このゲームでは、Ａ国とＢ国の２つの国家があり、お互いに相談できない状況で、それぞれが協力か非協力かのどちらかを同時に選択します。その結果として、それぞれの国は表中の該当するマスに示された点数を獲得します。例えば、Ａ国が「協力」、Ｂ国が「非協力」を選んだ場合、Ａ国は１点、Ｂ国は９点を獲得することになります。ここで両国は、自国の得る点数の最大化だけをめざすものとします。

表

		Ｂ国	
		協力	非協力
Ａ国	協力	Ａ国に10点 Ｂ国に10点	Ａ国に１点 Ｂ国に９点
	非協力	Ａ国に９点 Ｂ国に１点	Ａ国に２点 Ｂ国に２点

ア：Ｂ国が「非協力」を選択する場合、Ａ国は「協力」を選択した方がより高い点数を得られる。

イ：Ａ国が最も高い点数を得るには、Ａ国が「協力」を選択し、さらにＢ国が「非協力」を選択する必要がある。

ウ：Ａ国とＢ国がともに「協力」を選択すれば、両国の点数の合計は最大化される。

エ：両国が点数の最大化をめざすと、ともに「非協力」を選ぶことになるため、国家間の協調的政策の実現には新たな仕組みが必要になる。

問３　下線部（3）に関する文章として最も適当でないものを、次のア～ウから１つ選び、記号で答えなさい。

ア：2022年６月の国連総会において、日本は国連加盟国中最多の12回目の安全保障理事会非常任理事国に選出された。

イ：安全保障理事会の常任理事国は５か国あるが、ロシアは常任理事国ではない。

ウ：安全保障理事会の常任理事国には拒否権があり、投票を棄権しない場合、重要な決議には全常任理事国の同意が必要である。

問４　下線部（4）に関して、次の**記事**中の空欄Ａに入る語句を、**漢字４字**で答えなさい。なお、**記事**は一部表現を改めたところがあります。

記事

22日午前の閣議で、2022年版外交青書《がいこうせいしょ》※を報告した。ロシアによるウクライナ侵攻について「冷戦後の世界秩序を脅かす歴史の大転機」と位置付け、「暴挙だ」と非難した。

［　Ａ　］については「日本固有の領土であるが、現在ロシアに不法占拠されている」と明記した。［　Ａ　］を「日本固有の領土」と表現したのは2011年以来、「不法占拠」は2003年以来となる。2021年版では「我が国が主権を有する島々」としていた。

※外交青書：外務省によって作成されている日本の外交の記録をつづった白書（青書）の一種。

（読売新聞より抜粋　2022年4月22日）

問５　下線部（5）について、次の**文章**は生徒が自修館の「探究」活動において、企業の取り組みを取材してレポートとしてまとめたものの一部です。**文章**から読み取れることとして**最も適当なもの**を、下のア～エから１つ選び、記号で答えなさい。

文章

畜産物名称	畜産物１kgの生産に必要な飼料量
牛肉	11 kg
豚肉	7 kg
鶏肉	4 kg

近年、世界的な人口増加と経済発展のなかで、食肉需要が高まっている。そんな中、右の表からわかるように畜産物の生産には多くの餌が必要で、膨大《ぼうだい》な面積の飼料生産用の農地を使用するため、環境負荷が高いと言われている。一方、植物肉は大豆などのタンパク質をそのまま加工できるため、環境負荷が低いとされている。

取材した企業は食品ロス問題解決のために、エコフィードを生産している。エコフィード(ecofeed)とは、「環境にやさしい」(ecological)や「節約する」(economical)等を意味する「エコ」(eco)と「飼料」を意味する「フィード」(feed)を併《あわ》せた造語で、食品製造の過程で生まれたカスや売れ残った食品、野菜のカットくずなどの調理残さを利用して製造された家畜用飼料のことである。エコフィードは、酪農家にとっては、飼料代の削減になるというメリットがある。また、食品廃棄の際に運搬や焼却で余分なCO2を排出したり、ごみ処理経費がかかったりすることを考えると、環境面に加えて金銭面でもメリットがたくさんある取り組みであると感じた。安全かつ栄養も豊富なエコフィードの製造数量は右肩上がりで、エコフィードの配合割合が高い食肉を高品質なブランド肉として販売している事例もあるようだ。

ア：植物肉とは大豆などを飼料にして育てられた畜産物のことである。

イ：豚肉１kgの生産に必要な飼料量は、牛肉１kgの生産に必要な飼料量の２倍以上である。

ウ：エコフィードは、無農薬野菜など環境に優しい食品を利用して製造された家畜用の飼料のことである。

エ：エコフィードは、経済的なメリットも多く栄養も豊富なため、その製造数量は増加傾向にある。

【理　科】〈A－1日程試験〉(30分)〈満点：50点〉

1　以下の各問いに答えなさい。

問1　次の文の空欄Aに適する植物を①～④の中から1つ選び、番号で答えなさい。また、空欄BとCに適する語句を答えなさい。

（　A　）のように、亜寒帯に多く生えている樹木で、葉が細い特徴を持つものを（　B　）樹とよびます。一方、ケヤキやカエデのような葉が細くないものをまとめて（　C　）樹とよびます。

①ブナ　　②クヌギ　　③サクラ　　④マツ

問2　次の文の空欄Aに適する植物を①～④の中から1つ選び、番号で答えなさい。また、空欄Bに適する語句をカタカナで答えなさい。そして、空欄Cに適する動物を⑤～⑧の中から1つ選び、番号で答えなさい。

（　A　）のような熱帯や亜熱帯の河口域で多く生えている樹木で構成されている植物の集団を（　B　）とよびます。日本では鹿児島県や沖縄県の河口域で一般的に見られます。参考画像のように（　B　）では水面下の根の部分に特殊《とくしゅ》な生態系があり、（　C　）などの隠れ家になっています。

①ヒルギ　　②ヒイラギ　　③ツバキ　　④ヒラタケ
⑤ホタテガイ　　⑥シオマネキ　　⑦ハブ　　⑧クリオネ

問3　次の①～④の中から、その動物の特徴として正しくないものを1つ選び、番号で答えなさい。

①メダカはえら呼吸であり、子を卵で産んで増殖《ぞうしょく》する
②カブトムシは夜行性であり、成虫は主に樹木からしみ出ている樹液を食べて生きる
③ヘビは肺呼吸であり、乾燥《かんそう》にある程度強く、せきつい動物に分類される
④ニワトリには脳があり、羽毛におおわれていて変温動物である

問４　次の文章を読み、以下の問いに答えなさい。

自修館中等教育学校では、通常の授業とは別に長期休みなどを利用して特別な講座を設定しています。令和４年度は社会講座で裁判《さいばん》を傍聴するものや、理科講座で大学の研究室に協力していただき遺伝子《いでんし》組換え実験をするもの等がありました。

この理科講座で行われた遺伝子組換えという技術では、生命の設計図ともいえるデオキシリボ核酸《かくさん》のある部分を他の生物に切り貼りをして、その生物が本来持っていない遺伝子を導入します。例えば、オワンクラゲという生物には光るタンパク質の遺伝子があるのですが、その遺伝子をマウスに組換えれば“光るマウス”を生み出すことが可能です。この場合、光ることが私たちの生活に何か影響を与えることは少ないのですが、様々な実験の中には医療や食糧《りょう》問題などに活用することができるものがあります。

(1)　下線部のデオキシリボ核酸は、一般的には省略されて広く世間で出回っている用語です。この省略された形をアルファベットの大文字３文字で答えなさい。

(2)　下線部のデオキシリボ核酸を人工的に増やす方法の中に、ポリメラーゼ連鎖反応法《れんさはんのうほう》という方法があります。これは専門的な技術で、一般の人には用語も含めてほとんど知られていませんでした。ところが、2020年よりあることをきっかけに、この用語は省略された形で一般的に広く知られるようになりました。理科講座の遺伝子組換えの実験ではこの技術を体験してもらい、実際にデオキシリボ核酸を増やす体験をしました。このポリメラーゼ連鎖反応が省略された形をアルファベットの大文字３文字で答えなさい。

(3)　遺伝子組換えが活用されているものの例を１つ挙げ、どのように活用されているかを示しなさい。

2 下の図のように、６つの集気びんにＡ～Ｆの気体を入れて、集気びんの中でスチールウールを燃やす実験をしました。次の各問いに答えなさい。

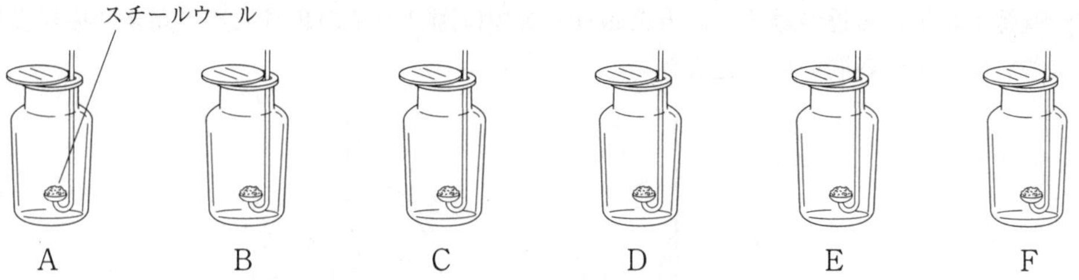

集気びんに入れた気体	A	B	C	D	E	F
酸素	0%	20%	80%	0%	20%	80%
ちっ素	20%	0%	0%	80%	80%	20%
二酸化炭素	80%	80%	20%	20%	0%	0%

問１　実験後、集気びんに石灰水を入れて振《ふ》っても、石灰水が白くにごらなかった集気びんがありました。それはどの集気びんですか。すべて選び、記号で答えなさい。

問２　空気中で燃やしたときとほぼ同じ燃え方をする集気びんをすべて選び、記号で答えなさい。

問３　物が燃えるための条件を３つ答えなさい。

問４　７gのスチールウールを燃やしたら、燃えた後の固体は10gになりました。10gのスチールウールを燃やすと何gになるか、小数点第１位を四捨五入して整数で答えなさい。

問５　花火を水の中に入れると、火は消えずにしばらく水の中で燃え続けました。なぜ花火の火は消えなかったのか、その理由を説明しなさい。

3 図１のように、矢印の向きに電流を流した導線《どうせん》を方位磁針《ほういじしん》のＮ（北）極とＳ（南）極とを結ぶ一直線上に上から近づけると、方位磁針のＮ極は図１のアのＷ（西）の向きに振れました。また、図２のように矢印の向きに図１と同じ大きさの電流を流した導線を方位磁針のＮ極とＳ極とを結ぶ一直線上に下から近づけると、方位磁針のＮ極は図２のイのＥ（東）の向きに振れました。これについて、次の各問いに答えなさい。

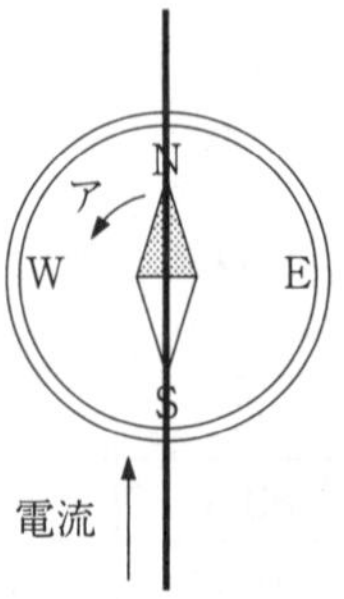

図１

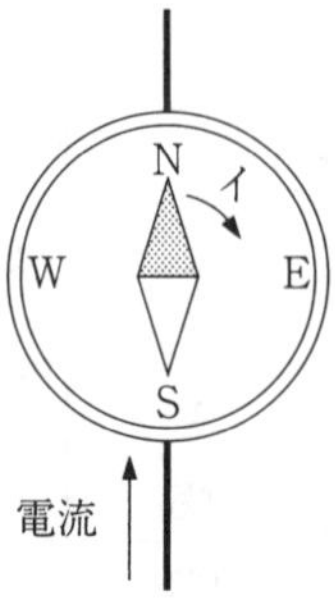

図２

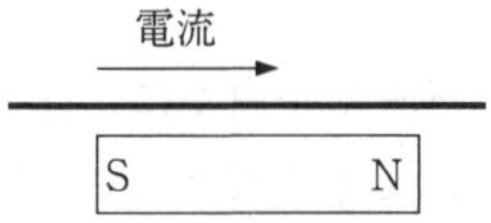

図１を横から見た図

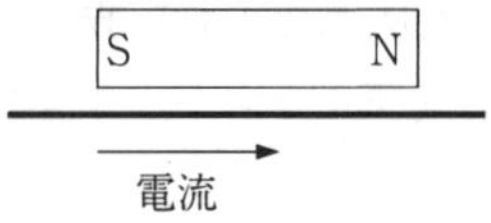

図２を横から見た図

問１　次の文章の（1）～（4）に当てはまる語句を（　　）の中から選び、それぞれ抜《ぬ》き出して答えなさい。

『図３のように、矢印の向きに図１と同じ大きさの電流を流した導線を、方位磁針のＮとＷの間と、ＳとＥの間を結ぶ一直線上に上から図１と同じだけ近づけると、方位磁針のＮ極は図５の（1：　アの向きに振れ・イの向きに振れ・どちらにも振れない）、振れの大きさは（2：　図１より大きい・図１より小さい・図１と同じ・振れない・これだけでは分からない）。また、図４のように、方位磁針に導線を何回か巻き付け、矢印の向きに図１と同じ大きさの電流を流すと方位磁針のＮ極は図５の（3：　アの向きに振れ・イの向きに振れ・どちらにも振れない）、振れの大きさは（4：　図１より大きい・図２より小さい・図１と同じ・振れない・これだけでは分からない）。』

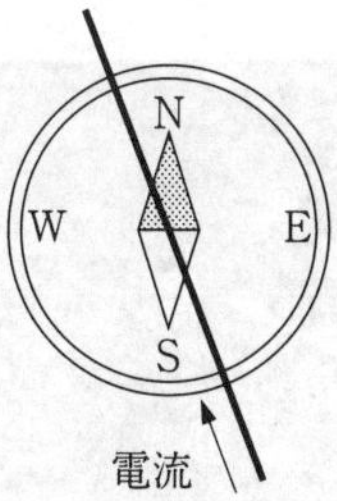

図3

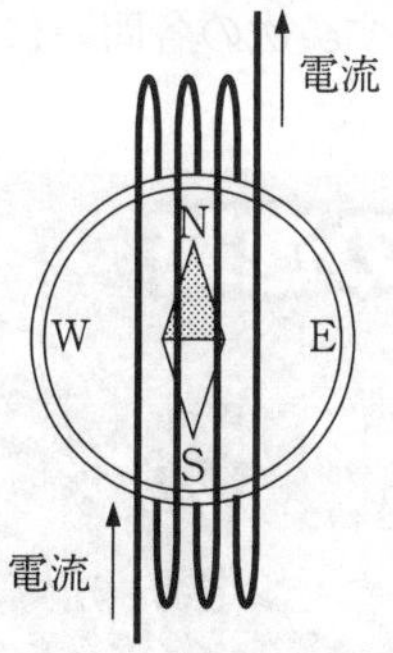

図4

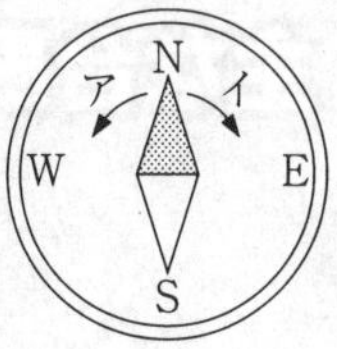

図5

図4のように、導線を同じ向き、同じ大きさで何回も巻いたものをコイルといいます。このコイルと永久磁石、乾《かん》電池を使って図6のように組み立てるとモーターを作ることができます。このモーターは電流が流れる限り、コイルの部分が回転し続けます。ここで、コイルの巻き数を5回巻き、25回巻き、50回巻きと、巻き数を変えたもの用意し、同じ時間でのコイルの回転のようすを確かめ、下の表にまとめました。これについて次の問いに答えなさい。

表. コイルの巻き数と回転のようす

コイルの巻き数	コイルの回転のようす
5回巻き	よく回る
25回巻き	5回巻きのコイルよりも速く回る
50回巻き	コイルの回り方は最もおそい

問2　表の結果から、コイルの巻き数と回転のようすについて、以下のように考えてみました。次の文章の空欄Aは当てはまる文章を抜き出し、空欄Bは文章の前後がつながるように理由を考え、それぞれ答えなさい。

『コイルの巻き数を増やすと、（A：　乾電池から流れてくる電流が強くなる・コイルに生じる磁石の力が強くなる）ので回転数は増えていくが、巻き数を増やせば増やすほどコイルの（　B　）ので、回転しにくくなる。』

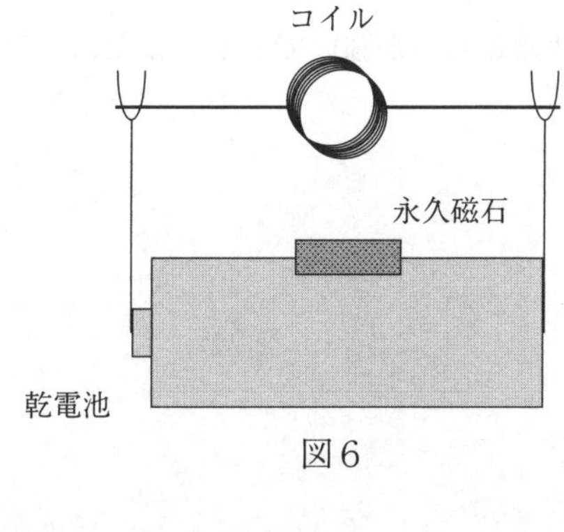

図6

4　次の図は台風のようすを表しています。次の各問いに答えなさい。

図

問１　図のＡ～Ｄの台風の進路は、１年間のある月の主な進路を表しています。それぞれ何月の台風か答えなさい。

問２　台風の進路や勢力に影響をおよぼす「気団《きだん》」の名称を答えなさい。

問３　台風はその勢力が弱まると、何に変化をしますか。下のア～オから２つ選び、記号で答えなさい。

ア　温帯高気圧　　イ　温帯低気圧　　ウ　爆弾低気圧

エ　熱帯高気圧　　オ　熱帯低気圧

問４　問３における台風の勢力とは具体的に何か、説明しなさい。

問５　台風の威力は、台風の東側と西側どちらが強いですか。また、その理由を説明しなさい。

5 2022年の夏は、東京都心で16日、神奈川県でも10日の猛暑日《もうしょび》（1日の最高気温が35.0℃以上の日）がありました。地球温暖化がその原因の一つといえます。温暖化をはじめとした様々な環境《かんきょう》問題を少しでも解決していくためにも、SDGs（持続可能な社会の開発目標）を意識した取り組みが必要といえるでしょう。

ここで、日本の里山《さとやま》に注目してみましょう。里山とは、里地里山ともいわれ、自然と都市との間にある集落やそれらを取り巻く山林や農地等のことを指します。ここに住む人々は山林の木を間伐《かんばつ》し燃料として使うだけでなく、森の整備をしているのです。間伐とは、多く育った森林の木々を伐採《ばっさい》し、木々の間隔を空けることで樹木を育ちやすくさせることです。樹木が太く大きく育つことで、山林の土砂災害を食い止めることもできます。また、森林の管理だけでなく田畑を耕し、食糧《しょくりょう》を得ています。人間が適度に自然に手入れをすることで、人間だけでなくその周囲に生きる動植物にとっても過ごしやすい場所を作っているのです。

人びとのくらしを全て、里山でのくらしのようにするのはとても難しいことです。全てではなく、部分的に里山でのくらしを取り入れたり、参考にしたりすることに、何かヒントがあるかもしれません。

問　里山のくらしから、下にその特徴《とくちょう》をいくつか挙げました。【里山でのくらしの特徴】を参考に、人びとのくらしにどう取り入れれば、地球温暖化のような環境問題を解決することにつながると考えられますか。解答例を参考に答えなさい。特徴として挙がっていないものを使って解答しても構いません。ただし、里山でのくらしの特徴ではないものは採点しません。また、どう取り入れるかについて、解答例と同じ、もしくは似たような解答は採点しません。

【里山でのくらしの特徴】
・山の木を間伐し、生えている樹木の量を調整する。
・伐採した木を燃料や肥料として活用する。
・家畜《かちく》を飼育することで食糧を得る。
・家畜を飼育し、田畑の肥料を得る。
・田畑を耕すために川から水を引き、用水路をつくる。
・田畑を耕し、食料を得る。

【解答例】
里山での暮らしの特徴：伐採した木を燃料や肥料として活用する。
どう取り入れるか：バイオマス発電や太陽光発電のような、再生可能エネルギーを利用した発電を生活に取り入れる。

五

みなさんは「やさしい日本語」という言葉を聞いたことがありますか。「やさしい日本語」とは、日本に住む外国人にもわかるように配慮《はいりょ》して簡単にした日本語のことで、災害発生時に適切な行動をとれるように考え出されたのが始まりです。例えば「高台に避難《ひなん》してください」は難しい表現なので、「高い所に逃げてください」と言いかえます。また専門用語や敬語表現もできるだけ使わないようにします。現在では行政や医療《いりょう》機関など多くの場面で使われるようになっています。

以上の内容をふまえ、次の①～④の――線部を「やさしい日本語」に言いかえなさい。ただし後の条件に従うこと。

① 強風のため、現在この電車は運転を見合わせています。

② ここでの会話や飲食はひかえてください。

③ 診断結果は、後日、電話でお知らせさせていただく形となります。

④ 余震《よしん》の可能性があるので、倒壊《とうかい》のおそれがある建物にはなるべく近づかないこと。

条件

・熟語を使わないこと。ただし［　］部分はそのままでよい。

・あいまいな表現や敬語を使わないこと。

問6　――線部④「『服従』や『隷属』」とありますが、これらが「自由の反対語」であるのはなぜですか。その説明として最も適当なものを次の中から1つ選び、記号で答えなさい。

ア　自由には独立した一人ひとりが責任を持って決断するという側面を伴うが、「服従」や「隷属」はそうしたあり方とは正反対の状態だから。

イ　「服従」や「隷属」とは自由が部分的に制限された状態であるが、その制限のされ方は国家や民族によって異なるから。

ウ　集団の全員が従うリーダーが的確な判断を下す能力がなかった場合、非常事態において集団が生きのびるのは難しいから。

エ　自由の反対語は、本来「不自由」のほうが正しいが、「服従」や「隷属」という表現を支持する人もいるから。

問7　――線部⑤「上の偉い人に服従するたびに、心の中でそれに『反抗』する気持ちを持っておく」とありますが、なぜ「反抗する気持ち」が必要なのですか。理由を2つに分けて、それぞれ40字以内で説明しなさい。

問8　――線部⑥「人生の過去は予備であり、本舞台は未来にあり」とありますが、「未来」のためにしておくべき「予備」だとして筆者が説明している部分を本文中から50字以内で抜き出し、最初と最後の5字を答えなさい。

問9　筆者の主張として最も適当なものを次の中から1つ選び、記号で答えなさい。

ア　長い時間軸で物事を考える習慣を身につけると、合理化が正しい結論になることが多い。

イ　短い時間軸で物事を考え続けると、いつのまにか精神の自由を手に入れることができる。

ウ　非常事態を生きのびるためには、無能なリーダーにいつまでも従っていてはいけない。

エ　人間にとって自由は最も大切な価値観であり、どんなリーダーにも服従してはいけない。

問1　——線部①「無駄に思える部分を切り捨てる」について、次の各問いに答えなさい。

(1)　この理由を説明した1文を本文中から探し、最初の5字を答えなさい。

(2)　筆者は「無駄」を別の言葉で何と表現していますか。最も適当な言葉を本文中から2つ、それぞれ3字前後で抜《ぬ》き出しなさい。

問2　[A]～[C]に当てはまる言葉として最も適当なものを次の中からそれぞれ選び、記号で答えなさい。

ア　つまり　　イ　けれども　　ウ　だから　　エ　例えば

問3　[X]に当てはまる2字の言葉を本文中から抜き出しなさい。

問4　——線部②「精神の自由」とありますが、筆者が説明する「自由」の内容として当てはまらないものを次の中から1つ選び、記号で答えなさい。

ア　自由は偉い人が下の立場の人に自動的に与えてくれるものではない。

イ　人間は生まれながらにして自由に考えて行動する権利を持っている。

ウ　自由と社会のルールが対立したときには、ルールが常に優先される。

エ　一人ひとりにとっての最適な自由の大きさは、異なっている。

問5　——線部③「自由という道具を使いこなす能力」とありますが、これを高めるためにまずどのようなことが必要ですか。それが説明された部分を本文中から22字で抜き出し、最初と最後の5字を答えなさい。

そうならないためには何が必要か。⑤上の偉い人に服従するたびに、心の中でそれに「反抗《はんこう》」する気持ちを持っておくことです。偉いとされる上の人に従順に服従するのでなく、心の中で反抗しながら「今回は服従してやる」という意識を持つことです。

こういう考え方を習慣にできると、上の偉い人の横暴《おうぼう》な態度がエスカレートした時に、「今までは服従してやったけど、これ以上は従えない、もう限界だ」と自分の頭で判断して、心の中でなく実際の言葉と行動で、上の偉い人に反抗できます。

世界の歴史は、こうした反抗の積み重ねで進歩してきました。一人一人は弱い力しか持たなくても、反抗という考え方が心の中にあれば、それをみんなでつなぎ合わせて大きな力に変え、王様などの「支配者」による理不尽《りふじん》な横暴を打ち砕《くだ》くことができます。かつては地球上のあちこちで制度化されていた「奴隷《どれい》」が、今では姿を消し、国際社会の常識は、一人一人が持つ人間としてのいろいろな権利＝人権を大切にする方向へと変わってきました。

もちろん、中には「この人なら服従してもかまわない」と思える、頼りになるリーダーも存在します。信頼できるリーダーの条件とは、例えば「他人に責任を押し付けない」とか「うそをつかない」、あるいは「自分だけ良い境遇《きょうぐう》になろうとしない」などが考えられますが、どんなリーダーなら自分が「服従してやってもいい」と思えるか、皆《みな》さんもそれぞれの基準を考えてみてください。

最後に、尾崎行雄《おざきゆきお》という政治家の言葉をご紹介して、私の原稿《げんこう》の締《し》めくくりとします。彼の名前を初めて知る人も多いかもしれませんが、日本が自由のない封建的《ほうけんてき》な古い社会から近代的な自由と民主主義の国へと進む上で、大きな功績があった人物です。

その尾崎行雄は、こんな言葉を遺《のこ》しています。

「⑥人生の過去は予備であり、本舞台《ぶたい》は未来にあり」

これから先、日本と世界がどんな状況になっていくのか、正確なことは誰にも予測できません。けれども、自分の中でいろいろな能力を高め、知識だけでなく知性を高め、自由を使いこなす能力を高めていくことで、何があろうと乗り越えることのできる「図太さ」と「しぶとさ」を身に付けられるのでは、と思います。

皆さんのこれからの人生が、おもしろいものになるよう、祈っています。

（『ポストコロナ期を生きるきみたちへ』所収　山崎雅弘「図太く、しぶとく、生きてゆけ」より）

＊1　非常事態…ここでは新型コロナウイルス感染症が世界的に広がっている状況を指す。

＊2　信憑性…信頼《しんらい》できる度合。

り、我慢《がまん》を強《し》いられたりしないように作られたものですが、先にあるのは自由であって、ルールではありません。

ただし、自由の度合いが大きければ大きいほど、すべての人にとって良いかと言えば、それもまた正しくありません。一人一人にとっての最適な「自由の大きさ」は、その人が持っている「自由を使いこなす能力」に対応しています。

旅慣れた人なら、旅行先で「一日、自由に過ごして下さい」と言われたら、自分で情報を集めて計画を立て、満足できる時間を過ごせるでしょう。けれども、あまり旅慣れていない人なら、自分で内容を自由に決めるという意味での「自由度」が少なくてもいいから、失敗しない計画を誰かに決めてもらえたら、と思うでしょう。

おそろしいのは、自分の能力以上の自由を与えられた時、人はそのストレスに疲れて、自由を手放してもいいから、上の偉い人に物事を決めてほしい、と投げ出してしまいたくなることです。そうならないために、③自由という道具を使いこなす能力を、自分で少しずつみがいていかなくてはなりません。

では、自由という道具を使いこなす能力を、自分で高めていくには、どうすればいいのでしょうか。

その答えを知るには、自由の「反対語」は何だろう、と考えてみることが必要です。

国語的には「不自由」というのが正解になるのでしょうが、概念《がいねん》、[C]考え方の意味から考えると、例えば④「服従」や「隷属《れいぞく》」などの言葉が思い浮《う》かびます。

上の偉い人に服従すれば、自由がない反面、自分で物事を決めたり責任を取ったりしなくて済む、という「楽な面」もあります。そのため、ボクは自由がなくてもいいや、上の偉い人に服従して、強い集団の一員になるよ、という道を選ぶ人もいるでしょう。

けれども、今回の非常事態が教えているのは、もし集団の全員が従うリーダーが、的確な判断を下す能力のない「無能」なら、集団全体はどうなるのか、ということです。

それを考えれば、集団が非常事態を生き延びるために最良の形態は、一人一人が独立した個人として自由に物事を考え、それぞれの持つ能力を活かしてアイデアを出し合い、みんなで対等に「いちばんましな答え」を探し出すことだろうと思います。

実際の生活では、学校や社会のいろいろな集団の中で、服従という態度をとらざるを得ない場合は多いでしょう。それによって保たれる、秩序や安定も大事です。しかし、子どもの頃からずっと、親や教師などの「上の偉い人」に服従した経験しかなければ、大人になってからも「誰かに服従することしかできない人間」になってしまいます。

四　次の文章をよく読み、後の各問いに答えなさい。（句読点や記号も1字に数えます）

大切なことは、長い時間軸で物事を考える習慣をつけることです。

最近の日本では「無駄《むだ》を省く」や「合理化」など、①無駄に思える部分を切り捨てるのが「正しい態度」であるかのような思い込みが、いろんな分野で常識になっています。

けれども、一見すると賢《かしこ》いように見える、そんな単純な考え方は、*1非常事態にはまったく逆効果になってしまう場合があると、今ではあちこちで判明しています。

A、都道府県と市町村で、同じような仕事をする保健所や医療《いりょう》機関がだぶっているのは「無駄だ」と決めつけて、統合や廃止《はいし》を進めてきた地域では、感染の拡大という予想外の展開に対処できず、医療体制が危機的な状況に陥《おちい》っています。

この事例が教えるのは、浅い考えで「無駄だ」と見なされてきた部分が、実は「予想外のこと」が起きたときに対処できる「余白」や「伸びしろ」だったという事実です。

物事を、昨日、今日、明日、という短い時間軸で考えてしまうと、今すぐに役に立たないものは「無駄だから捨てよう」という早まった結論になりがちです。けれども、3ヵ月後、1年後、5年後、10年後という長い時間軸で考えてみれば、今すぐに役に立たないものでも、いざという時に何かの役に立つかもしれない、という事実に目が向きます。

会社の経営者などが口にする「選択と集中」という言葉も X 時間軸で物事を考えるパターンのひとつです。

いま好成績を上げている分野に、人やお金を集中して注ぎ込む、という考え方は、短期的な業績の向上には結びつくでしょう。B、長い時間軸で見れば、集中されずに捨てられた分野の重要度が急に上がったりすると、社会の変化や予期せぬ非常事態に対応できず、結果としてマイナスの効果をもたらす可能性もあります。

情報の真贋《しんがん》（本当とうそ）や*2信憑性《しんぴょうせい》を自分で判断・選別する「目」を持ち、あらかじめ用意された「正解」の知識に頼《たよ》りすぎず、長い時間軸で物事を考える習慣が身に付くと、日々の生活においても、少しずつ「②精神の自由」を獲得《かくとく》できるはずです。

自由というのは、上の偉《えら》い人が、いくつかの条件の範囲《はんい》内で、下の者に与《あた》えてくれるものだ、という風に理解している人がいるかもしれませんが、そうではありません。

人間は本来、自由に考え、自由に行動する権利を持っています。社会のルールは、各人の自由と自由が衝突《しょうとつ》した時に、弱い方の人が痛みを感じた

問5　[X]に当てはまる言葉を次の中から記号で選び、「[　　]をつついたよう」という慣用句を完成させなさい。

ア　人ごみ　　イ　闇《やみ》の中　　ウ　羊の群れ　　エ　雲　　オ　蜂《はち》の巣

問6　――線部④「どんぐりはしいんとしてしまいました」とありますが、それはなぜですか。わかりやすく説明しなさい。

問7　――線部⑤「やまねこが言いました」以降のやまねこのしゃべり方について、AとBが話しています。[Ⅰ] [Ⅱ]には本文中の言葉が当てはまります。それぞれ指定された字数で本文中の――⑤以降のやまねこのセリフから抜き出しなさい。

A　――⑤以降のやりとりは、山ねこの性格が表れているね。

B　さきほどAが言っていた威厳を保とうとしているということ？

A　その性格も関係しているね。さらにここでは「[Ⅰ（17字）]」という言葉に注目したいな。つまり、体面をとても気にする性格なのではないかな。だからあのような格式ばった言い方を求めたのではないかな。

B　なるほど。山ねこの性格がいっそうはっきりしてきたね。でも「[Ⅱ（5字）]」は言い方として命令口調でいやな感じがするなあ。

A　「[Ⅱ]」は裁判所では当然のように使われるようだよ。山ねこは「こちらを裁判所としますが」と言っているからその流れからもこのような言い方を求めたと言えそうだね。

問8　――線部⑥「山猫は、鮭の頭でなくて、まあよかった」とありますが、それはなぜですか。猫の性質を考えて説明しなさい。

問2　――線部②「男は下をむいてかなしそうに言いました」とありますが、この時の「男」の気持ちを説明したものとして最も適当なものを次の中から1つ選び、記号で答えなさい。

ア　山ねこの書いた文章はとてもうまく書けているのに、それを示せる機会がないのを残念に思う気持ち。

イ　自分の主人である山ねこの書いた文章だが、まちがいも多いため、お仕えする主人のことを情けなく思う気持ち。

ウ　うまい文章と思っていないので、かなしそうな顔をすることで、一郎から同情してもらおうとする気持ち。

エ　うまい文章である自信はないが、一郎にも下手な文章だと思われていると思い、いたたまれない気持ち。

問3　――線部③「一郎は、おもわず笑いだしながら」とありますが、それはなぜですか。最も適当なものを次の中から1つ選び、記号で答えなさい。

ア　一郎は山ねこの書いた文章がうまいと言ったら、男がよろこんで真っ赤になるので、主人思いの男に好感を持ったから。

イ　一郎は文章がうまいとおだてたら、男が真っ赤になって着物のえりを広げる様子がおかしく思えたから。

ウ　一郎は文章についてお世辞を言ったが、男はむじゃ気に喜び、字についても一郎に良い評価を求めてきて、おかしかったから。

エ　一郎は男の書いたはがきを「うまいようでしたよ」とひと事《ごと》のように言ったのに、男が真に受けるのが思いがけなかったから。

問4　本文中の冒頭から▼までのところからわかる山ねこについて、AとBが話しています。［Ⅰ］［Ⅱ］には本文中の言葉が当てはまります。それぞれ指定された字数で、▼までの本文中から抜《ぬ》き出しなさい。

A　山ねこが登場した場面を読んで、山ねこにどのような印象を持った？

B　山ねこは一郎に裁判をお願いしたわけだけれど、それにしては「ありがとう」の一言もなくて、ちょっと変わっているなと思った。

A　子どもの一郎に対して知恵は借りるけれど、下手《したて》にはでないぞと威厳《いげん》を保とうとしているのだと思う。［Ⅰ（19字）］という山ねこの動作がそれを示しているようだ。

B　一郎のことを子どもだと思って少し見下したような気持ちも［Ⅱ（11字）］という発言に見られるね。

「それでは、文句はいままでのとおりにしましょう。そこで今日のお礼ですが、あなたは黄金のどんぐり一升《いっしょう》と、塩鮭《しおざけ》のあたまと、どっちをおすきですか。」

「黄金のどんぐりがすきです。」

⑥山猫は、鮭の頭でなくて、まあよかったというように、口早に馬車別当に云いました。

「どんぐりを一升早くもってこい。一升にたりなかったら、めっきのどんぐりもまぜてこい。はやく。」

別当は、さっきのどんぐりをますに入れて、はかって叫びました。

「ちょうど一升あります。」

山ねこの陣羽織が風にばたばた鳴りました。そこで山ねこは、大きく延びあがって、めをつぶって、半分あくびをしながら言いました。

「よし、はやく馬車のしたくをしろ。」白い大きなきのこでこしらえた馬車が、ひっぱりだされました。そしてなんだかねずみいろの、おかしな形の馬がついています。

「さあ、おうちへお送りいたしましょう。」山猫が言いました。二人は馬車にのり別当は、どんぐりのますを馬車のなかに入れました。

（宮沢賢治『どんぐりと山猫』より）

＊1　尋常…尋常小学校。現在の小学校にあたる。　＊2　別当…役職名の一つ。

＊3　おおように…ゆったりとした様子。　＊4　出頭すべし…役所、警察などに出向きなさいということ。

問1　――線部①「一郎はぎょっとして、一あしうしろにさがって」とありますが、この時の一郎の気持ちを説明したものとして最も適当なものを次の中から1つ選び、記号で答えなさい。

ア　足が山羊のようにまがり、足先がへらの形をしていた男がにやっと笑ったので、人か動物か分からずに戸惑《とまど》う気持ち。

イ　おかしな形の男が革鞭を持っていたので、それでたたかれはしまいかとおそれおののく気持ち。

ウ　気味が悪く感じていた男に、会ったこともないのに自分の名前を言われておどろき、警戒《けいかい》する気持ち。

エ　男が一郎の質問に答えるだけではなく、一郎の正体を知ろうとしていたのでおどろきをかくせない気持ち。

「このとおりです。どうしたらいいでしょう。」

一郎はわらってこたえました。

「そんなら、こう言いわたしたらいいでしょう。このなかでいちばんばかで、めちゃくちゃで、まるでなっていないようなのが、いちばんえらいとね。ぼくお説教できいたんです。」

山猫はなるほどというふうにうなずいて、それからいかにも気取って、繻子のきものの胸を開いて、黄いろの陣羽織をちょっと出してどんぐりどもに申しわたしました。

「よろしい。しずかにしろ。申しわたしだ。このなかで、いちばんえらくなくて、ばかで、めちゃくちゃで、てんでなっていなくて、あたまのつぶれたようなやつが、いちばんえらいのだ。」

④どんぐりはしいんとしてしまいました。それはしいんとして、堅《かた》まってしまいました。

そこで山猫は、黒い繻子の服をぬいで、額の汗《あせ》をぬぐいながら、一郎の手をとりました。別当も大よろこびで、五六ぺん、鞭をひゅうぱちっ、ひゅうぱちっ、ひゅうひゅうぱちっと鳴らしました。⑤やまねこが言いました。

「どうもありがとうございました。これほどのひどい裁判を、まるで一分半でかたづけてくださいました。どうかこれからわたしの裁判所の、名《めい》誉《よ》判事になってください。これからも、葉書が行ったら、どうか来てくださいませんか。そのたびにお礼はいたします。」

「承知しました。お礼なんかいりませんよ。」

「いいえ、お礼はどうかとってください。わたしのじんかくにかかわりますから。そしてこれからは、葉書にかねた一郎どのと書いて、こちらを裁判所としますが、ようございますか。」

一郎が「ええ、かまいません。」と申しますと、やまねこはまだなにか言いたそうに、しばらくひげをひねって、眼をぱちぱちさせていましたが、とうとう決心したらしく言い出しました。

「それから、はがきの文句ですが、これからは、用事これありに付き、明日出頭*4すべしと書いてどうでしょう。」

一郎はわらって言いました。

「さあ、なんだか変ですね。そいつだけはやめた方がいいでしょう。」

山猫は、どうも言いようがまずかった、いかにも残念だというふうに、しばらくひげをひねったまま、下を向いていましたが、やっとあきらめて言いました。

も利《き》かないようでした。わあわあわあわあ、みんなにか云《い》っているのです。

「あ、来たな。蟻《あり》のようにやってくる。おい、さあ、早くベルを鳴らせ。今日はそこが日当りがいいから、そこのとこの草を刈《か》れ。」やまねこは巻たばこを投げすてて、大いそぎで馬車別当にいいつけました。馬車別当もたいへんあわてて、腰《こし》から大きな鎌《かま》をとりだして、ざっくざっくと、やまねこの前のとこの草を刈りました。そこへ四方の草のなかから、どんぐりどもが、ぎらぎらひかって、飛び出して、わあわあわあわあ言いました。

馬車別当が、こんどは鈴《すず》をがらんがらんがらんがらんと振《ふ》りました。音はかやの森に、がらんがらんがらんがらんとひびき、黄金のどんぐりどもは、すこししずかになりました。見ると山ねこは、もういつか、黒い長い繻子《しゅす》の服を着て、勿体《もったい》らしく、どんぐりどもの前にすわっていました。まるで奈良《なら》のだいぶつさまにさんけいするみんなの絵のようだと一郎はおもいました。別当がこんどは、革鞭を二三べん、ひゅうぱちっ、ひゅう、ぱちっと鳴らしました。

▼

空が青くすみわたり、どんぐりはぴかぴかしてじつにきれいでした。

「裁判ももう今日で三日目だぞ、いい加減になかなおりをしたらどうだ。」山ねこが、すこし心配そうに、それでもむりに威張《いば》って言いますと、どんぐりどもは口々に叫びました。

「いえいえ、だめです、なんといったって頭のとがってるのがいちばんえらいんです。そしてわたしがいちばんとがっています。」

「いいえ、ちがいます。まるいのがえらいのです。いちばんまるいのはわたしです。」

「大きなことだよ。大きなのがいちばんえらいんだよ。わたしがいちばん大きいからわたしがえらいんだよ。」

「そうでないよ。わたしのほうがよほど大きいと、きのうも判事さんがおっしゃったじゃないか。」

「だめだい、そんなこと。せいの高いのだよ。せいの高いことなんだよ。」

「押《お》しっこのえらいひとだよ。押しっこをしてきめるんだよ。」もうみんな、がやがやがやがや言って、なにがなんだか、まるで［X］をつっついたようで、わけがわからなくなりました。そこでやまねこが叫びました。

「やかましい。ここをなんとこころえる。しずまれ、しずまれ。」

【中略】

別当がむちをひゅうぱちっとならしましたのでどんぐりどもは、やっとしずまりました。

山猫が一郎にそっと申しました。

「うまいですね。五年生だってあのくらいには書けないでしょう。」

すると男は、急にまたいやな顔をしました。

「五年生っていうのは、＊1尋常《じんじょう》五年生だべ。」その声が、あんまり力なくあわれに聞えましたので、一郎はあわてて言いました。

「いいえ、大学校の五年生ですよ。」

すると、男はまたよろこんで、まるで、顔じゅう口のようにして、にたにたにたにた笑って叫《さけ》びました。

「あのはがきはわしが書いたのだよ。」

一郎はおかしいのをこらえて、

「ぜんたいあなたはなにですか。」とたずねますと、男は急にまじめになって、

「わしは山ねこさまの馬車＊2別当《べっとう》だよ。」と言いました。

そのとき、風がどうと吹《ふ》いてきて、草はいちめん波だち、別当は、急にていねいなおじぎをしました。

一郎はおかしいとおもって、ふりかえって見ますと、そこに山猫が、黄いろな陣羽織《じんばおり》のようなものを着て、緑いろの眼をまん円《まる》にして立っていました。やっぱり山猫の耳は、立って尖《とが》っているなと、一郎がおもいましたら、山ねこはぴょこっとおじぎをしました。一郎もていねいに挨拶《あいさつ》しました。

「いや、こんにちは、きのうははがきをありがとう。」

山猫はひげをぴんとひっぱって、腹をつき出して言いました。

「こんにちは、よくいらっしゃいました。じつはおとといから、めんどうなあらそいがおこって、ちょっと裁判にこまりましたので、あなたのお考えを、うかがいたいとおもいましたのです。まあ、ゆっくり、おやすみください。じき、どんぐりどもがまいりましょう。どうもまい年、この裁判でくるしみます。」山ねこは、ふところから、巻煙草《まきたばこ》の箱を出して、じぶんが一本くわえ、「いかがですか。」と一郎に出しました。一郎はびっくりして、

「いいえ。」と言いましたら、山ねこは＊3おおようにわらって、

「ふふん、まだお若いから、」と言いながら、マッチをしゅっと擦《す》って、わざと顔をしかめて、青いけむりをふうと吐《は》きました。山ねこの馬車別当は、気を付けの姿勢で、しゃんと立っていましたが、いかにも、たばこのほしいのをむりにこらえているらしく、なみだをぼろぼろこぼしました。

そのとき、一郎は、足もとでパチパチ塩のはぜるような、音をききました。びっくりして屈《かが》んで見ますと、草のなかに、あっちにもこっちにも、黄金《きん》いろの円いものが、ぴかぴかひかっているのでした。よくみると、みんなそれは赤いずぼんをはいたどんぐりで、もうその数ときたら、三百で

三

次の文章をよく読み、後の各問いに答えなさい。（句読点や記号も1字に数えます）

> 一郎はある日、以下のように書かれたはがきを受け取る。
>
> 「かねた一郎さま　九月十九日
> あなたは、ごきげんよろしいほで、けっこです。あした、めんどなさいばんしますから、
> おいでんなさい。とびどぐもたないでくなさい。
> 山ねこ　拝」
>
> うれしくてたまらない一郎は森に出かけていく。途中、一人の奇妙《きみょう》な男と出会った。

その草地のまん中に、せいの低いおかしな形の男が、膝《ひざ》を曲げて手に革鞭《かわむち》をもって、だまってこっちをみていたのです。

一郎はだんだんそばへ行って、びっくりして立ちどまってしまいました。その男は、片眼で、見えない方の眼は、白くびくびくうごき、上着のような半纏《はんてん》のようなへんなものを着て、だいいち足が、ひどくまがって山羊《やぎ》のよう、ことにそのあしさきときたら、ごはんをもるへらのかたちだったのです。一郎は気味が悪かったのですが、なるべく落ちついてたずねました。

「あなたは山猫《やまねこ》をしりませんか。」

するとその男は、横眼で一郎の顔を見て、口をまげてにやっとわらって言いました。

「山ねこさまはいますぐに、ここに戻《もど》ってお出やるよ。おまえは一郎さんだな。」

①一郎はぎょっとして、一あしうしろにさがって、

「え、ぼく一郎です。けれども、どうしてそれを知ってますか。」と言いました。するとその奇体《きたい》な男はいよいよにやにやしてしまいました。

「そんだら、はがき見だべ。」

「見ました。それで来たんです。」

「あのぶんしょうは、ずいぶん下手だべ。」と②男は下をむいてかなしそうに言いました。一郎はきのどくになって、

「さあ、なかなか、ぶんしょうがうまいようでしたよ。」

と言いますと、男はよろこんで、息をはあはあして、耳のあたりまでまっ赤になり、きもののえりをひろげて、風をからだに入れながら、

「あの字もなかなかうまいか。」とききました。③一郎は、おもわず笑いだしながら、へんじしました。

2023年度 自修館中等教育学校

【国　語】〈A－1日程試験〉（五〇分）〈満点：一〇〇点〉

一　次の――線部のカタカナは漢字に改め、漢字はその読み方をひらがなで答えなさい。

① テイレイの会議を開く。
② この問題はヨウイに解ける。
③ この駅はジョウコウ客が多い。
④ ツウカイなできごとにあう。
⑤ 新しいリョウイキを発見する。
⑥ 熱い応援《おうえん》にフルい立つ。
⑦ 万全の対策で試験にノゾむ。
⑧ 解答への道筋を考える。
⑨ 尊い仏像を拝む。
⑩ 山の中腹にたどり着く。

二　（　）内の意味を参考にして、次の慣用句の□に当てはまる体の部分を答えなさい。ひらがなでも構いません。

① □をすえて勉強する。（じっくりと物事に取り組む）
② けん玉の□比べをする。（どちらがすぐれているか比べる）
③ 父はいつも妹の□を持つ。（ひいきする）
④ ケーキには□がない。（大好きである）
⑤ □が浮くようなお世辞を言う。（わざとらしさが見えすいて不快になる）

2023年度

自修館中等教育学校 ▶解説と解答

算　数　＜Ａ－１日程試験＞（50分）＜満点：100点＞

解　答

[1] (1) 20　(2) $\frac{1}{4}$　(3) 13.5　(4) 512　(5) 6　[2] (1) 68点　(2) 2時間40分　(3) 30度　(4) 18.56cm　(5) 218.88cm^3　[3] (1) 122分間　(2) 分速40m　(3) 2時間56分後　(4) 分速45m　[4] (1) 9個　(2) (例) 解説を参照のこと。(3) 81個　(4) 1351個

解　説

[1] 四則計算，計算のくふう，逆算，約束記号

(1) $(54-38)\times2-3\times4=16\times2-12=32-12=20$

(2) $0.75-\frac{5}{7}\times0.2-\frac{5}{14}=\frac{3}{4}-\frac{5}{7}\times\frac{1}{5}-\frac{5}{14}=\frac{3}{4}-\frac{1}{7}-\frac{5}{14}=\frac{21}{28}-\frac{4}{28}-\frac{10}{28}=\frac{7}{28}=\frac{1}{4}$

(3) $45-4.5\times5-0.45\times20=4.5\times10-4.5\times5-0.45\times10\times2=4.5\times10-4.5\times5-4.5\times2=4.5\times(10-5-2)=4.5\times3=13.5$

(4) 18－(34×２－□÷８)＝14より，18－(68－□÷８)＝14，68－□÷８＝18－14＝４，□÷８＝68－４＝64　よって，□＝64×８＝512

(5) ２×２×２×２×２×２×２×２＝256より，２※８は６である。また，６×６＝36より，１の位が６の数どうしをかけた積は，１の位が６になるから，６※５は６とわかる。よって，(２※８)※５＝６※５＝６となる。

[2] 平均，和差算，速さ，角度，長さ，体積

(1) ４人の合計点は，72×４＝288(点)である。４人の得点を線分図で表すと，下の図１のようになる。図１から，Ｃさんの得点と比べて，Ａさんの得点は，15－12＝３(点)低く，Ｂさんの得点は12点高く，Ｄさんの得点は７点高い。すると，288＋３－12－７＝272(点)が，Ｃさんの得点の４倍とわかる。よって，Ｃさんの得点は，272÷４＝68(点)である。

図１
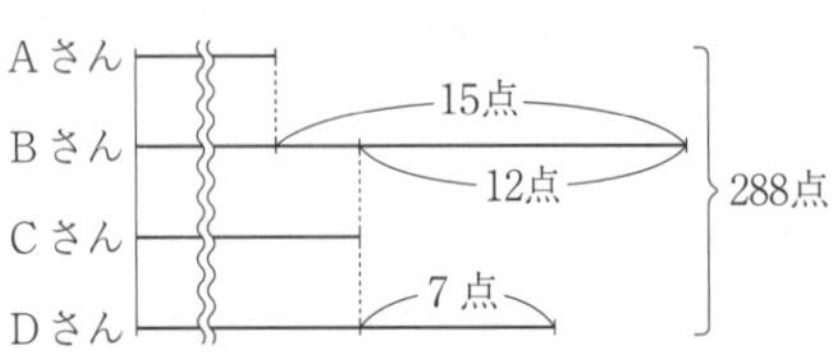

図２
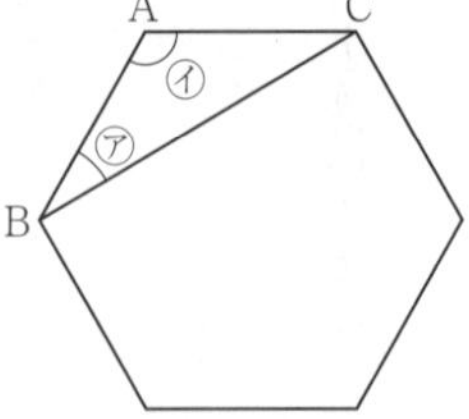

図３
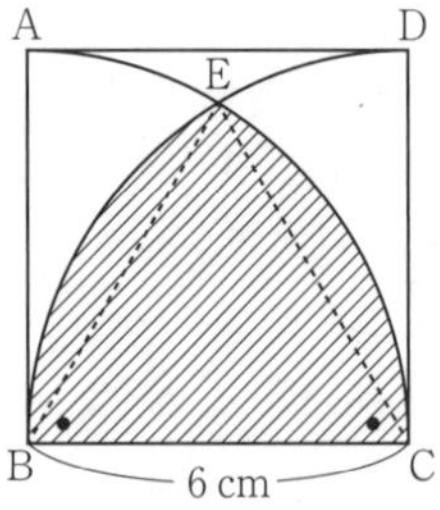

(2) 毎時５kmの速さで，１時間20分＝$1\frac{20}{60}$時間＝$1\frac{1}{3}$時間歩くと，$5\times1\frac{1}{3}=6\frac{2}{3}$(km)進むので，残りは，$12-6\frac{2}{3}=5\frac{1}{3}$(km)になる。この道のりを毎時４kmの速さで歩くと，あと，$5\frac{1}{3}\div4=1\frac{1}{3}$

(時間)，つまり1時間20分かかるので，合計で，1時間20分＋1時間20分＝2時間40分歩いた。

⑶　正六角形の内角の和は，180×(6－2)＝720(度)で，1つの内角の大きさは，720÷6＝120(度)である。また，正六角形のすべての辺の長さは等しいから，上の図2で，三角形ABCは，AB＝ACの二等辺三角形である。㋑は正六角形の1つの内角で，120度なので，㋐の角度は，(180－120)÷2＝30(度)となる。

⑷　上の図3で，BE，CEはおうぎ形の半径なので6cmである。すると，BC＝BE＝CE＝6cmとなるので，三角形EBCは正三角形となり，●の印をつけた角の大きさは60度とわかる。つまり，しゃ線部分の周囲は，半径6cm，中心角60度のおうぎ形の弧《こ》2つと，6cmの直線でできているので，その長さは，$6\times2\times3.14\times\frac{60}{360}\times2+6=4\times3.14+6=12.56+6=18.56$(cm)となる。

⑸　問題文中の図で，円柱の底面の半径は，8÷2＝4(cm)なので，円柱の体積は，4×4×3.14×12＝602.88(cm^3)である。また，くりぬいた正四角柱の底面は，対角線の長さが8cmの正方形だから，正四角柱の体積は，8×8÷2×12＝384(cm^3)となる。したがって，この立体の体積は，602.88－384＝218.88(cm^3)と求められる。

3　グラフ―速さ

⑴　大山の登山コースは，ふもとから頂上まで3.6km，つまり3600mなので，カンタロウさんは登りに，3600÷50＝72(分)，下りに，3600÷72＝50(分)かかる。よって，1回往復するのにかかる時間は，72＋50＝122(分間)とわかる。

⑵　問題文中のグラフより，シュウコさんはふもとを出発してから260分後に頂上を出発し，350分後にふもとに着いたので，休憩《きゅうけい》時間も含《ふく》めると，頂上からふもとまで，350－260＝90(分)かかっている。よって，シュウコさんが山を下りる平均の速さは，分速，3600÷90＝40(m)である。

⑶　⑴より，カンタロウさんはふもとを出発してから72分後に，1回目に頂上に着き，72＋50＝122(分後)に，1回目にふもとにもどり，122＋72＝194(分後)に，2回目に頂上に着く。これをもとに，カンタロウさんの進んだ様子をグラフに書きこむと，上の図のようになる。この図から，シュウコさんとカンタロウさんが2回目に出会うのは，ふもとから2.7kmのところで，シュウコさんが3回目に休憩しているときとわかる。カンタロウさんが2.7km，つまり2700m登るのに，2700÷50＝54(分)かかるので，2人が2回目に出会うのは，2人がふもとを出発してから，122＋54＝176(分後)となる。これは，176÷60＝2あまり56より，2時間56分後である。なお，追いこしも「出会い」に含めるものとした。

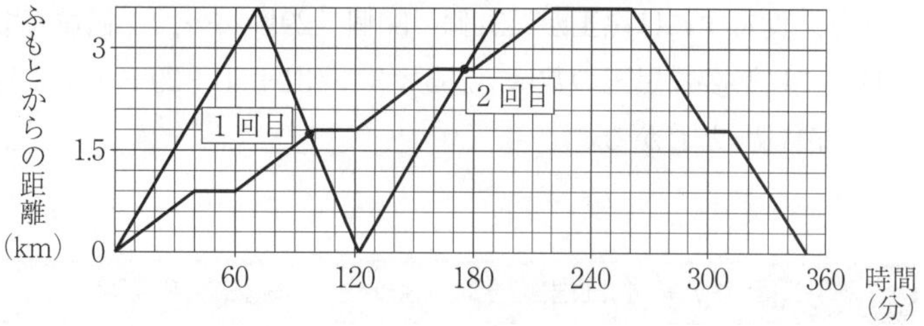

⑷　シュウコさんが頂上に到着《とうちゃく》するのは，ふもとを出発してから220分後である。カンタロウさんは，2回目に頂上に到着するまでに，頂上に1回，ふもとに1回着いて，それぞれ5分休憩したので，220分のうち，220－5×2＝210(分)進んでいた。また，カンタロウさんは下りの速さを変えていないので，頂上からふもとまで下るのに50分かかっている。よって，ふもとから頂上まで1回登るのに，(210－50)÷2＝80(分)かかったから，カンタロウさんの登りの速さは，分速，3600÷80＝45(m)となる。

4 図形と規則

⑴　白玉と黒玉を7段目まで並べると，右の図1のようになり，黒玉は9個必要になる。なお，8段目はすべて白玉が並ぶので，8段目まで並べても，黒玉は9個のままである。

図1

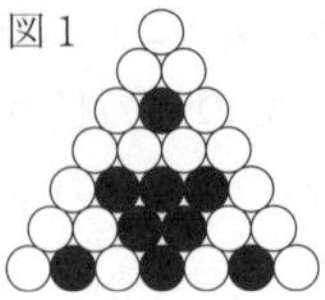

図2

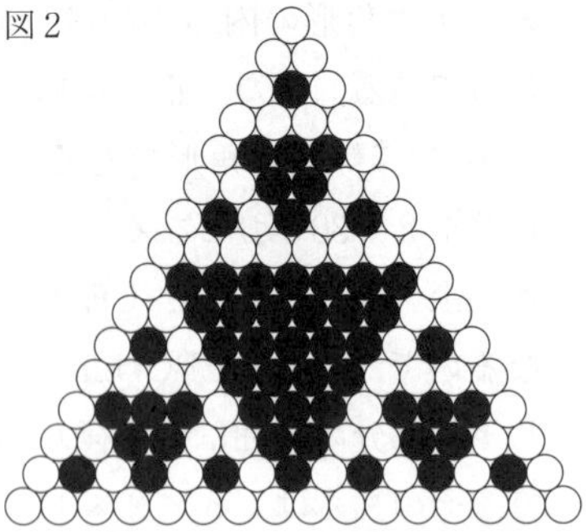

⑵　白玉と黒玉を16段目まで並べると，右の図2のようになり，1，2，4，8，16段目がすべて白玉になる。よって，1に2をくり返しかけてできる積の段のときに，すべて白玉が並ぶ。

⑶　図2で，16段目まで玉を並べてできた図形には，1段目から8段目までの玉でできた三角形が，上，左下，右下に3つあり，真ん中には黒玉が，7個，6個，5個，…，1個並んでできた三角形がある。すると，黒玉は，9×3＋(7＋6＋5＋…＋1)＝27＋(7＋1)×7÷2＝27＋28＝55(個)必要になる。また，16段目まで並べるのに必要な玉の合計は，1＋2＋3＋…＋16＝(1＋16)×16÷2＝136(個)だから，白玉は，136－55＝81(個)必要である。

⑷　⑶と同様に考えると，16×2＝32(段目)まで玉を並べてできた図形には，1段目から16段目までの玉でできた三角形が，上，左下，右下に3つあり，真ん中には黒玉が，15個，14個，13個，…，1個並んでできた三角形がある。すると，32段目までに必要な黒玉の数は，55×3＋(15＋14＋13＋…＋1)＝165＋(15＋1)×15÷2＝165＋120＝285(個)となる。さらに，32×2＝64(段目)まで玉を並べてできた図形には，1段目から32段目までの玉でできた三角形が，上，左下，右下に3つあり，真ん中には黒玉が，31個，30個，29個，…，1個並んでできた三角形がある。よって，64段目までに必要な黒玉の数は，285×3＋(31＋30＋29＋…＋1)＝855＋(31＋1)×31÷2＝855＋496＝1351(個)とわかる。

社　会　＜A－1日程試験＞（30分）＜満点：50点＞

解　答

1 **問1**　ア　**問2**　ウ　**問3**　イ　**問4**　イ　**問5**　新幹線　**問6**　(例)　春から秋にかけては，コメの栽培を行っている。一方で冬は，雪の影響で農業などが行えない。そこで，冬の農閑期の副業として，地場産業が栄えた。　**問7**　カ　**問8**　3(市)　**2** **問1**　イ　**問2**　イ　**問3**　ア　**問4**　(例)　源氏物語　**問5**　ウ　**問6**　ア　**問7**　子　**問8**　(例)　鎌倉時代のほうが女性の地位が高い。それは，鎌倉時代の女性は男性と同じく財産の分与を受けたり，地頭になれたりしたのに対して，江戸時代の女性は当主になれず，また，女性には男尊女卑の道徳が説かれたからである。　**3** **問1**　(例)　衆議院には解散があり，参議院に比べて議員の任期が短くなっているぶん，選挙を通じて国民の意見を問う機会が多く，参議院よりも国民の意見を反映しやすいと考えられているから。　**問2**　ウ　**問3**　イ　**問4**　北方領土　**問5**　エ

解　説

1　人口を題材とした地理の問題

問1　2022年時点で，世界の国の人口は，ともに約14億人の中国・インドがそれぞれ第1位・第2位で，以下，アメリカ合衆国・インドネシア・パキスタン・ブラジルと続く。しかし，2023年中にはインドが中国をぬき，世界第1位になると予測されている。統計資料は『日本国勢図会』2022／23年版による。

問2　一般に，三大都市圏《けん》とは，東京23区を中心とする東京(首都)圏，名古屋市(愛知県)を中心とする名古屋(中部)圏，大阪市などを中心とする大阪(近畿)圏を指す。

問3　明石《あかし》市はイの兵庫県南東部に位置し，瀬戸内海をはさんで対岸には淡路《あわじ》島がある。なお，アは岡山県，ウは大阪府，エは三重県。

問4　資料からわかるように，東京23区には周囲の県から通勤・通学してくる人が多く集まるので，昼の人口が多くなる。一方で，そうした人たちが帰宅したあとの夜の人口は，昼に比べて少なくなる。

問5　新幹線のうち，三島駅を通るのは東海道新幹線で，アジアで初めての開催《かいさい》となった東京オリンピックに合わせて1964年に開通した。東京駅を出た東海道新幹線は神奈川県から静岡県へと入り，静岡県内で熱海《あたみ》・三島・新富士・静岡・掛川《かけがわ》・浜松の各駅を通ったのち，愛知県・岐阜県・滋賀県・京都府を経て大阪府にいたり，新大阪駅に到着する。

問6　資料2から，北陸地方はコメの作付面積・収穫《しゅうかく》量のいずれにおいても，4県(新潟県・富山県・石川県・福井県)で全国47都道府県のおよそ7分の1を占《し》めていることがわかる。ここから，北陸地方はほかの地方に比べてコメづくりがさかんな地域だといえる。一方，資料1によると，11月から3月にかけては晴れの日が少なく，特に12月から2月にかけての冬場は，1か月の7割近くの日で降水がある。北陸地方では，この降水が雪である場合も多く，雪が多く積もる地域では冬の間，田が使えなくなる。そこで，農閑《のうかん》期となる冬の間の農家の副業として工芸品や繊維《せんい》製品などの生産が行われるようになり，これらの中には，伝統工業や地場産業として受け継《つ》がれているものもある。

問7　Ⅰ「自家用車を使用しなくても生活できる環境《かんきょう》をつくる」ことは，自動車から排出《はいしゅつ》される二酸化炭素の量を減らすことにつながる。二酸化炭素は，気候変動(地球温暖化)の原因となる温室効果ガスの1つなので，その排出量を減らすことにより，SDGs(持続可能な開発目標)の目標13「気候変動に具体的な対策を」の達成に貢献《こうけん》できる。　Ⅱ　市民と，分散していた商店街をともに市の中心市街地に集中させることで，中心市街地の経済が活性化されることが期待できる。これは，SDGsの目標8「働きがいも経済成長も」の達成につながる。

問8　神奈川県には，県庁所在地の横浜市のほか，川崎市，相模原《さがみはら》市の合わせて3つの政令指定都市がある。

2　各時代の歴史的なことがらについての問題

問1　中国の古い歴史書『魏志《ぎし》』倭人《わじん》伝によると，倭(日本)にあった強国の1つである邪馬台国《やまたいこく》では争いがたえなかったが，卑弥呼《ひみこ》を女王にたてたところ，争いがおさまった。また，卑弥呼は239年に魏(中国)に使いを送り，皇帝から「親魏倭王」の称号や金印などを授《さず》かった。なお，アについて，鎌倉時代後半には，元(中国)の皇帝フビライ＝ハンが日本に服属を求めて使者を送ってきたが，鎌倉幕府の第８代執権《しっけん》北条時宗はこの要求をはねつけた。ウについて，飛鳥～平安時代には，中国の進んだ政治制度や文化を学ぶことなどを目的として，遣隋使や遣唐使が派遣された。

問２　持統天皇は天武天皇のきさきで，７世紀後半に天皇中心の国づくりを進め，694年には藤原京に遷都《せんと》した。仏教が伝来したのは538年あるいは552年，大化の改新が始まったのは645年，平城京遷都が行われたのは710年，東大寺の大仏開眼式は752年のことである。

問３　奈良時代の沖縄と北海道には，朝廷の支配はおよんでいなかった。なお，奈良時代には，律令制度にもとづき，成人男子の３～４人に１人の割合で兵役の義務が課され，都の警備を行う衛士《えじ》や，北九州の防衛につく防人《さきもり》とされる者もいた。

問４　『源氏物語』は紫式部の書いた長編小説で，当時の宮廷や貴族のようすなどが，かな文字によって生き生きとえがかれている。また，『紫式部日記』も，紫式部がかな文字を用いて書いた作品としてあげられる。

問５　鎌倉時代前半の1219年，鎌倉幕府の第３代将軍源実朝《さねとも》が暗殺され，源氏の将軍がとだえた。すると，1221年，政権を朝廷の手に取りもどそうと考えた後鳥羽《ごとば》上皇は，全国の武士に鎌倉幕府をたおす命令を出し，承久《じょうきゅう》の乱を起こした。このとき，初代将軍源頼朝の妻であった北条政子は，朝廷を敵に回して動揺《どうよう》する御家人(幕府と将軍に仕える武士)に「演説文」のような話をし，これによって御家人の結束は固まったとされる。その結果，上皇の軍は幕府軍に敗れ，上皇は隠岐《おき》(島根県)に流された。なお，アは源平の合戦(1180～85年)の背景になったといえることがら。イについて，元軍は1274年(文永の役)と1281年(弘安の役)の２度にわたって九州北部に攻めてきた(元寇《げんこう》)。

問６　足利義政は室町幕府の第３代将軍足利義満の孫で，15世紀末の1489年に京都の東山に銀閣を建てた。また，その後継ぎ争いが応仁の乱(1467～77年)につながったことでも知られる。なお，イは豊臣秀吉，ウは足利義満にあてはまることがら。

問７　仏教や儒教《じゅきょう》道徳における「三従の教え」とは，家にあっては父に，結婚《けっこん》したら夫に，夫が亡《な》くなったあとは子に従うことを女性に説いたものであった。

問８　鎌倉時代には，北条政子が「事実上の将軍(尼《あま》将軍)」として幕府を運営したこともあったが，江戸時代には女性が当主となることは許されていなかった。また，鎌倉時代の女性は分割相続のさいに男性と同じ財産を分与されたり，地頭になったりするなど，男性と変わらない社会的地位を認められていたが，江戸時代には男尊女卑の道徳が説かれるようになった。こうしたことから，鎌倉時代のほうが江戸時代よりも女性の地位が高かったといえる。

3　政治のしくみや現代の社会などについての問題

問１　衆議院議員の任期は４年で，参議院議員の６年に比べて短い。また，参議院と異なり，任期途中で解散されることもあるので，選挙で国民の意見を問う機会が多い。そのため，衆議院のほうがより国民の意見を反映しやすいと考えられていることから，いくつかの議決については，参議院に対する衆議院の優越が認められている。

問２　Ａ・Ｂ両国がともに「協力」を選択《せんたく》すれば，両国とも最大の10点が得られる。なお，アについて，Ｂ国が「非協力」を選択した場合，Ａ国は「協力」を選択すると１点，「非協力」を選択すると２点得られる。

問３　国際連合の安全保障理事会は，アメリカ合衆国・ロシア・イギリス・フランス・中国の５常任理事国と，任期２年の非常任理事国10か国で構成されている。

問4　北方領土は，北海道の北東部に連なる千島列島のうちの，択捉《えとろふ》島・国後《くなしり》島・色丹《しこたん》島・歯舞《はぼまい》群島にあたる。日本固有の領土だが，太平洋戦争末期にソ連が軍を進めて占領し，現在はソ連を引き継いだロシアによって実効支配されている。

問5　ア　植物肉は「大豆などのタンパク質をそのまま加工」したもので，畜産物，つまり動物の肉ではない。　イ　表より，畜産物1kgの生産に必要な飼料量は，牛肉が11kg，豚肉が7kgで，豚肉のほうが少ない。　ウ　エコフィードは「食品製造の過程で生まれたカスや売れ残った食品，野菜のカットくずなどの調理残さを利用して製造された家畜用飼料のこと」だと説明されている。　エ　文章の最後の2文を正しく読み取っている。なお，「増加傾向《けいこう》」は文章中では「右肩《みぎかた》上がり」と表現されている。

理　科　＜A－1日程試験＞（30分）＜満点：50点＞

解　答

1 **問1**　**A**　④　**B**　針葉　**C**　広葉　**問2**　**A**　①　**B**　マングローブ　**C**　⑥　**問3**　④　**問4**　(1)　DNA　(2)　PCR　(3)　(例)　害虫が近寄りにくい農作物　**2** **問1**　E，F　**問2**　B，E　**問3**　(例)　酸素がある，燃える物がある，発火点より高い温度になる　**問4**　14g　**問5**　(例)　火薬から酸素が出て，火花の方が水よりも温度が高いから。　**3** **問1**　**1**　アの向きに振れ　**2**　図1より小さい　**3**　アの向きに振れ　**4**　図1より大きい　**問2**　**A**　コイルに生じる磁石の力が強くなる　**B**　(例)　重さが重くなる　**4** **問1**　**A**　7月　**B**　8月　**C**　9月　**D**　10月　**問2**　小笠原気団　**問3**　イ，オ　**問4**　最大風速と大きさ　**問5**　**向き**…東側　**理由**…(例)　台風の進行方向と台風にふきこむ風の方向が同じため。　**5**　(例)　解説を参照のこと。

解　説

1　**植物や動物，DNAについての問題**

問1　亜寒帯《あかんたい》に多く生えていて，葉が細い樹木を針葉樹といい，カラマツやエゾマツ，トドマツなどのマツのなかまが属する。また，ケヤキやカエデなどのような葉が平べったいものを広葉樹という。針葉樹は上にまっすぐ伸《の》びて成長するものが多いのに対し，広葉樹は太くて曲がっていたり，枝分かれしたりして成長するものが多い。

問2　鹿児島県南部や沖縄県などの亜熱帯や熱帯の河口域で，淡水《たんすい》と海水が混ざる場所にはマングローブとよばれる植物の集団が見られる。マングローブはヒルギのなかまなどからなり，マングローブの水面下はシオマネキ，ミナミコメツキガニなどの甲殻《こうかく》類や貝類，小魚などの隠《かく》れ家《が》になっていて，豊かな生態系が形成されている。

問3　ニワトリは鳥類で，からだは羽毛におおわれており，体温を一定に保つ恒温《こうおん》動物である。

問4　(1)　デオキシリボ核酸は，その英語表記をアルファベットの大文字3文字で略したDNAとして知られている。　(2)　ポリメラーゼ連鎖《れんさ》反応は，少量のDNAサンプルから特定のものを研究をするのに十分な量にまで増幅《ぞうふく》する原理や方法のことで，その英語表記を省略してPCRとよばれる。PCR検査は新型コロナウイルス由来の遺伝子の検出にも応用されている。　(3)　遺伝子組換《くみか》えが利用されているものには，害虫やウイルス病に強い農作物，特定の除草剤《じょそうざい》で枯《か》れない農作物，遺伝子組換え技術を用いて製造したワクチン，癌《がん》の治《ち》療《りょう》用に遺伝子組換えされたウイルスなどがあり，様々な分野で活用されている。

2 物の燃え方についての問題

問１　スチールウールには炭素が含《ふく》まれていないため，燃やしても二酸化炭素は発生しない。そのため，ＥとＦでは，実験の前後ともにびんの中の気体に含まれる二酸化炭素の割合は０％で変わらない。よって，実験の前後，どちらも石灰水は白くにごらない。

問２　物が燃えるには酸素の割合が関係する。空気中には約21％の酸素が含まれているので，ＢとＥの中でスチールウールを燃やすと，空気中で燃やしたときとほぼ同じ燃え方をする。

問３　物が燃えるためには，燃える物があること，酸素（新しい空気）があること，物が燃えはじめる温度（発火点）以上になることの３つの条件が必要で，どれか１つが欠けても物は燃えない。

問４　７ｇのスチールウールを燃やすと10ｇの固体になるので，10ｇのスチールウールを燃やしたあとの固体の重さは，$10\times\frac{10}{7}=14.2\cdots$より，14ｇとなる。

問５　花火が水中でしばらく燃え続けるのは，花火の火薬の中に熱を加えると酸素を発生させる物が含まれているからである。このとき，気体が勢いよく発生するため，火薬に水がふれず，また，火花の温度がとても高いので，火花の温度はほとんど下がることがない。

3 電流が作る磁界と方位磁針についての問題

問１　⑴，⑵　図１，図２より，導線の周りには手前から見て時計回りの向きに磁界が生じていて，方位磁針のＮ極が振《ふ》れることがわかる。図１のように導線を方位磁針のＮとＳを結ぶ直線上に上から近づけた状態から，導線を反時計回りに90度回転させて方位磁針のＷとＥを結ぶ直線上まで動かすと，導線に生じた磁界の力は方位磁針のＮ極を回転させることができずＮ極の振れはなくなる。よって，図３の場合は，方位磁針のＮ極は図５のアの向きに振れるが，振れの大きさは図１より小さくなる。　⑶，⑷　図４の方位磁針の下にある導線からは，図２とは逆に図の上から下に向かって電流が流れるのでＮ極がアの向きに振れる力を受ける。また，方位磁針の上にある導線からも，Ｎ極がアの向きに振れる力を受けるので，振れの大きさは図１より大きくなる。

問２　コイルの巻き数が５回のときと25回のときを比べると，25回巻きの方が５回巻きよりもコイルが速く回ることから，コイルの巻き数を増やすとコイルに生じる磁石の力は強くなることがわかる。しかし，50回巻きの回転のようすから，巻き数を増やすほどコイルの重さが増えて重くなるため，回転しにくくなると考えられる。

4 台風についての問題

問１　台風は熱帯地方で発生した低気圧が発達したもので，日本の南の海上にある太平洋高気圧（小笠原《おがさわら》気団）に沿うようにして進むことが多い。また，ふつう，日本付近にくると偏西《へんせい》風の影響《えいきょう》で北東方向に進む。太平洋高気圧は夏になると発達して日本付近に張り出し，秋になると南の方へ下がっていくため，台風の進路も，少しずつ南に下がっていく。よって，Ａは７月，Ｂは８月，Ｃは９月，Ｄは10月の台風の進路だと考えられる。なお，日本列島に台風が接近するのは８月や９月が多い。

問２　同じような性質を持った空気のかたまりを気団という。問１でも述べたように，台風の進路に影響をおよぼすのは，日本の南の海上にある暖かく湿《しめ》った空気の集まりである小笠原気団である。

問３　台風の勢いが弱まると，熱帯低気圧や温帯低気圧に変わる。北からの寒気の影響が大きいと，暖かい空気と冷たい空気を含んで前線をともなった温帯低気圧になり，台風が熱帯でそのままおとろえると前線をともなわない暖かい空気だけで作られた熱帯低気圧となる。

問４　台風の勢力は強さと大きさで決まる。台風の強さは台風の最大風速を基準として分けられており，強い方から「猛烈《もうれつ》な」，「非常に強い」，「強い」などと表す。また，台風の大きさは，強風域(風速15m/秒以上の範囲《はんい》)の半径が500km以上800km未満のものを大型，800km以上の台風を超大《ちょうおお》型《がた》と表現している。

問５　台風の中心に向かってふきこむ風の向きは反時計回りなので，台風の進行方向の東側(右側)の地域では，台風の進む向きとふきこむ風の向きが重なるため風が強くなる。逆に，進行方向の西側(左側)では，台風の進む向きと風のふきこむ向きが逆になって弱めあうことになり，東側の地域に比べて風は弱くなる。

5　里山でのくらしと温暖化の対策についての問題

里山でのくらしの特徴《とくちょう》とどう取り入れるかについて，たとえば次のような例が挙げられる。

【里山でのくらしの特徴】　山の木を間伐《かんばつ》し，生えている樹木の量を調整する。　**【どう取り入れるか】**　適切な間かくをあけて植林する。

【里山でのくらしの特徴】　家畜《かちく》を飼育することで食料を得る。　**【どう取り入れるか】**　育てた家畜の肉は，遠くまで出荷せず，運送に費用がかからないように近隣《きんりん》で販売《はんばい》する。

【里山でのくらしの特徴】　家畜を飼育し，田畑の肥料を得る。　**【どう取り入れるか】**　耕作放棄《ほうき》地を利用して飼料を育て，労力をかけずに家畜を放牧する。

【里山でのくらしの特徴】　田畑を耕すために川から水を引き，用水路をつくる。　**【どう取り入れるか】**　用水路の水力で，小型の発電機による発電を行う。

【里山でのくらしの特徴】　田畑を耕し，食料を得る。　**【どう取り入れるか】**　暖房《だんぼう》で暖めるビニールハウスなどでつくる野菜ではなく，季節にあった品質の良い野菜をつくる。

※編集部注…②の問１については学校の指示のもと，問題の一部を修正のうえ掲載《けいさい》しております。

国語　＜Ａ－１日程試験＞（50分）＜満点：100点＞

解答

一　①～⑦　下記を参照のこと。　⑧　みちすじ　⑨　とうと　⑩　ちゅうふく

二　①　腰　②　腕　③　肩　④　目　⑤　歯　　三　**問１**　ウ　**問２**　エ　**問３**　ウ　**問４**　Ⅰ　ひげをぴんとひっぱって，腹をつき出して　Ⅱ　ふふん，まだお若いから　**問５**　オ　**問６**　（例）　どんぐりたちはそれぞれが一番すぐれてえらいと思っているので，そうでないのが一番えらいとなるとみんなの言い分と食い違ってしまい，誰も名乗れないから。　**問７**　Ⅰ　わたしのじんかくにかかわりますから　Ⅱ　出頭すべし　**問８**　（例）ねこは通常，魚が好物だが，山ねこはそれを一郎に渡さなくてすんだから。　四　**問１**　(1)　物事を，昨　(2)　余白／伸びしろ　**問２**　**Ａ**　エ　**Ｂ**　イ　**Ｃ**　ア　**問３**　短い

問４　ウ　**問５**　自由の「反～てみること　**問６**　ア　**問７**　（例）　大人になってから，誰かに服従することしかできない人間にならないため。／上の偉い人の横暴な態度がエスカレートしたとき，実際の言葉と行動で反抗するため。　**問８**　自分の中で～ていくこと　**問９**　ウ　五　①（例）　この電車は止まっている　②（例）　おしゃべりや，飲んだり食べたりするのはさけること　③（例）　別の日に電話で伝える　④（例）　倒れそうな建物には近づかないこと

●漢字の書き取り

一　①　定例　②　容易　③　乗降　④　痛快　⑤　領域　⑥　奮　⑦　臨

解　説

一　漢字の読みと書き取り

①　いつもの決まっていることがら。　②　たやすいようす。　③　乗り物を乗り降りすること。　④　すっきりして，たいへん気持ちのいいようす。　⑤　あることがらが関係するはんい。　⑥　音読みは「フン」で，「奮起」などの熟語がある。　⑦　音読みは「リン」で，「臨海」などの熟語がある。　⑧　道理。すじみち。　⑨　音読みは「ソン」で，「尊敬」などの熟語がある。なお，「たっと(い)」とも読む。　⑩　山の頂上とふもととの中ほど。

二　慣用句の完成

①「腰《こし》をすえる」は，落ち着いてものごとに取り組むこと。　②「腕《うで》比べ」は，“勝負，競《きそ》い合い”という意味。　③「肩《かた》を持つ」は，どちらか一方の味方をすること。　④「目がない」は，大好物だということ。　⑤「歯が浮《う》くような」は，“誠実さが感じられず，不快になるような”という意味。

三　**出典は宮沢賢治《みやざわけんじ》の『どんぐりと山猫《やまねこ》』による。**どんぐりの言い争いをうまく裁判でおさめられずに困った山ねこは，馬車別当に一郎への手紙を書かせて助けを求める。

問１　前の部分に注目する。気味悪く思っていた奇妙《きみょう》な男が自分の名前を知っていたので，一郎はおどろき，警戒《けいかい》して一歩下がったのである。よって，ウがあてはまる。

問２　後の部分にあるとおり，一郎が受け取ったはがきは男が書いたのだとわかる。また直前で，男ははがきの文章がずいぶん下手だと言っている。つまり，自分の書いたはがきの文章が下手だと思われているのではないかと考えたのだから，エが選べる。

問３　文章がうまいと一郎がお世辞を言ったところ，男は喜び，さらに字についても良い評価を求めてきたので，思わず一郎はおかしくなって笑っている。よって，ウがふさわしい。

問４　山ねこが登場した場面に注目する。　Ⅰ　はがきに対するお礼を一郎が言うと，山ねこは「ひげをぴんとひっぱって，腹をつき出して」一郎に話しかけている。そのようすを，「威厳《いげん》を保とうとしている」ような動作だとＡは言っているのである。　Ⅱ　大人が吸うものである巻煙草《まきたばこ》を断った一郎に対して，山ねこは「ふふん，まだお若いから」と言っている。

問５　「蜂《はち》の巣をつついたよう」は，大さわぎになって，おさまりのつかないようす。

問６　前の部分で，どんぐりたちは，大きさや頭の形などを理由に，それぞれ自分が一番すぐれてえらいと言い合っていた。しかし，そうでないのが一番えらいと山ねこから申しわたされたため，

どんぐりたちの言い分と食い違《ちが》ってしまい，誰《だれ》も自分が一番えらいと名乗れなくなって静まり返ったのである。

問７　Ⅰ　山ねこが体面を気にする性格であることは，一郎にお礼を受けとってほしい理由として「わたしのじんかくにかかわりますから」と言っていることからうかがえる。してもらったことに返礼もしない礼儀《れいぎ》知らずとは見られたくないのである。　Ⅱ　裁判所では当然のように使われる言葉で命令口調であるのは，「出頭すべし」という言葉である。

問８　ねこは通常，魚を好む性質なので，好物である鮭《さけ》の頭を一郎にわたさずにすんでよかったと感じていると考えられる。

四　**出典は内田《うちだ》 樹《たつる》 編の『ポストコロナ期を生きるきみたちへ』所収の「図太く，しぶとく，生きてゆけ（山崎雅弘《やまざきまさひろ》著）」による。**長い時間軸《じかんじく》で物事を考えて精神の自由を獲得《かくとく》し，能力や知性を高め，自由を使いこなす能力を高めれば，「図太さ」と「しぶとさ」が身につけられると筆者は述べている。

問１　⑴　四つ後の段落で，短い時間軸で物事を考えると，すぐに役に立たないものは「無駄《むだ》だから捨てよう」と早まって結論づけがちだと書かれている。　⑵　三つ後の段落で，すぐには役に立たず，「無駄」に思えるものは，予想外のことが起きたときに対処できる「余白」や「伸《の》びしろ」であると述べられている。

問２　Ａ　無駄に思える部分を切り捨てる考え方は，非常事態には逆効果になる場合がある，ということの例として，同じような仕事をする保健所や医療機関《いりょうきかん》の統合や廃止《はいし》を進めてきた地域では，予想外の事態に対処できないということがあげられているので，具体的な例をあげるときに用いる「例えば」が入る。　Ｂ　いま好成績を上げている分野に人やお金を集中して注《つ》ぎ込《こ》めば，短期的な業績は向上するが，長い時間軸で見れば，マイナスの効果をもたらす可能性もあると続いているので，前に述べたことと対立することがらを後に続けるときに使う「けれども」が合う。　Ｃ　「概念《がいねん》」とは，多くの似たようなものから共通の要素を取り出してつくられる考えをいう。これを言いかえた「考え方」が続いているので，“要するに”という意味の「つまり」が選べる。

問３　会社の経営者などが言う「選択《せんたく》と集中」の例として，続く部分で述べられている「いま好成績を上げている分野に，人やお金を集中して注ぎ込む」という考え方は，短期的な業績の向上には結びつくと書かれている。つまり，「短い」時間軸で物事を考えるパターンの一つといえる。

問４　二つ後の段落で，社会のルールより先にあるのは自由であると述べられているので，ウがあてはまらない。

問５　続く部分に注目する。自由という道具を使いこなす能力を自分で高めていくには，「自由の『反対語』は何だろう，と考えてみること」が必要だと述べられている。

問６　続く部分から，自由には，自分で物事を決めたり責任を取ったりする側面があることがわかる。よって，「服従」や「隷属《れいぞく》」は自由の反対語になるあり方なので，アがあてはまる。

問７　前後から読み取る。大人になってから，だれかに服従することしかできない人間にならないために「『反抗《はんこう》』する気持ち」は必要である。また，上の偉《えら》い人の横暴な態度がエスカレートしたとき，実際の言葉と行動で反抗するためにも，その気持ちは必要だといえる。

問８　ぼう線部⑥に続く部分で，「自分の中でいろいろな能力を高め～自由を使いこなす能力を高めていくこと」によって，未来にある困難を乗り越《こ》える「図太さ」や「しぶとさ」が身につくと述べられている。

問９　ぼう線部④の後の部分で，非常事態を生き延びるためには無能なリーダーにしたがわず，一人ひとりが自由に考え，協力し合って「いちばんましな答え」を探し出すことが最良だと筆者は述べているので，ウが選べる。

五　文の書きかえ

①「います」は丁寧《ていねい》語なので「いる」に変える。「見合わせて」は「止まって」などのわかりやすい表現にするとよい。　②「会話や飲食」は「おしゃべりや，飲んだり食べたりする」ことにあたる。「ひかえてください」とは，何かをすることを禁じる表現なので，「さけること」などと言いかえられる。　③「後日」は，別の日。「お知らせさせていただく形となります」には敬語表現が使われているので，簡単に「伝える」とする。　④「倒壊《とうかい》のおそれがある」とは「倒れそう」だという意味になる。「なるべく」には禁止表現をやわらげる働きがあるが，近づかないことが望ましいのだから，「なるべく」はとってかまわない。

2023年度 自修館中等教育学校

【探究Ⅰ】〈A－1日程試験〉（50分）〈満点：100点〉

［注意事項］1．字数制限がある問題は、最初のマスから書き始め、句読点やかっこも1字に数えなさい。
行頭や文末にきた句読点も1マスに書きなさい。
2．計算問題で、解答用紙に求め方欄《らん》がある場合は途《と》中《ちゅう》式や求め方なども書きなさい。

1 カンタロウさんとシュウ子さんはフィールドワークで美術館に行きました。次の〔会話文〕、〔図〕を読んで、各問いに答えなさい。

〔会話文1〕

先生　「今日は、美術館でフィールドワークを行います。展示方法などを見て、自修祭の展示にも役立てられるといいですね。」

カンタロウ　「今日は楽しみです。ところで入館料はいくら払《はら》えばよいですか。」

シュウ子　「美術館の入館料は1人1500円ですが、11人以上の団体には団体割引があるようです。11人目から30人目までは20%引き、31人目以上は50%引きになります。」

先生　「そうですね。例えば、35人の団体の場合、10人は1500円、20人が20%引き、5人が50%引きになるということです。」

カンタロウ　「今日は50人の団体での鑑賞《かんしょう》ですから、10人は1500円、20人が20%引きの[　A　]円、[　B　]人が50%引きの[　C　]円となり、合計で[　D　]円になります。全員から入館料を等しく集めるとすると、1人当たり[　E　]円になりますね。」

問1　空欄《らん》A～Eにあてはまる数字を答えなさい。

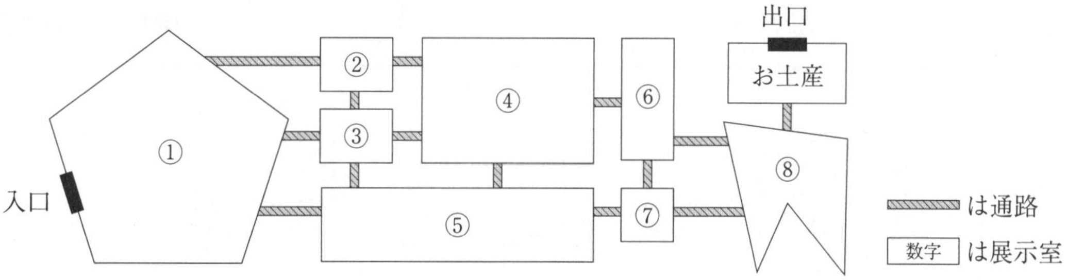

〔図1〕美術館1階のフロアマップ

〔会話文２〕

シュウ子　「せっかく大きな美術館でフィールドワークを行うのだから、色々な展示を見たいね。」

カンタロウ「１階の展示を鑑賞するだけでも結構大変だよ。効率よく展示を見たいな。」

シュウ子　「この美術館１階の展示室は①～⑧まであって〔図１〕のような通路でつながっているから、入口から出口まで全ての展示室を１度だけ通って鑑賞することができるよ。」

問２　入口から出口まで１階の全ての展示室を１度だけ通って鑑賞する方法は何通りありますか。ただし、通らない通路があってもよいものとします。

カンタロウさんは自修祭の展示方法について考えています。

〔会話文３〕

カンタロウ「今回のフィールドワークでは、自修祭で展示する絵の展示方法を学ぶのも目的だったんだ。フィールドワーク前に色々な展示方法を考えて、結局〔図２〕と〔図３〕の２つの展示方法に絞《しぼ》ってきたよ。」

シュウ子　「〔図２〕も〔図３〕も作品を見やすくするために工夫したんだね。」

カンタロウ「美術館の展示を見て、〔図３〕の方が見やすいと感じたから、自修祭では〔図３〕の方法で展示しようと思う。」

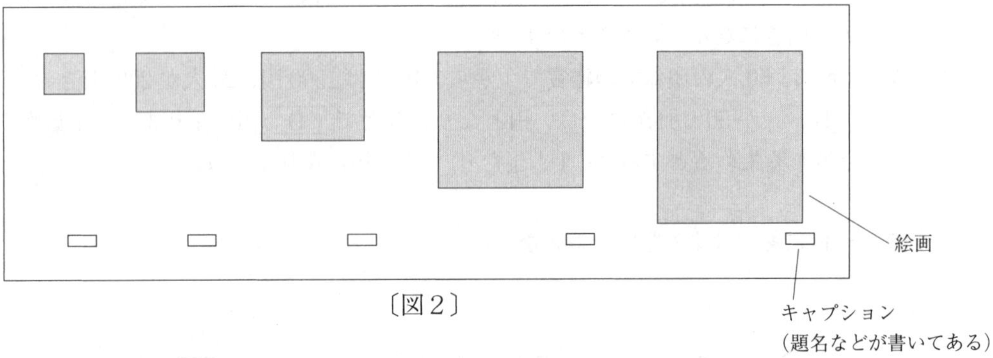

〔図２〕

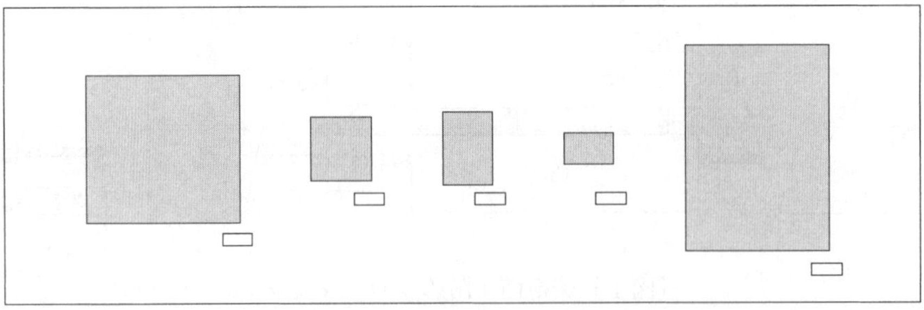

〔図３〕

問３　カンタロウさんは〔図２〕よりも〔図３〕の展示方法が見やすいと考えました。カンタロウさんが〔図３〕の展示方法を選んだ理由として考えられることを１つ挙げなさい。

〔会話文4〕

シュウ子　「私は黄金比が見られる展示物を探そうと思って来たんだ。」

カンタロウ　「黄金比？」

シュウ子　「授業で学んだモナ・リザの顔などに見ることができる比のことだよ。」

先生　「シュウ子さん、よく覚えていましたね。ちょうどモナ・リザの絵ハガキを持っています〔図4〕。美しく見えるものには黄金比が関わっているものがあるのです。黄金比とは、約1：1.618の比率のことで、モナ・リザの顔の縦横比は〔図4〕のように黄金比になっています。」

〔図4〕

シュウ子　「黄金比は日常生活の中で知らないうちに目にしているみたいだよ。」

問4　次の①～④の中から縦と横、もしくは横と縦の比が最も黄金比に近いものを1つ選び、番号で答えなさい。

①名刺《めいし》

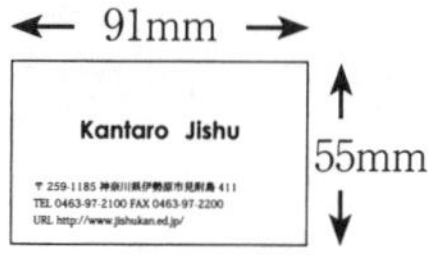

②40インチテレビ

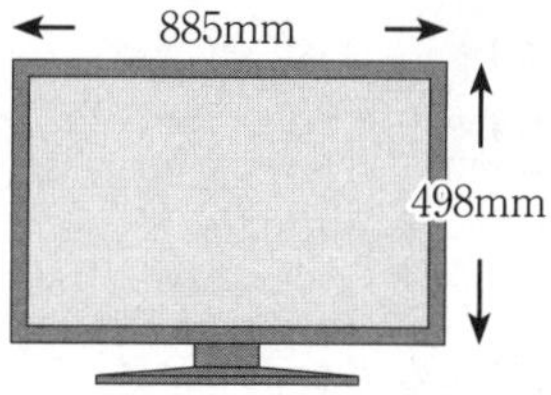

③A4サイズ

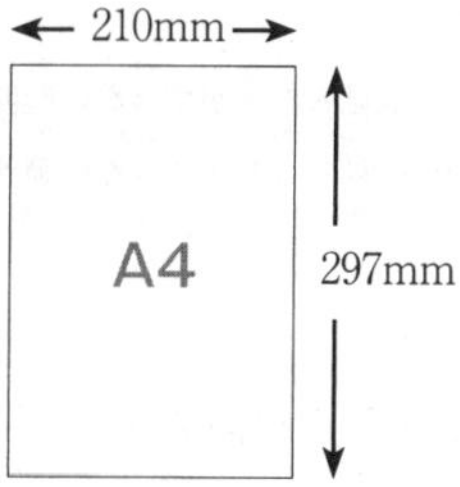

④はがき

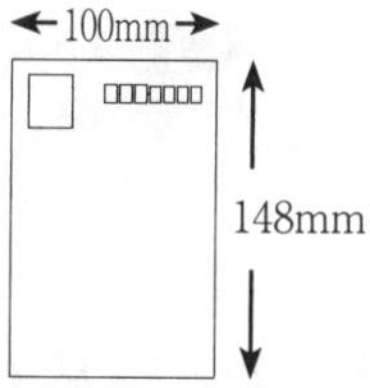

〔会話文5〕

先生　「美術館へのフィールドワークは、自修祭の展示に役立っているようですね。」

カンタロウ　「はい。とても参考になりました。」

先生　「そういえば、私は防犯カメラの位置が気になりました。部屋全体を見渡せるように防犯カメラの設置位置が工夫されていました。特に五角形の展示室のカメラの位置を見て設置台数が少ないのに上手く配置されていると感心しました。防犯カメラを設置させるとき、〔図5〕のように、五角形の形の展示室の真ん中に三角形の柱が立っている場合、2ヶ所に防犯カメラを設置すれば、カメラから見ることができない範囲がなくなります。」

シュウ子　「確かに柱に隠《かく》れたとしても、どちらかのカメラには映りますね。」

問５　〔図６〕のようないびつな形の五角形の部屋に三角形の柱が立っているとしたとき、防犯カメラをどのように設置すればカメラから見ることができない範囲をなくすことができますか。
　１台の防犯カメラを図の位置に設置したとして、残りのカメラを展示室の壁のどの位置に設置すればよいか○印でかき込みなさい。ただし、防犯カメラは壁がなければ 360°を見渡せるものとし、台数は最も少なくなるように設置します。

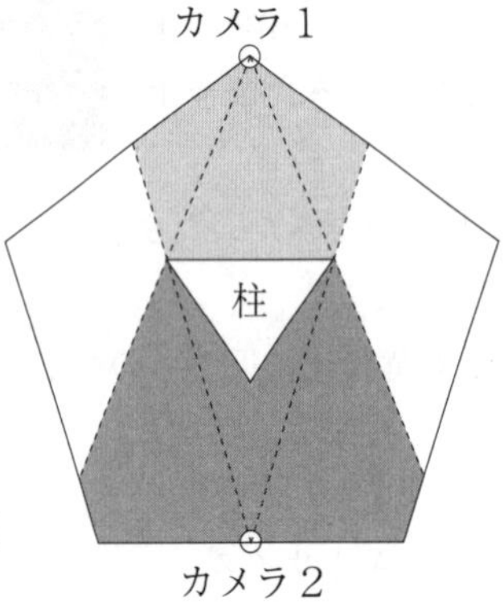

〔図５〕

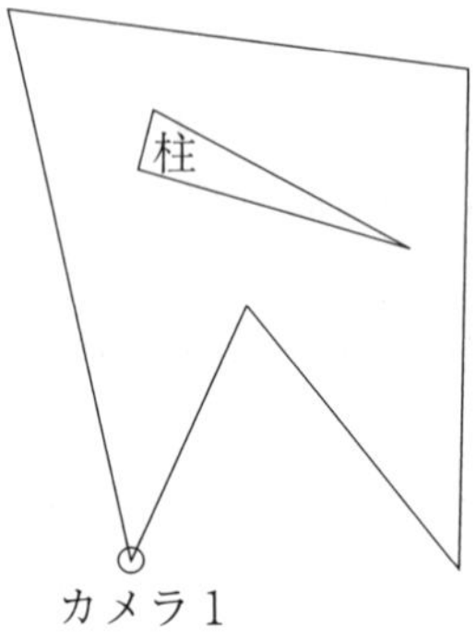

〔図６〕

 はカメラ１からは見ることができない範囲を表します。
 はカメラ２からは見ることができない範囲を表します。

2　次の〔会話文〕、〔資料〕を読んで、各問いに答えなさい。

〔会話文〕

シュウ子　「昨夜の雷《かみなり》はすごく怖《こわ》かった。雷鳴《らいめい》が何度も聞こえたし、かなり大きな音の雷があったんだ。あれはきっと近くに雷が落ちた音に違いないよ。」

カンタロウ「雨もすごく降ったね。そういえば、雷光が見えた後に雷鳴が何秒で聞こえるかで雷までの距離《きょり》が分かると聞いたことがあるよ。」

シュウ子　「１秒で 340 m離《はな》れているといわれているね。」

先生　「雷を発生させる雲は積乱雲《せきらんうん》といってかなり大きいですから、雷鳴が聞こえるまでの時間が長いからといって安全というわけではないですよ。屋外にいる場合はすぐに避難《ひなん》しましょうね。ところで、雷までの距離をより正確に測るには、気温に注意するといいですよ。空気中の音の速さｖ〔m/秒〕は、次の式で表すことができます。」

〔先生が黒板に書いた式〕
音が空気中を１秒間で伝わる速さｖ〔m/秒〕は、次の式で表される。
　$v = 331.5 + 0.6 \times t$　ただし、ｔは気温（℃）、ｖの単位はｍ

シュウ子　「気温によって音の速さは変わるのですね。私はいつも毎秒 340m で計算していましたが、約［　A　］度の気温での速さということになりますね。雷までの距離をより正確に測ろうとするならば、夏と冬では音の速さを変えて計算しなければなりませんね。」

カンタロウ　「でも雷といえば、夏の夕立のイメージですよね。」

先生　「そうでもないですよ。〔資料1〕を見てください。」

カンタロウ　「冬でも雷が多く発生する場所があるんですね。冬は気温が氷点下になることがあるから、夏と比べると音の速さがだいぶ変わりますね。」

先生　「音の速さは温度だけでなく、伝わるものでも変化します。例えば、水温が27度のとき、水中での音の速さは毎秒1500mくらいです。」

シュウ子　「水中で音の伝わる速さがわかっているなら、船にいながら海面から海底までの距離を測ることができますね。」

〔資料1〕

集中豪雨《ごうう》とともに夏にやってくるイメージが強い雷。関東北部などは、他県に比べて、夏の雷発生数が非常に多くなっています。しかし、それ以上に冬の日本海側のエリアでは、雷が多発しているのです。金沢では12月と1月の冬の時期に非常に多くなっています。さらに、夏の時期も雷は発生しているため、年間を通して見ると、関東北部に位置する宇都宮より圧倒的《あっとうてき》に多いことがわかります。では、そんな冬の雷にはどんな特徴《とくちょう》があるのでしょうか。

冬に発生する雷は、夏の雷以上に恐《おそ》ろしい面を持ち合わせています。夏と冬の積乱雲を比べると、冬の方が圧倒的に背が低く、規模の小さいものになります。落雷数は極端《きょくたん》に少なく、遠くにいてもゴロゴロと音が聞こえる夏とは違い、冬の雷というのは音もなく近づいてきます。落雷数が少ないというのは、良いことのようにも思えますが、実は一発の威力《いりょく》が強くなります。一発雷と呼ばれる冬の雷は、なんと夏の雷に比べ100倍以上に達する凄《すさ》まじいエネルギーを持っています。また、冬の雷は、夏に比べて予測が難しいという特徴もあります。夏は昼過ぎから夕方にかけてが発生しやすい時間帯としてある程度決まっていますが、冬の日本海側の場合、昼夜問わず常に発雷する可能性があります。さらに、冬は日本海側の広範囲にある多数の積乱雲の中で、気まぐれにどこかの雲が一発だけ雷を落とすような感じで発生するため、予測が難しいのです。特に新潟～福井にかけては激雷地区とも言われているのですが、なぜ冬の雷は日本海側に集中しているのでしょうか。

冬の積乱雲というのは、日本海を流れる対馬海流の相対的にあたたかい海面に、シベリアからの冷たい空気が流れ込むことで、水蒸気が盛んに供給されて発生します。この雲は、発達しながら季節風によって日本海側に運ばれてくるため、冬の雷は日本海側に多いのです。日本海側でひとしきり雪や雷をもたらした雲は、次第に勢力が弱まったり、山にぶつかって小さくなったりしていきます。そのため、太平洋側に来る頃には乾燥《かんそう》した風になっています。日本海側で発生する冬の雷は、雷雲の一番低いところが地上から約300m～500mしか離れていません。そのため、60mを超す高い構造物が存在すると集中的に落雷する傾向《けいこう》があります。外で雷に遭遇《そうぐう》した場合は、建物の中はもちろん、車の中や電車の中などに避難してください。ただし、家の中に避難する際は、家電製品などから1m以上距離をとるようにしてください。また、雷による被害《ひがい》は、落雷のような直接的なものだけではありません。遠く離れたところで雷が落ちたはずなのに、インターネットが使えなくなったり、テレビがつかなくなったりすることがあります。これは、雷が落ちると、その周辺にある電線や電話線、アンテナなどに大きな電圧・電流が発生することがあるためです。それにより、家電などが損傷してしまうので、事前に耐雷《たいらい》装置を取り付けておくと良いようです。

出典：「ウェザーニュース」より作成

※一部表記を改めたところがあります。

問１　空欄Aにあてはまる数字を、小数第一位を四捨五入して整数で答えなさい。

問２　シュウ子さんは、海面から海底までの距離を測ることを考えました。水中での音の速さを毎秒1500mとしたとき、船から海底に向かって出した音が2.5秒後に聞こえたとします。このとき、水深は何mと考えられますか。

問３　〔資料１〕をもとに日本海沿岸で冬に雷が多く発生する原因を答えなさい。また夏と冬の雷の違いを２つ答えなさい。

〔資料２〕

次の表は、横浜市、宇都宮市、金沢市の３地点で雷が観測された月別雷日数の30年平年値（1981～2010年）です。

横浜市

	1月	2月	3月	4月	5月	6月	7月	8月	9月	10月	11月	12月
回数	0.2	0.3	0.9	1.1	1.2	0.8	1.9	2.4	1.9	0.8	0.6	0.5

宇都宮市

	1月	2月	3月	4月	5月	6月	7月	8月	9月	10月	11月	12月
回数	0.0	0.2	0.5	1.7	3.2	3.2	5.3	6.4	2.8	1.0	0.3	0.2

金沢市

	1月	2月	3月	4月	5月	6月	7月	8月	9月	10月	11月	12月
回数	7.0	4.6	2.1	1.5	1.3	1.6	3.1	3.0	1.8	2.5	5.6	8.2

出典：気象庁ホームページより作成

カンタロウさんは、上の表をもとに横浜市の月別雷日数のグラフを作りました。

横浜市月別雷日数

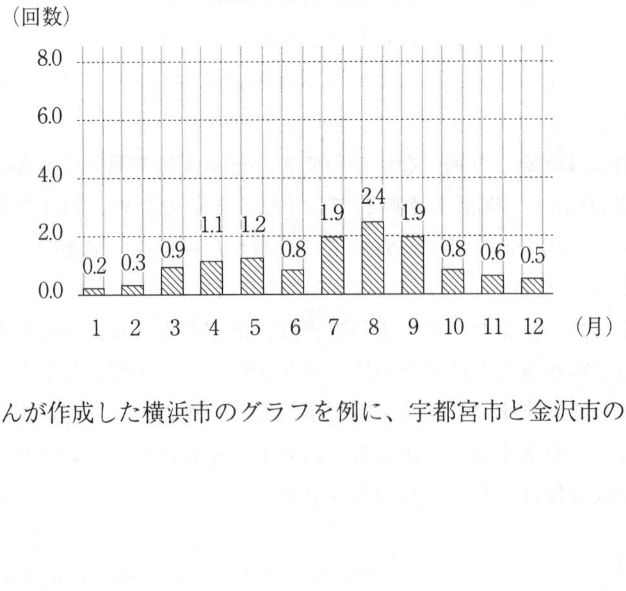

問４　カンタロウさんが作成した横浜市のグラフを例に、宇都宮市と金沢市のグラフを作りなさい。

〔資料３〕

雷の正体が電気であることが証明されたのは、270年ほど前のことです。アメリカの科学者にして政治家でもあったベンジャミン・フランクリンが、雷を伴《ともな》う嵐の日に凧《たこ》を揚《あ》げるという命がけの実験を行い、「ライデン瓶《びん》」という装置に電気をためることで雷が電気であることを証明しました。さらにフランクリンは、避雷針《ひらいしん》を発明したことでも知られています。

避雷針とは、落雷による被害《ひがい》を防ぐために設置される金属棒《きんぞくぼう》のことです。避雷針は雷が落ちやすい仕掛《しか》けがされているだけでなく、導線を利用して落ちてきた雷を地面に受け流すことができるように作られています。雷は建物に直接落ちて建物を破壊《はかい》してしまうことがあります。また､火花放電によって建物火災につながる可能性があります。そうならないため、雷の電流を建物から大地へ逃《に》がすことが大切です。今日の日本では、一定の建物に避雷針の設置が義務付けられています。

フランクリンが避雷針を考案したのは18世紀半ばのことでした。当時は避雷針の効果に疑問を感じる人たちもいましたが、雷が落ちても建物に被害が及ばなかったことがわかると、避雷針はアメリカで急速に広まりました。しかし、ヨーロッパの、特にカトリックを信仰《しんこう》する国ではなかなか避雷針は広まりませんでした。当時のカトリック教会では、雷は神の力と考えられていたため、雷をコントロールすることは神への冒涜《ぼうとく》と考えたからです。このためヨーロッパで避雷針が普及《ふきゅう》したのはアメリカよりも後になりました。

避雷針は建物を落雷から保護するのには有効です。ところがＩＣＴ時代においては避雷針で落雷を誘導《ゆうどう》することには大きな副作用を伴います。落雷には、人や建物に直接落雷して被害を及ぼす「直撃雷」と、落雷時に付近の電磁《でんじ》界が大きく乱れることにより、電気機器への誘導電流が発生し、その異常電圧によって機器の故障・破損を引き起こす「誘導雷」の２通りがあるからです。

出典：「雷をひもとけば」新藤孝敏　電気学会より作成

※一部表記を改めたところがあります。

問５　〔会話文〕､〔資料〕などから読み取れる内容として最も適当なものを次のア～オから１つ選び、記号で答えなさい。

ア．水中では地上よりも音の伝わる速さが遅い。

イ．宇都宮市は夏に雷が多く発生し、年間を通しても日本で雷日数が最も多い。

ウ．冬に日本海側で見られる積乱雲は海流の影響で上昇気流が発生することででき、夏のものと比べて背が高い。

エ．ベンジャミン・フランクリンの行いはカトリック教会に認めてもらえなかったため、アメリカと比べてヨーロッパでの避雷針の普及は早かった。

オ．避雷針を設置することによって電気機器が故障することがある。

3 次の〔会話文〕、〔資料〕を読んで、各問いに答えなさい。

〔会話文1〕

カンタロウ　「冬は寒くて嫌《いや》だな。暑い夏の方が好きだよ。」

シュウ子　「暑い夏が好きとはいっても、去年の夏は特に暑かったね。都心では最高気温が35℃以上になる猛《もう》暑日の日数が、1875年の統計開始以来、歴代最多日数を更新《こうしん》したんだよね。」

カンタロウ　「確かに熱中症で救急搬送《はんそう》される人のニュースが多かったのを覚えているよ。気温の高い日は注意しないといけないね。」

先生　「熱中症は気温以外にも注意しなければならないことがあるのですよ。下の〔表1〕を見てください。」

カンタロウ　「最高気温が同じで、日射量もほとんど変わらないのに、熱中症で搬送された人の数が約2倍ですね。」

〔表1〕2011年7月6日と9日の東京の気候

	7月6日	7月9日
最高気温	32.5℃	32.5℃
最小湿度	41%	56%
日射量	24.82MJ	24.07MJ
暑さ指数(WBGT)	26.9	29.9
暑さ指数ランク	警戒	厳重警戒
熱中症搬送数	50人	94人

MJ：エネルギーの単位

〔表2〕暑さ指数（WBGT）の基準

WBGT	暑さ指数ランク
31℃以上	危険
28℃以上、31℃未満	厳重警戒
25℃以上、28℃未満	警戒
21℃以上、25℃未満	注意
21℃未満	ほぼ安全

出典：https://testpage.jp/tool/wbgt.php

先生が熱中症の危険度を判断する指数として、暑さ指数（WBGT）について説明してくれました。

〔先生による暑さ指数（WBGT）の説明〕

熱中症とは、高温多湿な環境に長時間いることで、体温調節機能がうまく働かなくなり、体内に熱がこもった状態を指します。暑さ指数（WBGT）は、熱中症を予防することを目的として1954年にアメリカで提案された指標です。単位は気温と同じ摂氏《せっし》度（℃）で示されますが、その値は気温とは異なります。暑さ指数は人体と外気との熱のやりとり（熱収支）に着目した指標で、人体の熱収支に与える影響の大きい①湿度、②日射・輻射《ふくしゃ》※1など周辺の熱環境、③気温の3つ※2を取り入れた指標です。熱中症の危険度を判断する数値として、環境省が平成18年から暑さ指数の情報を提供しています。乾球《かんきゅう》温度計、湿球《しっきゅう》温度計、黒球温度計による計測値を使って計算されます。

※1　輻射(熱)…日射しを浴びたときに受ける熱や、地面、建物、人体などから出ている熱。温度が高い物からはたくさん出ている。

※2　正確には、これら3つに加え、風（気流）も指標に影響《えいきょう》する。

〔資料1〕暑さ指数（WBGT）測定装置

・黒球温度は、黒色に塗装《とそう》された薄い銅板の球（中は空洞《くうどう》、直径約15cm）の中心に温度計を入れて観測します。弱風時の日なたにおける体感温度と良い相互《そうご》関係があります。
・湿球温度は、水で湿《しめ》らせたガーゼを温度計の球部に巻いて観測します。皮膚《ひふ》の汗が蒸発する時に感じる涼《すず》しさの度合いを表すものです。
・乾球温度は、通常の温度計を用いて、そのまま気温を観測します。

出典：環境省「熱中症予防情報サイト」より抜粋

〔資料2〕暑さ指数の計算方法

屋外での計算方法
WBGT（℃）＝0.7×湿球温度＋0.2×黒球温度＋0.1×乾球温度

屋内での計算方法
WBGT（℃）＝0.7×湿球温度＋0.3×黒球温度
※ WBGT、黒球温度、湿球温度、乾球温度の単位は、摂氏度（℃）

問1　夏のある日、屋外において、黒球温度が43℃、乾球温度が33℃だったとします。暑さ指数が危険となるのは湿球温度が何℃以上のときですか。小数第一位を四捨五入して整数で答えなさい。

〔会話文2〕

シュウ子　「暑さ指数という言葉は聞いたことがありましたが、その測定装置は初めて見ました。」
先生　「測定装置の湿球温度は主に湿度の影響を、黒球温度は主に輻射熱の影響を示しています。」
カンタロウ　「計算方法を見ると、湿球温度、黒球温度、乾球温度の3つのうち、[A]の占める割合が最も大きいことがわかりますね。」

問2　空欄Aにあてはまる語句を答えなさい。

〔会話文３〕

カンタロウ　「暑さ指数の単位は気温と同じ摂氏度(℃)で示されますが、暑さ指数がどのくらいになったら危ないですか。」

先生　「次の〔グラフ〕を見ると、熱中症にかかる人は暑さ指数が B から急に増えていることがわかります。」

カンタロウ　「本当だ！次の夏からは最高気温だけではなく、暑さ指数に注意して活動した方がいいですね。」

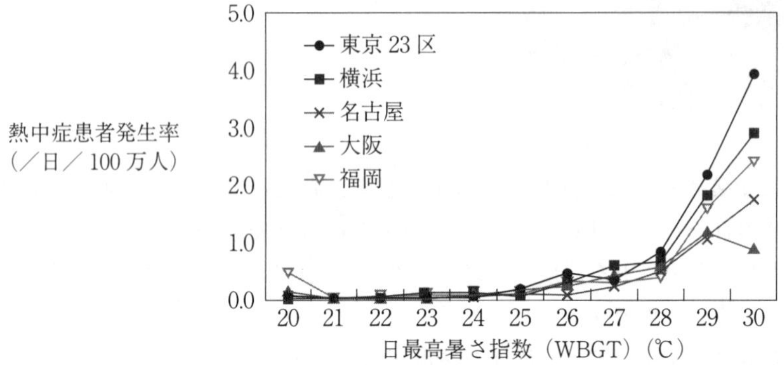

〔グラフ〕　暑さ指数と熱中症患者発生率

出典：環境省「熱中症予防情報サイト」を基に作成

問３　空欄Bにあてはまるものとして最も適当なものを次のア～オから１つ選び、記号で答えなさい。

ア．25℃　　イ．28℃　　ウ．30℃　　エ．1.0　　オ．2.0

〔会話文４〕

先生　「ミストシャワーを知っていますか。ビルや公共施設《しせつ》などの屋内や屋外での冷却《れいきゃく》設備として広く利用されています。屋内では５～６℃、屋外では２～３℃の冷却効果があると言われています。」

カンタロウ　「ミストシャワーは気持ちいいですよね。暑い日はミストの冷たさで体が冷えるので、ずっと浴びていたいです。」

先生　「冷たくなるのは、ミストの冷たさというよりは、気化熱の効果が大きいです。気化熱とは、液体が気体になる際に周囲から吸収する熱のことです。お風呂あがりに体を拭《ふ》かないと体が急に冷えるのも、気化熱の原理です。体に付いている水が乾くときに、体から熱を奪《うば》うのですよ。」

シュウ子　「ミストシャワーは、霧状《きりじょう》に噴射《ふんしゃ》された水が蒸発するときに熱を吸収するから、周囲の温度が下がるのですね。」

問４　屋内において、停電や故障などによってエアコンや扇《せん》風機が使えないとき、どのようにして熱中症を防ぎますか。〔会話文〕や〔資料〕を参考にして、具体的な対策を答えなさい。

問５　液体の水が水蒸気、つまり気体になる際、まわりから熱を奪います。このときの熱が気化熱です。熱が奪われるために、まわりの温度が下がります。この逆の原理を利用しているのが、着ると暖かくなる「吸湿発熱繊維《せんい》」です。なぜ、吸湿発熱繊維を着ると暖かくなるのかを説明しなさい。

【探究Ⅱ】〈A－1日程試験〉（50分）〈満点：100点〉

［注意事項］1．字数制限がある問題は、最初のマスから書き始め、句読点やかっこも1字に数えなさい。
行頭や文末にきた句読点も1マスに書きなさい。
2．計算問題で、解答用紙に求め方欄《らん》がある場合は途《と》中《ちゅう》式や求め方なども書きなさい。

1 次の〔会話文〕、〔資料〕を読んで、各問いに答えなさい。

〔会話文1〕

カンタロウ「2022年は鉄道が開業されて150年という節目の年だったね。150年前の鉄道は蒸気機関車だよね。どんな様子だったのだろう。」

シュウ子「そうだね。では、当時の様子や鉄道と私たちの関わりについて調べてみましょうか。」

〔資料1〕

ＪＲ東日本が高輪《たかなわ》ゲートウェイ駅（東京都港区）周辺で進めている開発計画区域内で、日本で初めて開業した鉄道の施設《しせつ》「高輪築堤《ちくてい》」の遺構《いこう》が見つかった。高輪築堤は東京湾の浅瀬《あさせ》に造られた線路の土台にあたる堤《つつみ》で、そこを走る蒸気機関車は「海上を走る鉄道」と呼ばれ親しまれた。ＪＲ東日本は「鉄道の歴史や土木技術を後世に伝える貴重な遺産」として保存を検討している。

日本初の鉄道は1872年（明治5年）、東京・新橋と横浜を結ぶ約29キロ区間で開業した。ＪＲ東日本や港区教育委員会によると、高輪築堤はこの一部区間にあり、当時は海だった現在のＪＲ田町駅付近から品川駅付近までの約2.7キロに造られた。幅約6.4メートル、高さ3～4メートルで、線路下を船が通れるように一部が開削《かいさく》されていた。のり面は石組みで補強されていたという。

今回出土した遺構は、長さ約1キロで線路は見つかっていない。旧内務省が作製した1887年（明治20年）の地図に記載されている線路の場所とも一致している。

高輪築堤は当時の錦絵《にしきえ》にも数多く登場し、明治初期の「東京品川海辺蒸気車鉄道之真景」には、その上を蒸気機関車が煙《けむり》を吐《は》きながら走る様子が描かれている。区教委によると、近くにあった旧兵部省《ひょうぶしょう》（軍事を担当する機関）の敷地《しきち》を避《さ》けるため、海上に造られた可能性があるという。

港区立郷土歴史館の学芸員の男性は「石組みは西洋の様式を取り入れて積まれた可能性もある。当時の技術や歴史を知るうえで貴重で、ぜひ現地で保存してほしい」と話す。

ＪＲ東日本によると、開発計画では築堤の上にビルなどを建てる予定。同社の品川まちづくり部門担当部長の男性は「現段階では、一部の現地保存や移築保存で公開展示することを検討している。区教委と協議を続ける」としている。

出典：読売新聞　2021年1月19日
※一部、表記を改めたところがあります。

〔会話文2〕

シュウ子「少し前のものだけれど、〔資料1〕の鉄道遺構の新聞記事を見つけたの。」

カンタロウ「鉄道が開業された当時は新橋と横浜を約53分で結んでいたんだって。当時はどのような感覚で鉄道を捉《とら》えていたのだろう。」

シュウ子「弥次喜多《やじきた》道中で有名な『東海道中膝栗毛《とうかいどうちゅうひざくりげ》』では、弥次郎兵衛《やじろべえ》と喜多八《きたはち》が江戸を出発して最初に宿泊したのが戸塚宿なんだって。現在で言えば東京から神奈川へ、1日かけてやってくるイメージなんじゃないかな。」

カンタロウ「若干《じゃっかん》距離は違うけれど、それを1時間弱で結んでいたんだね。これは驚きだね。」

問１　新橋と横浜を結んでいた蒸気機関車の速さとして最も適当なものを次のア～エから１つ選び、記号で答えなさい。ただし、蒸気機関車は新橋と横浜の間を止まらずに一定の速さで進んでいたものとします。

ア．時速28km　　イ．時速33km　　ウ．時速38km　　エ．時速43km

カンタロウさんとシュウ子さんのやりとりを見ていた先生が２人に声をかけました。

〔会話文３〕

先生　「鉄道遺構の『高輪築堤』は日本の近代化遺産としても貴重なものなんですよ。」

先生はそのように話すと、２人に次の新聞記事を見せてくれました。

〔資料２〕

ＪＲ高輪ゲートウェイ駅（東京都港区）前の開発区域で出土した鉄道遺構「高輪築堤」を巡《めぐ》り、国連教育・科学・文化機関（ユネスコ）の諮問《しもん》機関「国際記念物遺跡会議（イコモス）」は、ＪＲ東日本に対して、遺構の保存や公開を要請《ようせい》する「ヘリテージ・アラート」を出した。日本イコモス国内委員会が22日に記者会見を開き、明らかにした。

高輪築堤は現在、約900メートルが確認され、史跡指定を受けた約120メートルを除き、ＪＲ東日本は移築保存や記録保存を行う方針を公表している。アラートでは同社に対し、「発掘《はっくつ》・記録・破壊《はかい》のサイクル」の停止と、より広い範囲での一般公開、開発計画の見直しなどを求めている。

出典：読売新聞オンライン　2022年２月22日

先生　「この築堤にはペリー来航を機に東京湾に造られた品川台場の石などが再利用され、城の石垣を築く伝統的な技術が生かされているんです。日本の職人が築いた堤の上に輸入したレールを敷《し》いて蒸気機関車は走っていたんですね。まさに日本の伝統技術と西洋の近代技術の融合《ゆうごう》、文明開化の象徴《しょうちょう》と言えるでしょう。また、築堤の線路下は船が通れるように開削《かいさく》していました。これは地元の漁師の出漁を妨《さまた》げないようにしたからだと言われています。近代化といっても、開発一辺倒《いっぺんとう》ではなく市民生活と両立させる機能を模索《もさく》していたことも高輪築堤の価値と認めることができるのではないでしょうか。」

シュウ子　「鉄道遺構から昔の日本の様子に気付かされますね。鉄道が開業された明治時代の日本は近代化が進んだ時代ですから、大きな変化があったのでしょうね。」

先生　「そうなんです。輸出入など、外交事務を請《う》け負う税関も鉄道開業と同時期に発足しています。横浜にも設置されていますね。世界とつながりを求めた時代とも言えるでしょう。実はこの頃の習慣の変化が鉄道とも関連があったりします。時間感覚もその一つです。」

カンタロウ　「時間感覚ですか？」

先生　「今の鉄道と言えば定時運行が当たり前ですよね。日本の鉄道は世界を見渡しても時間に関して非常に正確さがあります。しかし、明治時代以前の日本では『不定時法』という時間の仕組みが採用されていて、なかなかそうはいかなかったようなんです。」

カンタロウ　「現在は『不定時法』ではないんですね。」

先生　「その通りです。現在は『定時法』という仕組みを採用しています。日本が『不定時法』から『定時法』の仕組みに変更したのはちょうど鉄道が開業した頃と重なります。」

シュウ子　「鉄道と時間の仕組みにどんな関連があるのか探るために『不定時法』を調べてみましょう。」

問２　高輪築堤に関して、遺構の価値として読み取れる内容として適当でないものを次のア～エから１つ選び、記号で答えなさい。

ア．日本の城などに使われる石垣を築く技術が生かされていた。
イ．ペリー来航を機に造れるようになった国産レールが敷設されていた。
ウ．地元の市民生活と両立を図る工夫があった。
エ．日本と西洋の技術の融合が見られた。

問３　シュウ子さんは、不定時法の特徴を調べました。これを参考に、空欄《らん》Ａ～Ｃにあてはまる数字をそれぞれ答えなさい。

〔資料３〕不定時法の特徴

・一日を日が昇っている昼と日が沈んでいる夜に分け、それぞれを等分する時刻制度を「不定時法」と呼び、江戸時代の日本で使われていた。一方、一日の長さを等分する時刻制度を「定時法」と呼び、現在は24等分した方法が世界中で使われている。
・不定時法は昼と夜をそれぞれ６等分し、一単位を「一刻《いっとき》」と呼んだ。また、時《とき》の呼び方は、真夜中の子《ね》の刻《こく》から始めて、昼夜12の刻に十二支を当てた。
・子の刻と午《うま》の刻を九つとして、一刻ごとに減算する呼び方も使われた。子の刻が九つ、丑《うし》の刻が八つで巳《み》の刻の四つまで行き、また午の刻で九つから数え始めていた。
・不定時法では、日の出のおよそ30分前を明け六つ、日の入りのおよそ30分後を暮《く》れ六つとしていた。

〔資料４〕不定時法の読み方

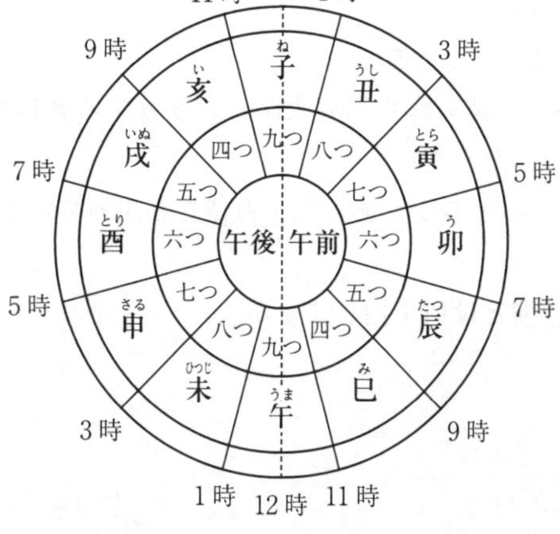

・夏至の明け六つを4時、暮れ六つを19時30分、冬至の明け六つを6時30分、暮れ六つを17時とする。
・夏至と冬至の昼間は［ A ］時間の差がある。
・一刻に直すと、夏至の昼間は［ B ］分、冬至の昼間は［ C ］分で一刻となる。

問4　鉄道を運行する上で、不定時法から定時法という仕組みに変わることはどのような効果があるかを考え、空欄D～Fにあてはまる語句をそれぞれ答えなさい。

［ D ］によって一刻の長さが変わるのが不定時法で、［ E ］時間の長さが変わらないのが定時法である。鉄道の運行は［ D ］に関係なく運転間隔を［ F ］にする必要があるため不定時法は不向きである。

〔会話文4〕

シュウ子　「鉄道の運行と時間感覚はとても関連していたことがわかったね。」

カンタロウ　「そうだね。調べていたら他にも私たちの生活に関わりがありそうなことがわかったんだ。これは地元のニュースだよ。」

シュウ子　「あら、江ノ島電鉄のニュースじゃない。江ノ島電鉄は2022年に開業120周年なんだね。湘南を結ぶ市民の足として長く続いているんだね。」

カンタロウ　「そうなんだ。そこで注目してほしいのは江ノ島電鉄の開業理由のところだよ。江ノ島電鉄は1902年9月1日に『江の島詣《もうで》』に訪れる参拝客の輸送手段として藤沢と片瀬（現在の江ノ島）の間で開業したと書いてあるでしょ。」

シュウ子　「それがどうかしたの？」

カンタロウ　「実は、新橋と横浜で開業した蒸気機関車も似たようなことが起きていたんだって。当時、機関車に乗ることは非日常的なことだったみたい。運賃も安くないしね。だから、特別な日に機関車に乗っていたんだって。」

シュウ子　「特別な日？」

カンタロウ　「年が明けるおめでたい日と言い換えてもいいかな。新橋と横浜の沿線の近くに有名なところがあるじゃない！」

シュウ子　「わかった！川崎大師のことかな。」

カンタロウ　「正解。おめでたい日に遠方から川崎大師にお参りする習慣がこの頃に定着して、他の寺社にも広がっていったんだって。」

シュウ子　「そうだったんだ。もっと昔からあった①習慣だと思っていたな。」

問5　下線部①について、この習慣とは何を指しますか。

2 次の〔会話文〕、〔資料〕を読んで、各問いに答えなさい。

〔会話文1〕

カンタロウ　「上野動物園にいる①双子《ふたご》のパンダが公開されたから出かけてきたんだ。とても混雑していたよ。」

シュウ子　「ニュースになっていたね。公開されたばかりの頃は事前抽選《ちゅうせん》が行われていて、観覧《かんらん》時間が1分程度にされていたとか。」

先生　「パンダの人気は不変ですね。」

カンタロウ　「先生、昔からパンダは人気だったのですか？」

先生　「初めて日本にパンダがやってきた時も園内の混雑ぶりが報道されました。1972年ですから今から半世紀ほど前の出来事ですね。」

シュウ子　「だいぶ昔の出来事ですね。パンダが日本にやってくることになったきっかけは何だったのですか？」

先生　「それは、②日本と中国が国交を結んだ記念としての贈《おく》り物だったんですよ。」

カンタロウ　「パンダは友好の証《あかし》だったということですね。」

先生　「その通りです。この頃はその他にも大きく物事が動いた出来事がありました。」

シュウ子　「その他にもですか？どんなことがあったのか調べてみようと思います。」

問1　下線部①について、カンタロウさんは双子のパンダについて、次の新聞記事を見つけました。

> 東京都は8日、上野動物園（台東区）で6月に生まれた双子のジャイアントパンダのオスを「シャオシャオ（暁暁）」、メスを「レイレイ（蕾蕾）」と命名したと発表した。（中略）
> この日の定例記者会見で、小池知事は「（双子の名前を組み合わせると）夜明けから未来へつながるという意味もあり、とても良い名前だ。かわいい双子のパンダに会える日を待っていてほしい」と話した。

出典：読売新聞より抜粋　2021年10月9日
※一部、表記を改めたところがあります。

命名にはいろいろな意味が込められていることを知ったカンタロウさんは、知事が期待を寄せた「夜明けから未来へつながる」との意味を考え、パンダの命名についてまとめました。〔資料1〕を参考に、空欄A・Bにあてはまる語句をそれぞれ5字以内で答えなさい。

〔資料1〕

暁《あかつき》	1　太陽の昇る前のほの暗いころ。 2　待ち望んでいたことが実現する、その際。
蕾《つぼみ》	1　花の、まだ咲《さ》き開かないもの。 2　将来が期待されるが、まだ一人前でない年ごろの者。

> 夜明けはシャオシャオ（暁暁）、未来はレイレイ（蕾蕾）のパンダを指していることが想像される。
> 暁は間もなく［　A　］ことから、蕾は［　B　］ことが期待されるため、それぞれ前向きな印象を与える命名となっている。

問２　下線部②について、日本と中国は古来から結び付きが強く、漢字など多くの共通した文化を持ち合わせています。一方、それぞれの国の風習・習慣により、共通したものの中にも違いがみられるものがあります。箸《はし》はその一例ですが、なぜ違いがみられるのかを〔図１〕と〔図２〕を参考に答えなさい。

〔図１〕日本と中国の箸

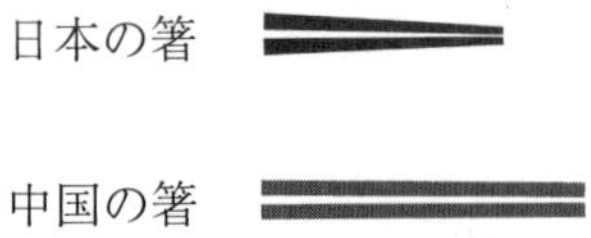

〔図２〕日本と中国の食事風景

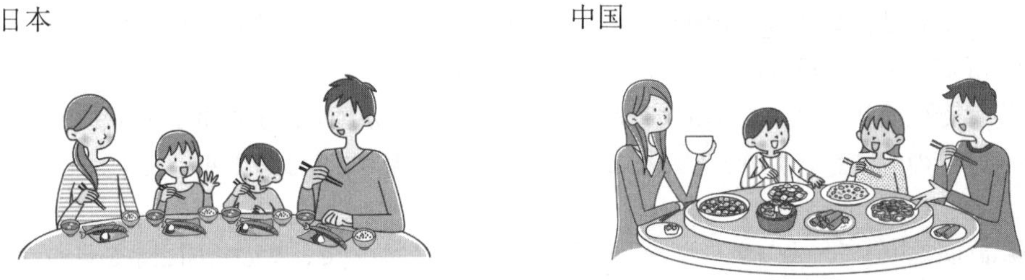

〔会話文２〕

シュウ子さんは、日本と中国が国交を回復した1972年のことを調べ、カンタロウさんと話しています。

シュウ子　「1972年は大きく時代が動いたと先生が話していたね。調べてみたらいろいろなことがわかったんだ。」

カンタロウ「どんなことがあったの？」

シュウ子　「外国との関係は中国だけでなく、アメリカとも大きな動きがあったんだ。この年は、第二次世界大戦後にアメリカの統治下となった③沖縄が返還《へんかん》された年だったよ。」

カンタロウ「それは大きな出来事だね。」

シュウ子　「沖縄が返還されたことで戦後からまた一歩時代が進んだ感じがするね。」

カンタロウ「先生から聞いた通り、大きく時代が動いていたんだね。」

シュウ子　「他にもあったよ。この頃は高度経済成長を背景に『日本列島改造論』という政策の下、開発が進んだ時代だったんだ。④神奈川を通過する予定のリニア中央新幹線の構想・開発もこの頃からスタートしたみたい。新幹線などの交通網《こうつうもう》の整備を進め、大都市と地方都市を結びながら日本の発展を推《お》し進めようとしていた 整備新幹線 という計画が後年に立ち上がったそうだよ。2022年に開通した西九州新幹線はその計画の最後の開業なんだって。」

カンタロウ「そうなんだね。長い時間をかけて計画が実現しているんだね。」

〔資料２〕

本土復帰から50年を経て、沖縄は米軍が地域の抑止《よくし》力を提供する拠点《きょてん》から、日米共同運用の最前線の意味合いが強まっている。傾向《けいこう》は数字からも読み取れる。

沖縄県の米軍専用施設《しせつ》の面積は、1972年５月の本土復帰時の２万7849ヘクタール（83施設）から、今年２月時点では１万8483ヘクタール（31施設）まで減少した。ただ、全国に占《し》める沖縄県内の米軍専用施設の割合をみると、72年当時の58.7％から増え、70.3％となった。本土の施設がより多く返還《へんかん》されたためだ。

日米両政府で合意している施設の返還が順調に進んでも、約７割の米軍専用施設が沖縄に集中する状況は、今後もほぼ変わらない見通しだ。県民からは人口密集地に位置する普天間《ふてんま》飛行場（宜《ぎ》野湾《のわん》市）や牧港《まきみなと》補給地区（浦添《うらぞえ》市）など、生活に影響が大きい基地の返還を求める声が根強い。一方、跡地《あとち》利用が難しい本島北部の山林部などでは、地主から返還反対の運動が起きたこともある。

米軍基地が整理・縮小に向かう一方、自衛隊は沖縄に拠点を増やしている。自衛隊の施設面積は復帰時の166ヘクタール（３施設）から、2021年３月現在で780ヘクタール（55施設）に増えた。面積では遠く及ばないが、施設数では米軍を抜《ぬ》いた。

防衛省は中国の軍備増強が顕著《けんちょ》になった2010年代から「南西シフト」を始めた。10年には陸上自衛隊第１混成団（那覇市）を第15旅団に格上げ。「防衛空白地帯」と呼ばれていた先島諸島に陸自部隊配備を進め、16年に与那国島、19年には宮古島に駐屯地《ちゅうとんち》を新設した。23年には石垣島でも完成し、部隊が配備される。航空自衛隊も17年、沖縄周辺の防空を担う南西航空混成団（那覇市）を南西航空方面隊に格上げした。

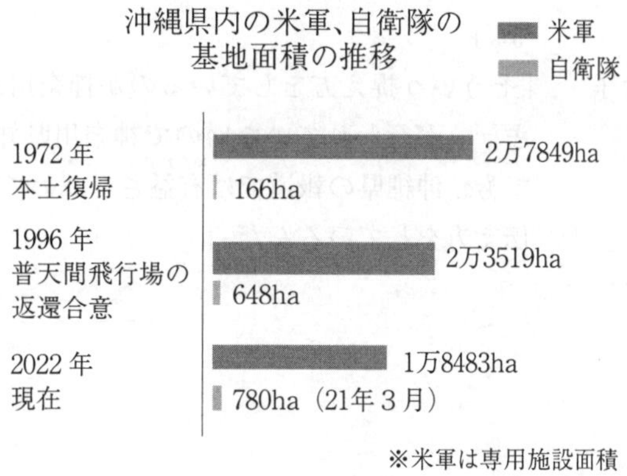

出典：読売新聞より抜粋　2022年３月18日

問３　下線部③について、〔資料２〕から読み取れる内容として適当でないものを次のア～エからすべて選び、記号で答えなさい。

ア．沖縄県の米軍専用施設の面積は本土復帰時よりも減っている。
イ．沖縄県の全国に占める米軍専用施設の割合は本土復帰時よりも増えている。
ウ．沖縄県は、米軍専用施設が都道府県で一番集中しており、返還が県民の総意である。
エ．沖縄県では、米軍専用施設が整理・縮小されるとともに自衛隊の施設面積も減っている。

問４　下線部③・④について、両県は県内に米軍基地を抱《かか》えています。これらの状況から知事が会談を行ったことを伝える新聞記事をシュウ子さんは見つけました。〔会話文３〕を読み、沖縄県の報道が「ビッグレスキュー」に警鐘《けいしょう》を鳴らす伝え方をしている理由を〔資料２〕を参考にしながら100字以内で答えなさい。

〔会話文３〕

シュウ子　「沖縄県と神奈川県はともに県内に米軍基地を抱えているね。その知事同士が会談を行ったことを伝える新聞記事を見つけたよ。同じ情報を伝える記事のはずだけれど、沖縄県と神奈川県の報道では意味合いが多少違って聞こえるんだ。」

カンタロウ　「どういう記事なのかな。」

シュウ子　「神奈川県では都道府県主催の総合防災訓練である『ビッグレスキュー』をこれまで行ってきているんだ。確か、コロナ禍《か》で開催を見送る前の2019年は伊勢原市で行っているよ。これは、民間だけでなく警察や消防、自衛隊、米軍を交えた防災訓練なんだ。」

カンタロウ　「なるほど。非常時にみんなで連携《れんけい》・協力しあおうということだね。その点で考えたら神奈川県・沖縄県とも米軍基地を抱える県として有益な取り組みと言えるんじゃないかな。」

シュウ子　「そういう捉《とら》え方をしているのが神奈川県の報道だったよ。まだ沖縄県ではビッグレスキューが行われていないので神奈川県知事が好意的に勧《すす》めている様子を記しているよ。でも、沖縄県の報道では有益《ゆうえき》さを認めている一方、軍民混在の訓練機会に警鐘を鳴らす伝え方をしているんだ。」

3 シュウ子さんは持続可能な開発目標であるSDGsに興味を持ち、地方自治体の取り組みを調べることにしました。次の〔会話文〕、〔資料〕を読んで、各問いに答えなさい。

〔会話文1〕

シュウ子　「今日の授業ではSDGsについて改めて学ぶことが多かったけれど、『国際社会共通の目標』なんて言われちゃうと、私たちには縁遠《えんどお》い話に聞こえてしまうね。」

カンタロウ　「たしかにそうだけれど、自分たちができることから1つ1つやっていくしかないよね。まずSDGsについて学んだ今日は、その一歩目を踏《ふ》み出したということだよ。」

シュウ子　「実際にどんなことから始めたらいいんだろう。」

カンタロウ　「地方自治体によっては持続可能なまちづくりという観点から地域の課題を解決するために、SDGsに積極的に取り組む自治体も多いみたいだよ。ちなみに私の住んでいる相模原市は、2020年度に『SDGs未来都市』に選ばれているんだ。ほら、ホームページを見てごらん。」

シュウ子　「本当だ。取り組みがたくさん紹介《しょうかい》されているね。特にこのサイトはSDGsを難しい言葉を使わずに、自動販売機《はんばいき》や制服の回収など、身近な事例から説明してくれているから、とてもわかりやすいね。」

シュウ子さんとカンタロウさんがSDGsとの向き合い方について意見を交わしています。

〔会話文2〕

カンタロウ　「相模原市では、フードロス対策自動販売機やさがみはらSDGs推進《すいしん》自動販売機が設置されていて、その自動販売機で飲料を買うとその売上の一部が相模原市のSDGs推進事業に寄付される仕組みになっているんだって。それを知ってから、他の自動販売機は使わずに、毎日この自動販売機で飲料を買うようにしているんだ。もちろんペットボトルは分別してリサイクルできるようにしているよ。①SDGsに貢献《こうけん》していることになるね。」

シュウ子　「その自動販売機を利用するだけでSDGs達成に貢献できるというわけね。でもカンタロウさんの行為は素直に良いとは思えないな。」

カンタロウ　「どうして？」

シュウ子　「SDGsは17も目標があるから、こじつければなんでもSDGsになってしまうよ。たしかにその自動販売機でペットボトル飲料を買って、そのゴミをリサイクルのゴミ箱に入れれば、目標12の『つくる責任　つかう責任』を果たしたことになる。さらに、ペットボトル飲料を買うことで廃棄《はいき》される商品が減るよね。廃棄されてしまえば焼却《しょうきゃく》処分をすることになるから二酸化炭素が発生するけれど、それが抑《おさ》えられるから目標13『気候変動に具体的な対策を』の達成に貢献していることにもなるかもしれない。でも、そもそもペットボトル飲料を買わずに、水筒《すいとう》を使う方が環境に良いと思うけど。」

カンタロウ　「たしかにそういう考え方もあるかもしれないね。でも、この自動販売機は、利便性を確保しながら『誰もが気軽にSDGsに貢献できる』というコンセプトで設置されているから、効果そのものは小さくてもいいんじゃないのかな。」

シュウ子　「『SDGsに貢献する』と『SDGsにも貢献できる』が混同してしまっているのが問題ということだね。SDGs達成は大切なことだけど、それが※『SDGsウォッシュ』になってはいけないね。」

※SDGsウォッシュ…SDGsに取り組んでいるように見えて、実態が伴《ともな》っていないこと。

問１　下線部①について、シュウ子さんはカンタロウさんの行動について疑問を抱《いだ》いています。シュウ子さんはそのように感じている理由をまとめました。空欄Ａ～Ｃにあてはまる語句をそれぞれ答えなさい。

〈シュウ子さんの考え〉

「SDGsに貢献する」ことが目的ならば［　Ａ　］よりも［　Ｂ　］の方が良いと考えている。カンタロウさんが利用している自動販売機は［　Ｃ　］を確保しながらSDGsにも貢献できるという考えで、課題解決の一歩目とする啓発活動が目的と感じている。

シュウ子さんとカンタロウさんが制服の回収ボックスについて話をしています。

〔会話文３〕

シュウ子　「相模原市では、市役所や区役所などに②制服の回収ボックスが設置されているよ。制服を回収して、経済的に困っている家庭の支援につなげようという取り組みなんだ。」

カンタロウ　「学校種によるけれど、制服は費用のかさむものだから、支援としてはすばらしい取り組みだね。」

シュウ子　「回収した制服はリフォームされるよ。定価の３割から半額ほどで販売されて、さらに売り上げは、市の若者支援の基金に寄付されるみたい。でも、なぜ制服の費用は安くないのだろう？」

カンタロウ　「通常の衣料とは異なり、制服は参入障壁《しょうへき》が高く、価格競争が起きにくいことが一因だと言われているよ。小売物価統計調査では、全国の中学校の制服の平均価格は2017年で男子用が約３万3500円、女子用が約３万1850円とのことだよ。この10年間では値上がり傾向《けいこう》なんだって。」

シュウ子　「そうなんだね。」

カンタロウ　「制服メーカー側にも事情があるんだ。原材料の高騰《こうとう》に加え、生徒数の減少に伴《ともな》い少量多品種の生産が増えているんだ。制服の生地を扱うある会社は、羊毛価格の高止まりなどを理由に制服用の生地の価格を上げたんだって。実は制服の原価は、生地が多くを占めるから、その生地が値上がりすれば仕様を見直さないかぎり販売価格へ上乗せせざるをえないんだ。」

シュウ子　「なるほどね。そうならば、制服の素材を変更すればよいということなのかな？」

カンタロウ「その検討もしているみたい。多くの学校制服は、生地にウール（羊毛）が使われているんだ。最近は機能性の優れた安価な化学繊維《せんい》素材が流通しているものの、防寒や色合いが重視されるほか、『お祝い着』の感覚が根底にあり、高価な天然素材のウールが好まれるみたい。確かに制服は入学という『お祝い』のタイミングで準備するからね。」

〔資料〕中学校の制服の平均価格推移《すいい》

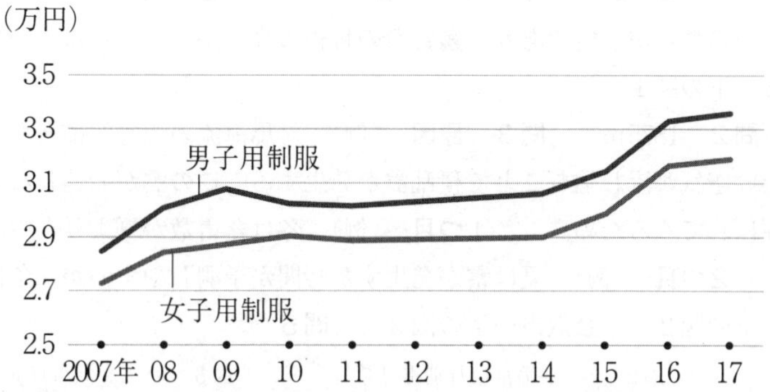

（注）各都道府県庁所在都市での平均価格の平均を算出
出典：総務省統計局「小売物価統計調査年報」を基に作成

問２　下線部②について、制服の価格を述べた文として適当でないものを次のア～エの中から１つ選び、記号で答えなさい。

ア．生地の原材料費が高騰しており、原価率が高い制服が値上がりの影響を受けやすい。
イ．その学校の制服を生産している会社が限られているため、ある種の独占市場になっており価格が下がらない。
ウ．中学校の制服の平均価格は2007年からずっと上がり続けている。
エ．機能性の優れた安価な化学繊維素材が流通しているが、入学式などで着用する制服は、高価な天然素材が好まれる。

問３　学校の制服については、価格のほか、機能やデザインから既製品《きせいひん》を指定制服とする学校もあります。既製品を指定制服とすることについて、生徒や保護者からは「安くて助かる」「気軽に洗濯《せんたく》できるので清潔感がある」「様々な場所で買えるので便利である」といった好意的な意見がある一方で、「学校の安全管理が不安になる」といった意見もあります。なぜ既製品を指定制服とすると学校の安全管理が課題となるのか、説明しなさい。

2023年度
自修館中等教育学校　▶解　答

※　編集上の都合により，Ａ－１日程試験の探究Ⅰ・探究Ⅱの解説は省略させていただきました。

探究Ⅰ　＜Ａ－１日程試験＞（50分）＜満点：100点＞

解　答

1　**問１**　**Ａ**　1200　**Ｂ**　20　**Ｃ**　750　**Ｄ**　54000　**Ｅ**　1080　**問２**　５通り　**問３**　（例）　絵の中心の高さが一定であり，鑑賞者の目線の高さが一定となるため見やすいこと。
問４　①　**問５**　下の図１

2　**問１**　14　**問２**　1875m　**問３**　**原因**…（例）　対馬海流の相対的にあたたかい海面にシベリアからの冷たい空気が流れ込むことで積乱雲が発生する。この雲が発達しながら季節風によって日本海側に運ばれてくるため。　**１つ目**…（例）　冬は落雷数が夏よりも少ないが，一発の威力が大きい。　**２つ目**…（例）　夏は雷が発生する時間が予測しやすいが，冬は予測が難しい。
問４　**宇都宮市**…下の図２　**金沢市**…下の図３　**問５**　オ

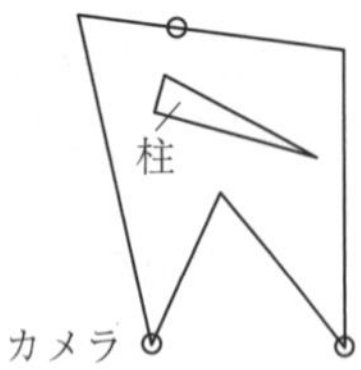

図１

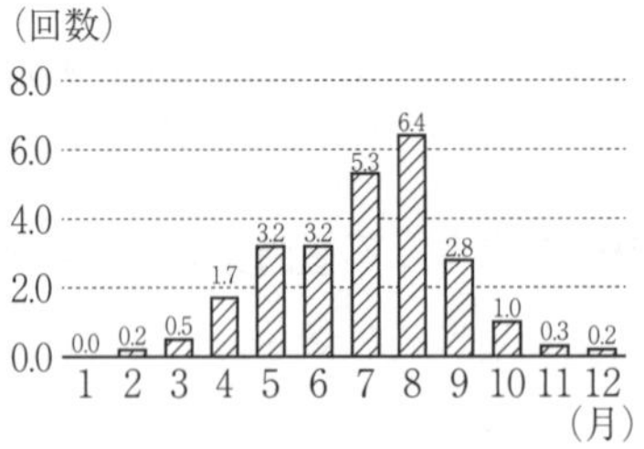

図２　宇都宮市月別雷日数

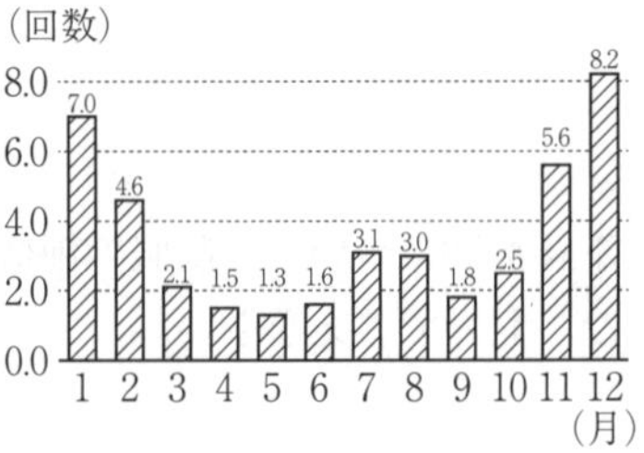

図３　金沢市月別雷日数

3　**問１**　27℃　**問２**　湿球温度　**問３**　イ　**問４**　（例）　窓を開けて室内に風を入れることで湿度を低くする。　**問５**　（例）　汗などを吸収して，水分としてため込むさいに発熱するため。

探究Ⅱ　＜Ａ－１日程試験＞（50分）＜満点：100点＞

解　答

1　**問１**　イ　**問２**　イ　**問３**　**Ａ**　5　**Ｂ**　145　**Ｃ**　95　**問４**　**Ｄ**　（例）　季節　**Ｅ**　（例）　一年中　**Ｆ**　（例）　一定　**問５**　初詣

2　**問１**　**Ａ**　（例）　夜が明ける　**Ｂ**　（例）　花が咲く　**問２**　（例）　日本は個別に盛り付けられた料理を各自で食べるため箸が短く，中国は大皿に盛り付けられた料理をみんなで取り分けて食べるため箸が長い。　**問３**　ウ，エ　**問４**　（例）　いざという時にビッグレスキューの取り組みは有益であるが，基地の整理・縮小を課題にする沖縄県にとっては米軍や自衛隊の存在意義を必要以上に高めてしまうと，今後の基地返還に支障が出るのではと懸念している。

3 **問1**　**A**（例）ペットボトル　**B**（例）水筒　**C**（例）利便性　**問2**　ウ

問3（例）既製品の場合，誰でも自由に買えるため，その学校の関係者かどうかの判断が難しくなってしまうから。

Dr.福井の 入試に勝つ！脳とからだのウルトラ科学

勉強が楽しいと，記憶力も成績もアップする！

みんなは勉強が好き？　それとも嫌い？――たぶん「好きだ」と答える人はあまりいないだろうね。「好きじゃないけど，やらなければいけないから，いちおう勉強してます」という人が多いんじゃないかな。

だけど，これじゃダメなんだ。ウソでもいいから「勉強は楽しい」と思いながらやった方がいい。なぜなら，そう考えることによって記憶力がアップするのだから。

脳の中にはいろいろな種類のホルモンが出されているが，どのホルモンが出されるかによって脳の働きや気持ちが変わってしまうんだ。たとえば，楽しいことをやっているときは，ベーターエンドルフィンという物質が出され，記憶力がアップする。逆に，イヤだと思っているときには，ノルアドレナリンという物質が出され，記憶力がダウンしてしまう。

要するに，イヤイヤ勉強するよりも，楽しんで勉強したほうが，より多くの知識を身につけることができて，結果，成績も上がるというわけだ。そうすれば，さらに勉強が楽しくなっていって，もっと成績も上がっていくようになる。

でも，そうは言うものの，「勉強が楽しい」と思うのは難しいかもしれない。楽しいと思える部分は人それぞれだから，一筋縄に言うことはできないけど，たとえば，楽しいと思える教科・単元をつくることから始めてみてはどうだろう。初めは覚えることも多くて苦しいときもあると思うが，テストで成果が少しでも現れたら，楽しいと思えるきっかけになる。また，「勉強は楽しい」と思いこむのも一策。勉強が楽しくて仕方ない自分をイメージするだけでもちがうはずだ。

Dr.福井（福井《ふくい》一成《かずしげ》）…医学博士。開成中・高から東大・文Ⅱに入学後，再受験して翌年東大・理Ⅲに合格。同大医学部卒。さまざまな勉強法や脳科学に関する著書多数。

2022年度　自修館中等教育学校

〔電　話〕　0463-97-2100
〔所在地〕　〒259－1185　神奈川県伊勢原市見附島411
〔交　通〕　JR東海道線―平塚駅，小田急線―愛甲石田駅よりスクールバス
小田急線―愛甲石田駅より徒歩18分

【算　数】〈A－1日程試験〉（50分）〈満点：100点〉

［注意事項］1．問題**1**・**2**は，答えのみを解答用紙に書きなさい。
2．問題**3**・**4**は，答えだけでなく途《と》中《ちゅう》式や求め方なども書きなさい。

1　次の□にあてはまる数を答えなさい。

（1）　$(45-28)\times 2-3\times 6=\square$

（2）　$1\frac{1}{3}\div 0.75\times 1.25\div 3\frac{1}{3}=\square$

（3）　$21.5-2.15\times 6+0.215\times 20=\square$

（4）　$(56-\square\times 1.5)\div 1.6=20$

（5）　a ※ b を a と b の最小公倍数　と約束します。
このとき、(8 ※ 12) ※ 36 = □

2　次の各問いに答えなさい。

（1）ある動物園の入場者数をみると、金曜日は土曜日より487人多く、日曜日は金曜日より152人少なく、3日間の平均は8950人でした。金曜日の入場者数は何人か答えなさい。

（2）妹は毎分75mの速さで家を出発しました。その14分後に、姉は毎分96mの速さで家を出発し、妹を追いかけました。妹に追いつくのは、姉が出発してから何分後であるか答えなさい。

（3）右の図は三角定規を重ね合わせた図になっています。㋐の角度を答えなさい。

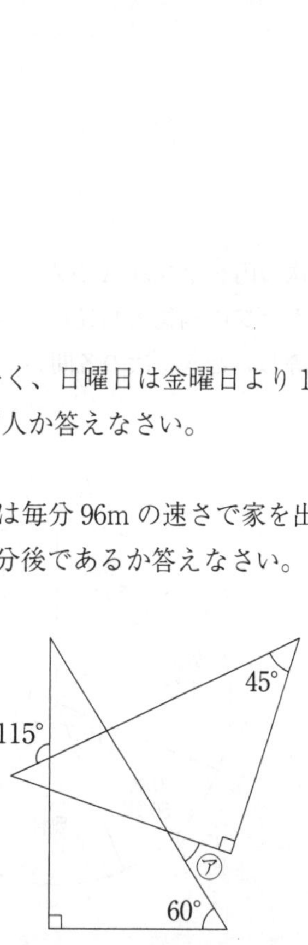

（4）右の図は1辺の長さが4cmの正方形の中に、半径4cmのおうぎ形を2つ重ねたものです。しゃ線部分の面積を答えなさい。ただし、円周率は3.14とします。

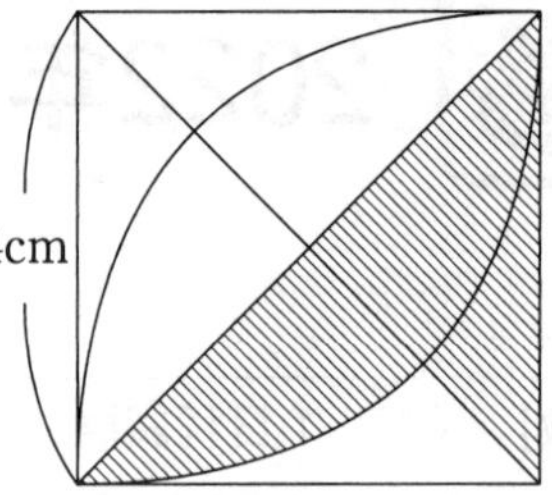

（5）右の図のような長方形を直線ABを軸として1回転させたときにできる立体の体積を答えなさい。ただし、円周率は3.14とします。

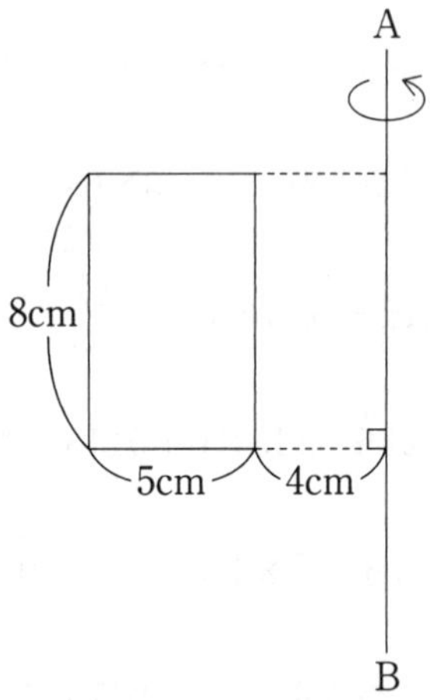

3 次の円グラフはAさん、Bさんの各科目の1週間の勉強時間の割合についてまとめたものです。グラフの角㋐と角㋑の大きさが等しく、Aさんの理科の勉強時間とBさんの社会の勉強時間が等しいとき、次の各問いに答えなさい。

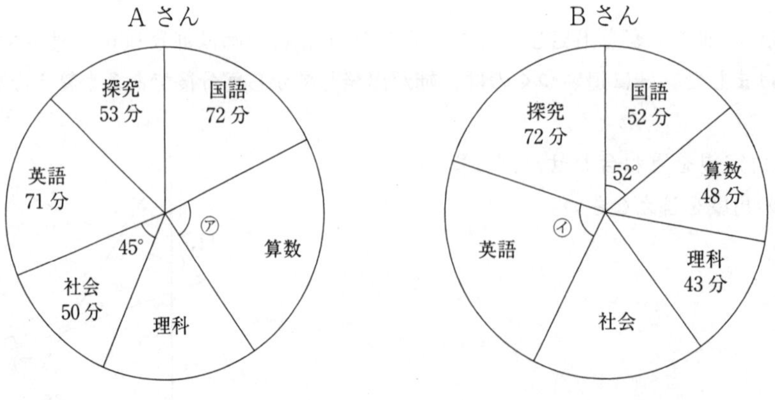

（1）Aさんの勉強時間の合計を求めなさい。

(２) Bさんの探究の勉強時間はBさんの勉強時間の合計の何％にあたるか求めなさい。

(３) Aさんの算数の勉強時間とBさんの英語の勉強時間の比を最も簡単な整数で表しなさい。

(４) Aさんの算数と理科の勉強時間はそれぞれ何分であるか答えなさい。

4 図の三角形Aと三角形Bは合同です。三角形Bに向かって三角形Aが1秒間に2cmずつ進んでいきます。以下の各問いに答えなさい。ただし、円周率は3.14とします。

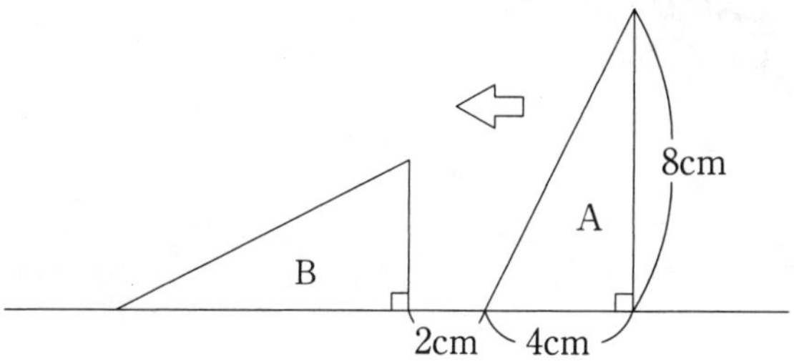

(１) 三角形Aが三角形Bを通り抜けるのは何秒後ですか。

(２) 三角形Aが動き出してから２秒後に三角形Bと重なった部分の面積を求めなさい。

(３) (２) で面積を求めた図形の「高さ」を軸として回転した立体の体積を求めなさい。ただし、答えは小数第２位を四捨五入して答えなさい。

(４) 三角形Aが動き出してから３秒後に三角形Bと重なった部分の面積を求めなさい。ただし、答えは小数第２位を四捨五入して答えなさい。

【社　会】〈A－1日程試験〉（30分）〈満点：50点〉

1　日本の地理について、**地図**と**資料1～4**を読み、以下の各問いに答えなさい。

地図
※A～Cの島は実際よりも
大きく表現しています。

資料1　さまざまな都道府県

(a)　(1) 最上川などが上流からたくさんの土を運んできて、今の庄内平野ができました。この地の人々は、じょうぶな稲が育つ要因の (2) 夏の季節風を、“宝の風”と呼んでいます。

(b)　リアス海岸が発達した[D]半島では養殖業がさかんで、世界で初めて真珠の養殖に成功した地でもあります。(3) 四日市市にはコンビナートが形成され、工業がおこなわれています。

(c)　さとうきびやパイナップルなどの栽培がさかんです。日本にあるアメリカ軍用地の4分の3が集中しています。観光業を中心に[E]産業に従事する人の割合がとても高いです。

(d)　北側に隣接する県境には十和田湖や白神山地があり、日本で最も深い湖として知られる田沢湖も有名です。また、なまはげなどの伝統行事や川連《かわつら》漆器などの伝統工芸品も有名です。

(e)　木曽川・長良川・揖斐《いび》川の下流にあり、川と川にはさまれた土地は、海面より低く、日本を代表する低地の1つです。(4) 水害から守るために住居や田畑は堤防で囲まれています。

問１　**地図**中のA～Cは日本の東西南北いずれかの端の島を示しています。AとBの島名の組合せとして適当なものを、次のア～エから１つ選び、記号で答えなさい。

ア：A－南鳥島　　B－択捉島　　イ：A－沖ノ鳥島　　B－択捉島
ウ：A－南鳥島　　B－与那国島　　エ：A－沖ノ鳥島　　B－与那国島

問２　**地図**中のCの島が属している都道府県名を答えなさい。

問３　**資料１**中の下線部（1）について、最上川は日本三大急流河川の１つです。残り２つの日本三大急流河川の組合せとして適当なものを、次のア～カから１つ選び、記号で答えなさい。

ア：利根川・富士川　　イ：利根川・球磨川
ウ：信濃川・球磨川　　エ：信濃川・富士川
オ：富士川・球磨川　　カ：信濃川・利根川

問４　**資料１**中の空欄Dにあてはまる語句を答えなさい。

問５　**資料１**中の空欄Eにあてはまる語句を**解答欄に合わせて**数字で答えなさい。

問６　**資料１**中の下線部（2）について、夏の季節風に関する海と方角の組合せとして適当なものを、次のア～エから１つ選び、記号で答えなさい。

ア：海－日本海　　方角－北西　　イ：海－太平洋　　方角－北東
ウ：海－日本海　　方角－南西　　エ：海－太平洋　　方角－南東

問７　**資料１**中の下線部（3）に関して、高度経済成長期に四大公害病の１つである四日市ぜんそくが問題となりました。その原因となった物質として**最も適当なもの**を、次のア～エから１つ選び、記号で答えなさい。

ア：窒素《ちっそ》酸化物　　イ：硫黄酸化物　　ウ：カドミウム　　エ：メチル水銀

問８　**資料１**中の（d）はどこの都道府県について説明したものですか。都道府県名を答えなさい。

問９　**資料１**中の下線部（4）について、このような堤防に囲われている地域を何と呼びますか。**漢字２字**で答えなさい。

問10　日本の人口について、次の**資料２～４**から読み取った内容として**最も適当でないもの**を、下のア～ウから１つ選び、記号で答えなさい。

資料２　日本の年齢別人口の割合

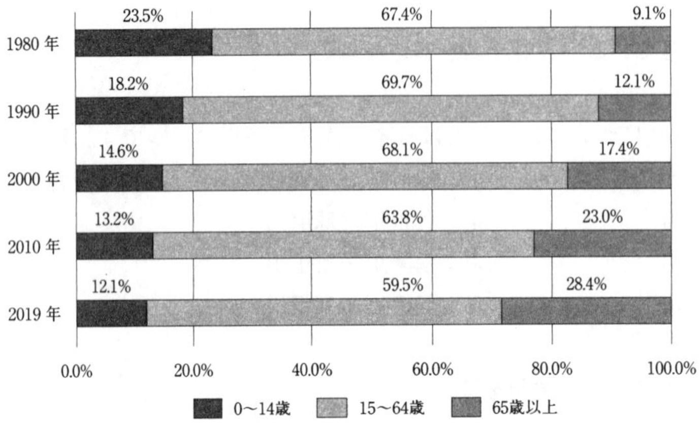

資料３　全国にしめる三大都市50キロ圏の人口の割合

	東京	大阪	名古屋
1960年（国勢調査）	16.7％	10.9％	5.7％
2020年（住民基本台帳人口）	27.0％	13.1％	7.4％

資料４　過疎地域の全国にしめる割合（2019年４月１日現在）

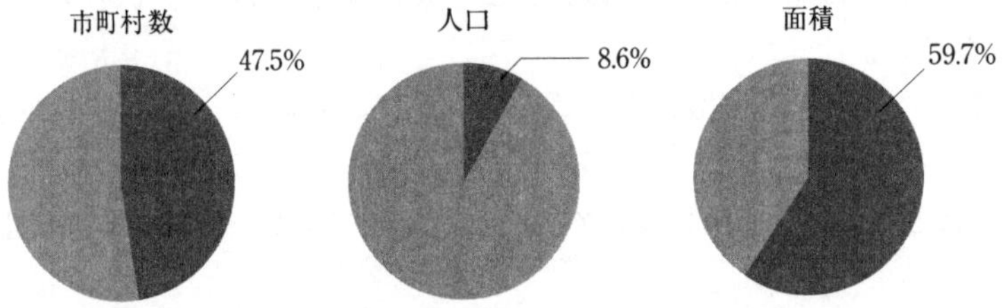

（『日本のすがた2021』より作成）

ア：15～64歳の人口の割合は、1980年から1990年にかけて増加したが、1990年以降は減少傾向にあることが読み取れる。

イ：全国にしめる三大都市50キロ圏の人口の割合の合計は、1960年から2020年で２倍近く増えていることが読み取れる。

ウ：2019年には、全国の半分近くの市町村が過疎地域であり、面積でみると全国の約６割もあるが、住む人は全人口の９％にも満たないことが読み取れる。

2 甲太《こうた》さんは、自修館の「探究」活動において、日本の「貨幣」をテーマにしてインターネットや図書館の本を参考にして調べ、**年表**にしてまとめました。これを読み、以下の各問いに答えなさい。なお同じ記号の空欄には同じ語句が入ります。

年表「日本の貨幣」

708年	(1) 和同開珎が発行された。
1334年	(2) 紙幣《しへい》の発行が計画された。
1600年	(3) 慶長《けいちょう》金銀が発行された。
1695年	(4) 慶長金銀を改鋳《かいちゅう》して元禄《げんろく》金銀が発行された。
1860年	(5) 万延《まんえん》小判が発行された。
1872年	国立銀行条例が制定され、各地に設立された国立銀行が、それぞれに紙幣を発行した。 ［　A　］の働きかけで第一国立銀行が、この条例に基づいて設立された。
1963年	(6) 初代内閣総理大臣の肖像画《しょうぞうが》が使用された千円紙幣が発行された。
1984年	(7) 小説家の肖像画が使用された千円紙幣が発行された。
2004年	(8) 細菌学者の肖像画が使用された千円紙幣が発行された。
2024年	この年から流通する新たな一万円紙幣には、［　A　］の肖像画が使用されることが発表されている。

問1　**年表**中の下線部 (1) に関して、和同開珎発行から数十年後に平城京に大仏が造られました。なぜ大仏が造られたのか、その背景を説明した文として**最も適当なもの**を、次のア～ウから1つ選び、記号で答えなさい。

ア：各地でおこった武士が、朝廷や貴族たちの勢力争いにかかわって、しだいに力をもつようになっていた。

イ：農民たちは団結を強め、重い年貢に反対して一揆を起こすなど領主に抵抗するようになっていた。

ウ：都では伝染病が広がり、地方でもききんや貴族の争いが起こり、世の中が混乱していた。

問2　**年表**中の下線部 (2) に関して、この紙幣発行計画よりも前の時代の武士の様子を説明した文として**最も適当なもの**を、次のア～ウから1つ選び、記号で答えなさい。

ア：将軍が定めたきまりにそむいた大名は、他の領地に移されたり、領地を取り上げられたりした。

イ：幕府のために命がけで戦ってもほうびの土地をもらうことができない御家人たちは不満をもち、幕府と武士との関係がくずれていた。

ウ：各地の有力な武将たちは自分の領地で力をたくわえ、周りの大名をたおして、武力で世の中を統一しようとした。

問３　**年表**中の下線部（3）に関して、慶長金銀が発行された頃に多くの銀を産出した石見銀山《いわみぎんざん》の位置として適当なものを、次の**地図**中から選び、記号で答えよ。

地図

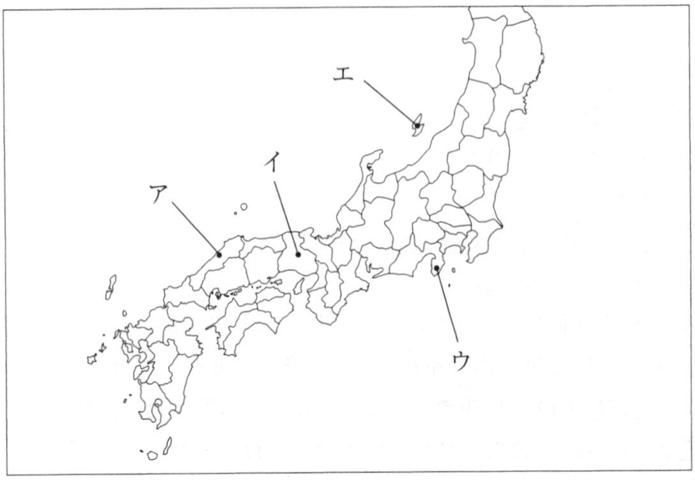

問４　**年表**中の下線部（4）に関して、次の**資料**は慶長金銀から元禄金銀への貨幣改鋳に関するものです。この**資料**から読み取れる内容の説明として**誤っているもの**を、下のア～ウから１つ選び、記号で答えなさい。なお、**資料**は読みやすいように現代語に訳しています。

資料

元禄八年九月から金銀貨の改鋳※が実施された。これより以後、毎年幕府に納められた差《さ》益金《えききん》は、総計五百万両ほどになり、これにより幕府財政の不足をいつも補っていたが、元禄十六年の冬、大地震により傾いたり壊れたりした所などを修理するにおよんで、貨幣改鋳以後毎年納められていた差益金をたちまち使いつくしてしまった。

※改鋳とは、流通している貨幣を鋳《い》つぶして、金や銀の含有率を変えるなどして新たな貨幣をつくり直し、あらためて流通させることである。

ア：貨幣改鋳によって幕府は利益を得ていた。
イ：元禄金銀の方が慶長金銀よりも金や銀の含有率が高い。
ウ：大地震は幕府の財政を圧迫する要因となった。

問５　**年表**中の下線部（5）に関して、この開国後に行った貨幣改鋳の背景には、金と銀の価値が日本と海外で異なっていたことによって生じた金貨流出という問題がありました。金銀の価値は、日本では金１対銀５、外国では金１対銀15でした。このように金と銀の価値が異なると、なぜ日本から金貨が海外に流出するのか、説明しなさい。

問６　**年表**中の空欄［　A　］にあてはまる人物名を答えなさい。

問7　年表中の下線部（6）～（8）の人物について説明した次の文ア～ウのうち、適当なものを1つ選び、記号で答えなさい。

ア：下線部（6）の人物は、民撰議院設立建白書を政府に提出した。

イ：下線部（7）の人物は、「吾輩は猫である。名前はまだ無い。」という冒頭から始まる作品を書いた。

ウ：下線部（8）の人物は、伝染病研究所に入り、赤痢《せきり》菌を発見した。

3　次の文章は、ジェンダー平等に関するエマ・ワトソン国連親善大使のメッセージの一部です。文章を読み、以下の各問いに答えなさい。なお、読みやすくするために一部表現を改めています。

男性のみなさん、私はこの場をみなさんへの正式な招待状を送る機会にしたいと思います。男女平等はみなさんの課題でもあるのです。なぜなら、今も私の父親が、親としての役割を社会の中で低く評価されてきたのを見てきました。子供の私が、母親と同じくらい彼の存在を必要としているにもかかわらず。男らしくないと見られるのを恐れ、助けを求められずにいて精神的に病んでしまう若い男性たちを見てきました。実際に、(1) イギリスでは自殺が20歳から40歳までの男性の間で最大の死亡原因となっています。これは交通事故、がん、そして心臓疾患《しっかん》も上回ります。男性として成功に必要なものはこれだ、という歪《ゆが》んだ概念によって男性が自信を失い、不安に陥《おちい》る姿を見たこともあります。男性もまた、(2) 平等の恩恵を受けてはいないのです。私たちは、男性が(X) ジェンダーの固定概念に縛られていることをふだん話題にはしません。しかし、私にはそう見えます。そして、男性がそうした固定概念から(3) 自由になれば、女性の側にも自然に変化が訪れるはずです。もし、男性が女性に認められるために男らしく積極的になる必要がなければ、女性も男性の言いなりにならなければとは感じないでしょう。もし男性が女性をコントロールする必要がなければ、女性も男性にコントロールされる必要はありません。男性、女性、どちらも弱さを感じる自由があります。男性と女性どちらも強くなる自由があります。今こそ私たち全員が、性別を2つの(4) 対極的な理想としてではなく、繋《つな》がっているものとして認識する時です。

みなさんは、このハリー・ポッターガールは一体何様なんだと思うかもしれません。お前が(5) 国連の舞台で何をしているんだと。それは実に的を射た疑問です。信じてほしいのですが、私も同じ疑問を自分自身に問い続けています。私がこの場にふさわしいかどうかはわかりません。わかるのは、私がこの問題を真剣に考えているということです。そして私は、現状を改善させたいと思っています。

問1　下線部（1）に関して、東京オリンピック2020開催時の日本とイギリスの内閣総理大臣（首相）の組合せとして適当なものを、次のア～エから1つ選び、記号で答えなさい。

ア：菅義偉－ジョンソン　　　イ：安倍晋三－ジョンソン

ウ：菅義偉－バイデン　　　エ：安倍晋三－バイデン

問２　下線部 (2) について、次の**資料**から読み取れることとして適当なものを、下のア～エから１つ選び、記号で答えなさい。

資料　「収入階級別の実収入に対する税負担（平成24年分）」

○　収入階級別の実収入と税負担額（1年当たり）

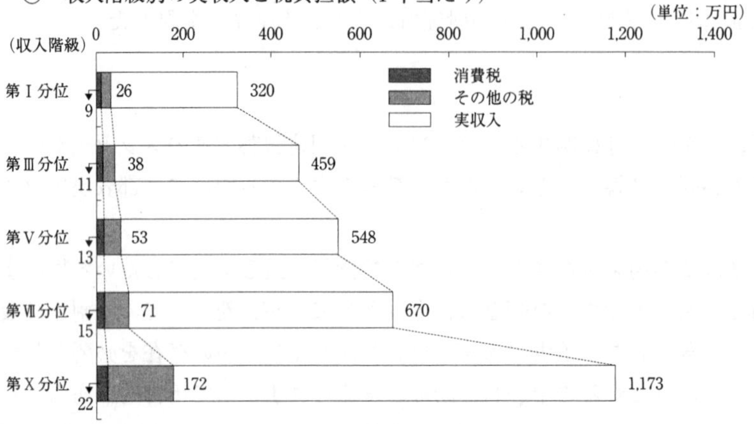

○　収入階級別の実収入に占める税負担額の割合

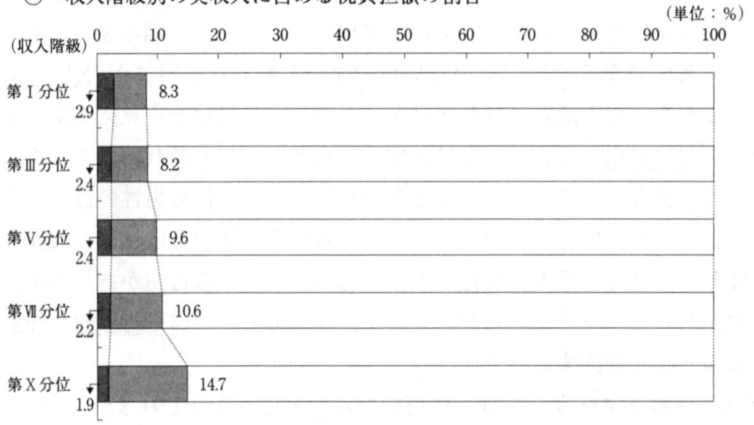

注：収入階級とは、全ての世帯の収入を低い方から順番に並べ、それを10等分して10のグループを作った場合の各グループのことである。収入の低い方から順次、第Ⅰ、第Ⅱ、第Ⅲ、…第Ⅹ分位階級としている。

（財務省「収入階級別の実収入に対する税負担（平成24年分）」より作成）

ア：実収入が多くなるほど、消費税負担額の合計は大きくなる。

イ：実収入の多さにかかわらず、実収入に対する消費税負担額の割合は同じである。

ウ：実収入の多さにかかわらず、税負担額の合計は同じである。

エ：実収入が多くなるほど、実収入に対する消費税の税負担額の割合は大きくなる。

問３　下線部（3）について、自由権に分類されるものとして**適当でないもの**を、次のア～エから１つ選び、記号で答えなさい。

ア：財産権の保障　　イ：学問の自由　　ウ：生存権　　エ：職業選択の自由

問４　下線部（4）に関して、大日本帝国憲法と日本国憲法を比較した次の表中の空欄Ａ・Ｂにあてはまる語句の組合せとして適当なものを、下のア～エから１つ選び、記号で答えなさい。

大日本帝国憲法	比較内容	日本国憲法
【 Ａ 】	形式	民定憲法
天皇主権	主権	国民主権
神聖不可侵	天皇	日本国民統合の象徴
「臣民」としての権利で、法律による制限が可能	国民の権利	永久不可侵の権利で、【 Ｂ 】に反しない限り、最大限尊重される

ア：Ａ－欽定憲法　Ｂ－国事行為　　イ：Ａ－欽定憲法　Ｂ－公共の福祉
ウ：Ａ－軟性憲法　Ｂ－国事行為　　エ：Ａ－軟性憲法　Ｂ－公共の福祉

問５　下線部（5）に関して、国連で採択されたSDGs（持続可能な開発目標）の17の大きな目標として**最も適当でないもの**を、次のア～エから１つ選び、記号で答えなさい。

ア：ジェンダー平等を実現しよう　　イ：貧困をなくそう
ウ：質の高い医療をみんなに　　エ：海の豊かさを守ろう

問６　下線部（X）について、右図のピクトグラムにはどのような固定概念があると考えられますか。下の会話文を読み、説明しなさい。

太郎：東京オリンピック開会式ではピクトグラム50個の連続パフォーマンスが話題になったね。
花子：ピクトグラムってなに？
太郎：ピクトグラムというのは、絵や図で書かれた案内図や標識、看板のことだよ。
花子：それなら見たことある！トイレの入り口にある絵なんかのこと？
太郎：そう。あれはピクトグラムの代表的な例だね。トイレのピクトグラムは、1964年の東京オリンピックで日本語が読めない外国人のために採用されたことで世界中に広まったそうだよ。

図

【理　科】〈A－1日程試験〉(30分)〈満点：50点〉

1　以下の各問いに答えなさい。

問1　次の文の空欄《くうらん》Aに適する植物をア～エから一つ選び、記号で答えなさい。また、空欄Bに適する語句を答えなさい。

【　A　】のように、根・茎・葉に分かれていても花をつくらず種子をつくらない植物を、(　B　)植物とよびます。

ア　ワサビ　　イ　ワラビ　　ウ　ドクダミ　　エ　ダイズ

問2　次の文の空欄Aに適する生物をア～エから一つ選び、記号で答えなさい。また、空欄Bに適する語句を漢字で答えなさい。

【　A　】のように、本来日本にいなかった生物が、海外から導入されることによって定着してしまった生物を(　B　)生物とよびます。インドが原産である【　A　】は、持ち込まれたものが、逃げ出すなどして沖縄県などで野生化していることが報告されています。野生化することで、その地域の生物がたくさん食べられて減ってしまうなど、生態系に影響を及ぼしています。

ア　アオダイショウ　　イ　イリオモテヤマネコ　　ウ　ヤンバルクイナ　　エ　クジャク

問3　次のア～エから、その動物の特ちょうとしてもっとも適当なものを一つ選び、記号で答えなさい。

ア　エビ類はえら呼吸であり、動脈と静脈が毛細血管でつながっています。
イ　魚類はえら呼吸であり、動脈と静脈は毛細血管でつながっていません。
ウ　ハ虫類は肺呼吸であり、一心房一心室です。
エ　鳥類は肺呼吸であり、二心房二心室です。

問4　次のア～エから、卵からふ化せずに生まれる動物を一つ選び、記号で答えなさい。

ア　アメリカザリガニ　　イ　ハクビシン　　ウ　ヤンバルクイナ　　エ　ナナフシ

問５　次の文章を読み、以下の問いに答えなさい。

自修館中等教育学校では校舎内に淡水魚や水草などのアクアリウムを展示しています。アクアリウムは通常、ろ過《か》装置を用いていますが、水換えを定期的に行わなくては飼育環境の維持《いじ》ができません。水換えなどのメンテナンスをきちんと行えば水槽《すいそう》内の環境はある程度保たれて、観賞用としてのアクアリウムが成立します。

(1)　下線部において、水槽内のろ過装置の役割として正しくないものを、次のア～エから一つ選び、記号で答えなさい。

ア　水の流れをつくって魚などの生き物に酸素を供給しています。
イ　ろ過装置内に魚のふんなどのごみを集めています。
ウ　水の流れをつくって動物に有害な二酸化炭素を分解しています。
エ　ろ過装置内においてろ過バクテリアとよばれる微生物《びせいぶつ》のはたらきによって、水槽内の生物に有害な物質を化学変化させ、無毒《むどく》化あるいは弱毒《じゃくどく》化しています。

(2)　あるガラス水槽でアクアリウムをきれいに保つために、週に１回程度、水槽の水の半分ぐらいの水換えを行って、ガラス面の掃除をしていたとします。このメンテナンスを３週間ほどおこたってしまったとして、水槽内に起こると考えられるものはどれですか。もっとも適当なものを次のア～エから一つ選び、記号で答えなさい。ただし、水槽内の生物の餌となるものは人工飼料からのみとします。

ア　３週間ぐらいでは何も変わりません。
イ　魚に必要な水中の酸素がだんだんと足りなくなり、たくさんの魚が酸欠で死んでしまいます。
ウ　水槽内の水が10日を過ぎるとくさってしまい、魚などに病気が目立ってきます。
エ　水槽内の水質が少しずつ変化して、藻にとって栄養になる物質が増えます。そして、ガラス面を中心に、藻がたくさん生えてしまいます。

2　６つのビーカーに、それぞれ種類の違うＡ～Ｆの水溶液が入っています。これらの水溶液が何かを調べるために、以下の実験１～３を行いました。この実験結果をもとに、以下の各問いに答えなさい。ただし、水溶液は塩酸、食塩水、炭酸水、石灰水、アンモニア水、アルコール水溶液、水酸化ナトリウム水溶液のうちのどれかです。

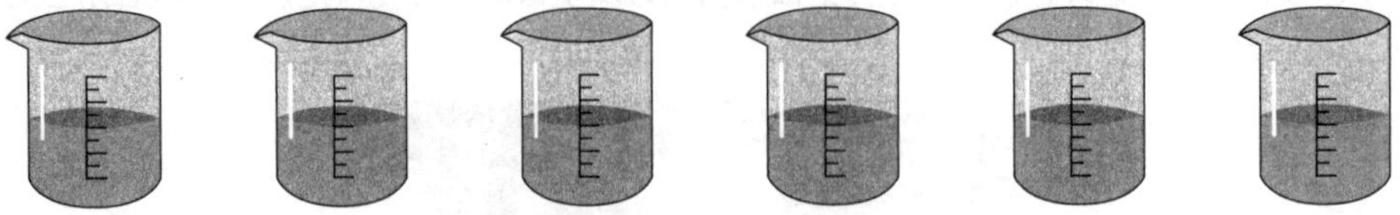

A　B　C　D　E　F

実験１　加熱をして水を蒸発させると、Ａ、Ｂ、Ｄは何も残らなかった。

実験２　ＢとＣを混ぜると白くにごった。

実験３　ＤとＥを一定の割合で混ぜるとＦと同じ水溶液になった。

問１　Ａ～Ｆの水溶液の名称を、それぞれ答えなさい。
ただし、上の実験だけではわからない水溶液には、解答欄に×印をつけなさい。

問２　上の実験だけではわからない水溶液を決定するにはどのような実験を行えばよいか、簡単に説明しなさい。

問３　実験２の白くにごった水溶液をろ過して、液体と固体に分けました。
正しいろ過の方法はどれか、下のア～オから一つ選び、記号で答えなさい。

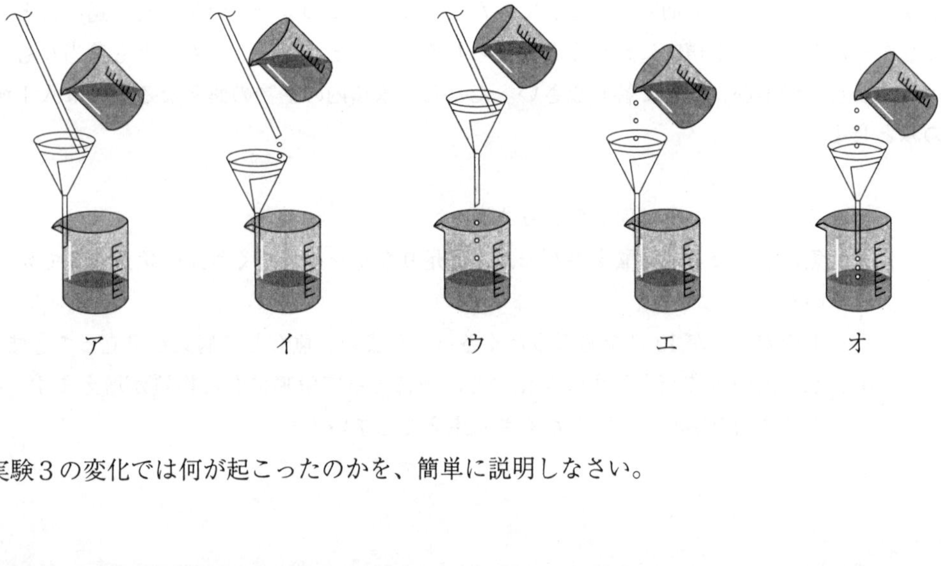

ア　イ　ウ　エ　オ

問４　実験３の変化では何が起こったのかを、簡単に説明しなさい。

3 図のように振《ふ》り子の長さを変え、振り子がある時間で往復《おうふく》する回数を調べ、表にまとめました。

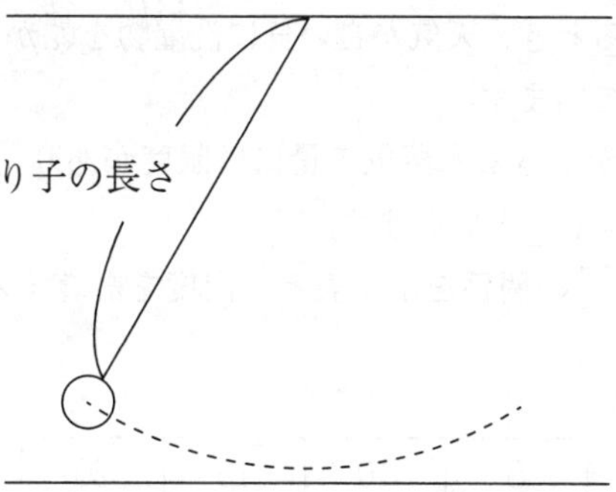

図

表

時間（秒）＼長さ（cm）	50	100	150	200
15	$10\frac{1}{2}$	$7\frac{1}{2}$	$6\frac{3}{17}$	$5\frac{1}{4}$
30	21	15	$12\frac{6}{17}$	$10\frac{1}{2}$
45	$31\frac{1}{2}$	$22\frac{1}{2}$	$18\frac{9}{17}$	$15\frac{3}{4}$
60	42	30	$24\frac{12}{17}$	21
80	ア	イ	ウ	エ

問１　表のア～エに当てはまる数値を答えなさい。

問２　振り子の長さが450cmのとき、30秒間に往復する回数を求めなさい。

問３　振り子の長さが18mのとき、１回往復するのにかかる時間を求めなさい。

4 湿度《しつど》とは、空気中に含まれている水蒸気《すいじょうき》の割合のことです。私たちは、温度だけでなく湿度の高さによっても暑さや寒さの感じかたが違います。身近なところでは、空に雲ができるときや、寒い日に窓ガラスがくもるとき、天気が良い日に洗濯物《せんたくもの》を乾《かわ》かしたりするときなどにおいて、温度と湿度が大きく関係しています。

また、空気が含むことができる水蒸気の量には限度があり、空気1 m^3 が含むことができる水蒸気量（g）の最大値を[A]といいます。

下の気温（℃）と[A]の関係を示す表と、湿度を計算する式を用いて、以下の各問いに答えなさい。

温度（℃）	0	5	10	15	20	25	30	35	40
[A]（g）	4.9	6.8	9.4	12.8	17.3	23.1	30.4	39.6	51.1

$$\text{湿度}\ [\%] = \frac{\text{空気中 } 1\text{m}^3 \text{ に含まれている水蒸気の量 [g]}}{\text{その温度での } \boxed{\text{A}} \text{ [g]}} \times 100$$

問1　[A]に当てはまる語句を答えなさい。

問2　下線部と同じ理由で起こる現象を、下のア～エから一つ選び、記号で答えなさい。

ア　はげしい大雨で、家の外が真っ白になった。
イ　氷を出しっぱなしにしていたら、水になっていた。
ウ　暑い日に運動したら、汗でびしょびしょになった。
エ　冷たいペットボトルを持ち歩いたら、ペットボトルに水滴がついた。

問3　30℃の空気1 m^3 に30gの水蒸気が含まれているとき、10℃まで温度を下げると何gの水滴が出てくるか答えなさい。答えは小数点第1位まで求めなさい。

問4　25℃の空気1 m^3 に7.6gの水蒸気が含まれているとき、湿度は何％か答えなさい。答えは小数点第1位を四捨五入して、整数で答えなさい。

問5　雨の日に洗濯物が乾きにくいのはなぜか、「湿度」という言葉を用いて、簡単に説明しなさい。

5 下の会話文を読んで、次の問いに答えなさい。

母「前から少しずつおこづかいをためていたようだけれど、何かほしいの？」
カンタ「音楽を聞くためのイヤホンが欲しいのだけれど、たくさんあって何が良いかわからなくて。」
母「たしかにたくさん種類がありすぎてわからないね。お父さんはわかる？」
父「ワイヤレスとか、ノイズキャンセリングとか、性能によって値段もかなり違うみたいだね。」
カンタ「ワイヤレスはわかるけど、ノイズキャンセリングって？」
父「外からの雑音を打ち消すしくみだよ。外からの音と反対の音を出すことによって、その音を打ち消すことができるんだ。」
カンタ「そんなことができるの？すごい技術だね！」
父「音はむずかしい技術かもしれないけれど、反対の力や性質が打ち消し合う例はよくあるよ。」
カンタ「音以外にも反対の力や性質のものがあるということ？」
父「反対の力がはたらいて、つり合っているものや、打ち消し合うような現象は、他にも身の回りにたくさんあるよ。」
カンタ「反対の力か…。他に何があるか、探してみようかな！」
母「…イヤホンを探すはずじゃなかったの？」

問　この会話の内容のように身の回りには「反対の力」や「反対のはたらき」、「反対の性質」などがあり、それらが関わったり、つり合ったり、打ち消し合ったりすることがあります。他にどんなものがあるか例を挙げて、説明しなさい。解答は、①に反対となるものの例（名称など）を書き、②でその説明をしなさい。

問9　――線⑦「カミングアウトは、～壊してしまう」とありますが、これはどういうことですか。その説明として最も適当なものを次の中から1つ選び、記号で答えなさい。

ア　カミングアウトは相手に理解してもらうという長所はあるが、相手を選ばないと残念な反応で終わってしまうということ。

イ　カミングアウトは自分が相手を理解するための最善の方法であり、積極的に行うことが望ましいということ。

ウ　カミングアウトは自分が「弱い存在」であることを自覚するきっかけとなるため、慎重にした方がよいということ。

エ　カミングアウトは自分が相手に理解してもらうためだけでなく、自分が相手を理解するきっかけにもなるということ。

五

世の中にはたくさんの言葉がありますが、いつも自分の身近に置いておきたい大切な言葉を「座右《ざゆう》の銘《めい》」といいます。自分を励《はげ》ましたり、戒《いまし》めたり、自分の目標を思い出させてくれたりと、座右の銘にも様々な役割があります。

あなたが座右の銘とする（あるいは座右の銘としたい）四字熟語を1つとりあげ、次の条件に従《したが》って文章を書きなさい。

条件

・書き出しを「私の座右の銘は○○○○です。」とすること。
・選んだ四字熟語の意味を答えること。
・その四字熟語を選んだ理由が分かるように書くこと。
・3文以上で書くこと。

エ　日本の学校では「人に迷惑をかけてはいけない」「周囲と仲良くする」というルールが重要視され、人と少しでも違う考えを持とうとすると周りから白い目で見られ、息苦しくなってしまうということ。

問3　[A] に当てはまる言葉として最も適当なものを次の中から1つ選び、記号で答えなさい。

ア　親友　　イ　多数派　　ウ　自由　　エ　元気

問4　――線③「いつか、～ほしいところです」とありますが、このように考える筆者は今の社会をどのように見ていますか。それが説明された一続きの2文を探し、最初の5字を答えなさい。

問5　――線④「カミングアウトする」とありますが、「カミングアウト」がもたらす良い面が説明された部分を「こと」に続くように本文から35字以内で抜《ぬ》き出し、最初と最後の5字を答えなさい。

問6　――線⑤「だれかからカミングアウトされたら、どのような反応をしたらよいですか?」とありますが、「友人」からカミングアウトされたらどうすることが最も大切ですか。それが説明された部分を本文から10字で抜き出しなさい。

問7　[B] に当てはまる言葉として最も適当なものを次の中から1つ選び、記号で答えなさい。

ア　教科書的な　　イ　ユニークな　　ウ　つまらない　　エ　友達らしい

問8　――線⑥「彼女自身、～教えてくれた」とありますが、この彼女のように自分の秘密を筆者に教えてくれる友人の考えを、筆者はどのように推測していますか。それが説明された部分を「…という考え」に続くよう30字で抜き出し、最初と最後の5字を答えなさい。

んだと、そのとき腑《ふ》に落ちたのです。

ある相談をしているときに「実はね」と自分の人生相談をはじめるカウンセラーはいません。それができるのは友達だけです。「理解される」の向こう側を見せてくれる友達もいます。

こうやっていい話を書いていると「カミングアウトはいいものだ」と勧《すす》めているみたいですが、実際には友達は気まぐれでマイペースなので、残念な反応が返ってくる場合もやっぱりあります。あえて「どちらがいい」と言わないモンモンとした終わり方で、この話を締《し》めくくりましょう。

（遠藤まめた『みんな自分らしくいるためのはじめてのLGBT』より）

＊1　カミングアウト…人に知られていない自分の秘密を誰かに打ち明けること。
＊2　コンプレックス…悩み。
＊3　セクシュアル・マイノリティ…性的少数者。「マイノリティ」は「少数者・少数派」という意味。
＊4　アウティング…本人の同意がないのにその人の秘密を他人に勝手に話すこと。

問1　――線①「その友人を救ったのはYouTubeでした」とありますが、それはなぜですか。説明しなさい。なお解答に「YouTube」という語を使う場合は「ユーチューブ」と表記すること。

問2　――線②「自分ひとりではなかなか自由になれない生き物」とありますが、筆者はここからどのようなことを言おうとしていますか。その説明として最も適当なものを次の中から1つ選び、記号で答えなさい。

ア　美しさの価値観は時代が変わるにつれてどんどん変化しており、これまではやせた体型のモデルが重宝されていたのが、今では「プラスサイズモデル」の方がモデルとして人気があるということ。

イ　人は、ともすると「こうしなくてはならない」との価値観に縛られてしまうが、その価値観とは違う考えを持った他者に出会うことで、初めて自分の固定観念から自由になることができるということ。

ウ　日本の高校生が諸外国の高校生に比べて自己肯定感が低いのは、物質が豊かすぎることでかえって人とのつながりが薄れてしまい、孤独《こどく》感を抱える人が多いことが原因にあるということ。

[*4]アウティングはやめましょう。相手の話を否定するのはやめましょう。できれば一緒に勉強しましょう。気をつけるのはそれぐらいでよいのかもしれません。

友達の場合「自分なりに考えること」が、いちばん大事ではないかと思います。

個人的なことになりますが、私の経験をもう少しお話ししてみましょう。

私の場合にはカミングアウトしてから、友人から相談されることが増えました。

「まわりの人には言えないことでもこいつならわかってくれるだろう」と考えて、トランスジェンダーの私にだけ秘密を教えてくれる友人たちが出てきたのです。

これはカミングアウトをはじめたときには想定していなかったことでした。

当初はカミングアウトすることによって「重たいやつだと思われたらどうしよう」とか「自分は面倒《めんどう》をかけているんじゃないかな」と心配していました。変人が多い学校だったので、変わっていること自体は「かわいい」「面白い」みたいな褒《ほ》め言葉だったのですが「変わっていて重たい」だと、なかなか厳しいのではないかと当初は思っていたのです。

ところが、意外に人それぞれに事情があることがわかりました。

大学に進学した後、たまたま通学中の電車で、高校時代の同級生と一緒になったことがありました。「高校時代にトランスジェンダーの友人がいた」と私のことを話したところ、新しく大学で一緒になった友達から「実はね」と、ある秘密を打ち明けられたのだと彼女は教えてくれました。

「やっぱり遠藤のパワーはすごいなあ」。

ひさしぶりに会った彼女は、うれしそうに話してくれました。

そんな彼女を見て、私もうれしくなりました。⑥彼女自身、私がカミングアウトをした後に「実はね」と、他の友人には話したことのない秘密を教えてくれた人でもありました。

このとき、私はようやく、自分が「理解される側」からずっと降りたかったのだ、ということに気がつきました。

わかってもらう側の存在。弱い存在。支えてもらわなくてはいけない存在。「話してくれてありがとう」と定型文で言われる存在。そのように自分のことを捉《とら》えているかぎり、カミングアウトという行為《こうい》を好きになることは難しそうでした。

でも、実際には私がトランスジェンダーであると伝えることは、打ち明けた人が自分のことを語りはじめたり、その人から「ねえ聞いて」と言われることだったりと、もっと複雑でした。⑦カミングアウトは、理解する側と理解される側という、ありきたりの図式も壊《こわ》してしまうようなことな

思います。そうせざるをえない場面は実際にあります。

いっぽう、カミングアウトすることで自分にとって安全な場を作ったり、まわりの力をうまく使えるようになる場合もあります。

同性が好きであることを何人かに話しておけば、失恋をしたり、そのことで悩んで気分が落ち込んだときにも励《はげ》ましてもらえます。トランスジェンダーであることを話しておけば、みんなで温泉旅行にいく話でもりあがっているときにも、ひとりで入浴できるように仲間が気をまわしてくれるかもしれません。

私はトランスジェンダーですが、高校時代に友人にカミングアウトしたことで、ずいぶんまわりに助けられました。まわりに本当のことを言えるのは一人で抱《かか》え込むよりずっと楽でしたし、制服のスカートに悩んでいたとき、ズボンで過ごせないか一緒《いっしょ》に考えてくれる同級生にも出会えました。

相手やタイミングを選べば、カミングアウトは日々を生きやすくするための良い方法になります。自分がこれまで秘密にしていたことを打ち明けるとしたら、どんな相手を選んだらいいのか。あるいは、友達に秘密を打ち明ける意味は、実際のところどのようなものなのか。ここからは「カミングアウトする場合」のことを考えてみましょう。

（中略）

「⑤だれかからカミングアウトされたら、どのような反応をしたらよいですか？」

さまざまな本に、このような問いと、模範《もはん》的な回答が載《の》っています。私自身も、学校などで多様な性に関するお話をしていると、このような質問を受けます。

「話してくれてありがとう、と言う」。

「何か困っていることはあるの、と聞いてみる」。

「わからないことがあるから、一緒に考えてもいいかな、と伝えてみる」。

スマートな返し方としては、このようなものがあるでしょう。［B］回答です。

でも、勝手に自分の留学プランの話をはじめたり、かなり微妙《びみょう》なタイミングで「いい話」をはじめたりするのも「友達ってこういうものだよな」とも思うのです。

友達は、会社の上司でも、学校の先生でも、カウンセラーでもありません。対等で、ちょっとおかしいところがあるから、友達はかけがえのない存在なのです。

様子を見て、はじめて「やせなくていいんだ」「このままでいいんだ」と思う女性たちが増えました。

知らず知らずのうちに刷り込まれてしまう「こうしなくてはいけない」、「自分は変わらなくてはいけない」という呪《のろ》いは、他の価値観でのびのびと生きている他人に出会ってはじめて、解除《かいじょ》できるようになります。むしろ、他の人に出会うまで、自分が「こうしなくてはいけない」と思い込まされていたことにさえ気がつかないことも少なくありません。

文部科学省の調査によれば、日本の高校生は自己肯定感が低く、「自分はダメな人間だと考えることがある」と答える人が諸《しょ》外国よりもずいぶん多いようです。物質的にはこれだけ豊かでありながら、そう考えてしまう若者が多いのは、本人のせいではなくて「　A　になるためのつながり」が少ないからではないかと私は考えています。

ほとんどの子どもたちが、学校と家の往復ばかりの毎日を送っています。日本の学校は「まわりに迷惑《めいわく》をかけてはいけません」、「みんなと仲良くしましょう」など、多数派が決めたルールに従うことばかりが求められます。そんな環境《かんきょう》に浸《つ》かっていると、*3セクシュアル・マイノリティのように「〜マイノリティ」という名前がつかない子どもたちだって、だれだってだんだん元気を無くしてしまいます。

自分のことを好きになったり、自由になったりするためには、家族や親友といった強いつながりだけでなく、弱いつながりをたくさん持って「世の中には本当にいろいろな人がいるんだな」、「思った以上にみんな自由に生きられているんだな」と実感できる機会が必要です。

（中略）

異性愛の人は、わざわざ異性が好きだとカミングアウトしなくても「好きなタイプ」の話をしたり「夫が／妻が風邪《かぜ》をひいてしまって」なんて会話ができます。同じように同性を好きになる人たちが、なんの気兼《きが》ねもなく好きなタイプやパートナーの話がのびのびとできる社会だったら、そもそもカミングアウトなんて言葉はいらなくなるでしょう。

③いつか、同性を好きになることが、関西人と付き合っていることと同じくらいの軽さで受け止められる社会になってほしいところです。関西人と付き合っていることに対して、おかしいとか「種の保存に反している」とか、「思春期の気の迷い」だと考える人はいません。せいぜいタコ焼きパーティーを家でやるのかどうか尋《たず》ねられるぐらいでしょう。

現状では、同性を好きになる人に対して、日常的にからかったり笑いのネタにしたりするコミュニケーションがまだまだ多くみられます。友達を信用したいのに、不安になるだけの材料もそろっています。このような環境で、④カミングアウトすることを選んだとしても、しないことを選んだとしても、不利な状況《じょうきょう》におかれているマイノリティの人が、自分の選択《せんたく》について責められる筋合いはありません。

「好きな人はいるの?」と聞かれて、好きでもない芸能人の名前をあげるしかなかったとしても、どうかそのことで自分を責めないでほしいなと

四 次の文章の筆者は、トランスジェンダー当事者としてＬＧＢＴの子どもや若者支援《しえん》に関わっています。ＬＧＢＴとは性的少数者を表す用語で、レズビアン（女性の同性愛者）、ゲイ（男性の同性愛者）、バイセクシュアル（両性愛者）、トランスジェンダー（出生時の性別とは異なるジェンダー・アイデンティティを持つ人）という四つの言葉の頭文字を並べた略称《りゃくしょう》です。読んで後の各問いに答えなさい。

私の友人に、高校時代に自分がゲイかもしれないと気がついた時に、とても苦しんだ人がいます。だれにも悩《なや》みを言えず、自分と同じような人がいったいどこにいるのかも見当がつきません。

小さな頃から「オカマ」という言葉はいつもだれかをバカにするために使われていました。ほかでもない自分がそうやって笑われる存在なんだと認めることは、あまりにショックで、この先どうやって生きていけばいいのか、生まれてこなければよかった、とさえ思ったと話していました。

①その友人を救ったのはYouTube《ユーチューブ》でした。悩んでいたある日、YouTubeで「coming out（カミングアウト）」*1と検索《けんさく》してみたところ、たくさんの当事者が自分のことを話している動画がヒットしました。その頃《ころ》、日本語でＬＧＢＴについて話しているYouTuber《ユーチューバー》はほとんどいませんでしたが、英語が得意だった彼は、英語で「gay（ゲイ）」「coming out（カミングアウト）」と打ち込《こ》み、こうして世界中に自分と同じような人がいることに気がついたのです。

それから友人は毎日、取り憑《つ》かれたようにYouTubeの動画を何千本と見ました。ボーイフレンドを紹介する動画。家族と楽しそうにしている動画。

「場所が変わったらこんなに楽しそうで、笑われていないんだ」と思って、友人はだんだんと自分を肯定《こうてい》的に思えるようになりました。世界中の人とつながれるYouTubeでの出会いは、彼を自由にするためにはとても大切なものでした。

この本を書いている二〇二一年の時点では、日本語でＬＧＢＴについて語るYouTuberも増えてきました。その後、彼自身も自分のYouTubeチャンネルを開設し、自身もチャンネルの中でカミングアウトを行いました。

私たちは、②自分ひとりではなかなか自由になれない生き物のようです。

現在、欧米圏《おうべいけん》を中心にファッションショーや広告、ＳＮＳなどでは様々な体型のモデルが登場することが増えてきています。これまでやせ体型のモデルが重用されてきたことによって、多くの女性が自分の体にコンプレックス*2を抱《いだ》き「やせなきゃいけない」と思いこまされてきました。その弊害《へいがい》が指摘《してき》され「美しさにもいろいろある」というメッセージを打ち出すようにファッション業界の常識が変わりつつあるのです。ぽっちゃりした体型の女性が「プラスサイズモデル」としてモデルに起用され、彼女たちが体型に合ったかわいいファッションで、自信満々で楽しそうにしている

問7　——線⑥「何かを探している、何かを探しているのだ」とありますが、この表現から伝わる筆者の心情として最も適当なものを次の中から1つ選び、記号で答えなさい。

ア　同じ言い回しを二回用いることで、予想通りの結果にほっとした気持ちを表現している。
イ　繰り返しと断定的な言い方で、小学生の行動の意図を理解した興奮を表現している。
ウ　観察していた小学生があせっていることに気づき、あきれた気持ちになったことを表現している。
エ　小学生の心の中の言葉を述べることで、その小学生の行為のかわいらしさを表現している。

問8　[X] に当てはまる四字熟語として最も適当なものを次の中から1つ選び、記号で答えなさい。

ア　一期一会　　イ　一石二鳥　　ウ　一朝一夕　　エ　一長一短

問9　——線⑦「『たしかに……』という境地」と同じ意味を表す部分を本文中から4字で抜き出しなさい。

問10　——線⑧「その気持ち」とはどのような気持ちですか。筆者の状況《きょう》と「その小学生」とを比較しながら述べなさい。

問1　――線①「小さな小学生」とありますが、筆者がこの小学生に対して持った最初の印象としてふさわしくないものを、次の中から1つ選び、記号で答えなさい。

ア　荷物を放ったままにしていることをほほえましく感じている。

イ　スマートフォンを使っている他の乗客よりも良い印象を持っている。

ウ　小学生が熱心に本を読んでいるので、その本の内容が気になっている。

エ　にらめつけるようにして本を読み続ける姿が気になっている。

問2　――線②「お店を広げ」とありますが、「お店を広げる」は本文中ではどのような意味で用いられていますか。同じ意味を表す部分をこれより後の部分から7字で抜き出して答えなさい。

問3　[A]～[C]に当てはまる言葉として最も適当なものを次の中からそれぞれ選び、記号で答えなさい。

ア　ますます　　イ　まさか　　ウ　どうやら　　エ　たとえば　　オ　およそ

問4　――線③「好感」とありますが、筆者は最終的にこの小学生に対してもう1つの感情を持ったことを明らかにしています。それはどのような感情ですか。本文中から4字で抜き出して答えなさい。

問5　――線④「自分の手帳を鞄から取りだし、その日のそれからの予定を確認することにした」とありますが、これは筆者が自身の日常をどのようにとらえているからですか。それを述べた部分を本文の▼印より後から、21字の1文で探し、はじめの5字を書きなさい。

問6　――線⑤「ぴたりと動かなくなった」とあるが、筆者はその理由をどのように考えていますか。筆者の予想を本文中から「…から」に続くように17字で抜き出して答えなさい。

そうもないのである。やはり、最初の1行から紐《ひも》解かないと無理なのであろうか。紐を必死で手繰《たぐ》るように読み進んだあかつきの、あの『たしかに……』なのであろう。

そして、その⑦「たしかに……」という境地が安直に得られないということが分かった私は、同時に、自分の中に、ある感情が横たわっていたことに気付いてしまった。いや、薄々感じてはいたのだが、正直言うと、気付きたくはなかったのかもしれない。そして、この「たしかに……」さえ手に入れれば、それは知らなかったものとして済ませられるのではないかという妙な期待もあった。

では、その知りたくなかったという感情とはどういうものであろうか。

▼

私は、ドリトル先生の本が特定できなかった時、まず、自分の態度に「たしかに……」を享受《きょうじゅ》する資格がないことを思い知らされた。それは熱中の賜《たまもの》であったのである。それだけを見つけて楽しもうなんて虫のいい話である。そしてその時、私は、あの小学生に軽い嫉妬《しっと》のようなものを覚えていたのにも気付いたのであった。嫉妬と言う言葉が激《はげ》しすぎるとしたら、羨《うらや》ましい気持ちと言ってもいいかもしれない。では、その羨ましさとは何か。そして、それはどこから来ているのか。

私は、あの日、地下鉄に乗った時、いつものように移動時間を有効に使おうと、座るやいなや手帳を開いて今日の予定を確認した。そこには、いつものように出席すべき会議が列挙されていた。その確認作業が終われば、コンピュータを開いて、来ているメールを確かめるつもりであった。返事を求めるメールがたくさん来ているはずだ。そして、一本でも出せば、義務は減《へ》る。私は忙しい、私の時間は埋め尽《つ》くされている。そんな時、聞こえてきたのだった、あの言葉が。「たしかに……」

人間にとって、時間は自由にならない。時間は誰に対しても平等に過ぎていく。だからこそ、時間を無駄《むだ》にせず、有効に使わなくてはならない。私が電車での移動時間に手帳を開いたのも、コンピュータを開こうとしていたのも、そのためである。しかし、その時、隣に熱中がいたのである。その小さな熱中は流れゆく時間も存在している空間もなく、ただただ熱中していた。時間は誰に対しても平等に過ぎてはいなかったのである。私は、その小学生に羨ましさを感じてしまった。その羨ましさとはどこに向かったものだったのか。

小学生がふんだんに持っている時間に対してか、それとも、あの熱中の仕方にか。答えは分かっている。しかも、⑧その気持ちが、あの電車で半ズボン姿の小学生の隣に座った時から始まっていたことも分かっているのである。

（佐藤雅彦「たしかに……」より）

時々、手を止め拾い読みしたかと思うと、また勢いよくめくりだす。⑥何かを探している、何かを探しているのだ、私にはそう思えた。そして遂《つい》に、ある箇所《かしょ》を探り当てると、じいっと読み出した。緊迫《きんぱく》が隣の私にも伝わってきた。そして、それまで何も発していなかったその小学生が一言つぶやいた。

「たしかに……」

私は、吹《ふ》き出しそうになった。

何が〝たしかに〟なんだよ!? 何を納得したんだよ、君は!? そこまで入り込んでるわけ!?

想像するに、最初にぴたっと止まったページには、彼が驚くような出来事が書いてあったのであろう。例えば、物語の主人公が、見事な推理《すいり》をしてある問題を解決した、とか。そして、その小学生は、その推理の元となった叙述《じょじゅつ》を再確認するために、数十ページ前まで慌《あわ》てて遡《さかのぼ》ったのである。そして、あらためて読み直すと、そこにはある事実が隠《かく》れていたのを発見したのだった。そこで思わず、彼の口から、「たしかに……」。

そして私は、この小さな小学生に、[B]似つかわしくない「たしかに」という言葉遣《づか》いに思わず吹き出しそうになった……。

私は、[C]、その本のタイトルを知りたくなった。大人気ないが、私もその本を読んで、その箇所で「たしかに……」ってなりたくなったのである。

急に、その子が立ち上がった。降りる駅が来たのである。私の目は必死に、閉じつつあるその本を追い続けた。ここで逃すとそのチャンスは永遠にない。一瞬、タイトルの一部が見えた。かろうじて一部が見えたのである。そこには『ドリトル先生なんとかかんとか』と書かれていたのだった。

数日後、私は事務所の近くの図書館の児童文学の棚《たな》の前にいた。もちろん、あの小学生の持っていた本を見つけに来たのである。あの小学生のように「たしかに……」ってなりたくて来たのである。でも、困《こま》ってしまった。『ドリトル先生なんとかかんとか』は12冊《さつ》もあったのである。試しにその中から『ドリトル先生月から帰る』というタイトルを手にした。しかし、目次を見ただけでは、この本のどこで手がぴたっと止まり、どこであの「たしかに……」が生まれるのか、皆目《かいもく》見当がつかない。『ドリトル先生と秘密の湖』という「たしかに……」が生まれそうなタイトルも開けてみた。しかし、拾い読みでは分かりようがなかった。私は全12巻を前に途方に暮れた。「たしかに……」は[X]では手に入り

三　次の文章をよく読み、後の各問いに答えなさい。（句読点も1字とする。）

自宅の最寄り駅から地下鉄に乗り込むと、電車の座席は微妙《びみょう》な空き具合であった。

寒い時期ということもあり、着膨《ぶく》れた乗客がみんな左右に余裕《よゆう》を取って座っている。結果、混んではいないが、座るには勇気のいる車両になっていた。やむを得ず、ドアの脇《わき》で立ちん坊《ぼう》を決め込《こ》んだ。帰宅で混み合う時間帯には、まだまだ早い午後2時頃の有楽町線のことである。

ふと目の先に、ランドセルを背負ったまま本に夢中になって座っている①小さな小学生がいるのに気が付いた。背格好《せかっこう》からして、まだまだ低学年だということが分かった。絵本ではなく、字のやや多い本を読んでいるように見えたので、小学校の二年生くらいであろうか。半ズボン姿のその小さな男の子は、自分が座っている席の左側に、紺《こん》色の上履《うわば》き袋《ぶくろ》や工作で作ったような紙の箱を投げ出している。本に熱中するあまり、②お店を広げていることも忘れているのである。

私は、その子の前に立った。すると目の前に立たれたことに気が付いたその子は、私の方をじっと見上げた。そしてめんどくさそうに荷物を自分の膝《ひざ》の上におもむろに置いた。

『電車の中で、他のお客さんの迷惑になるようなことは駄目《だめ》だよ』

そんな目だけの会話が、［　A　］通じたようだった。私が腰掛《こしか》けると、その小学生は、もうすでに本に戻《もど》っていた。一心不乱に図書館のシールが貼《は》ってあるハードカバーに顔を埋《う》めていた。他の乗客のほとんどがスマートフォンに指を置き、小刻みに滑《すべ》らせているのに対して、なぜか、その姿は③好感が持てた。荷物を投げ出すような公共マナーに反した行為を差し引いても、おつりが来るほどだったのである。

何を読んでいるのだろうと好奇心がむくむくと湧《わ》いたが、残念ながら角度的に表紙のタイトルを読むのは無理であった。その熱中度から、探偵《たんてい》ものとかではないかと推測した。私はタイトルの探索《たんさく》は諦《あきら》め、④自分の手帳を鞄《かばん》から取りだし、その日のそれからの予定を確認することにした。

2、3駅が過ぎ、手帳をしまって隣《となり》を見ると、相変わらずその半ズボンは本をにらめつけるように読んでいる。そして時折、ページをめくり、しばらくすると、また次のページをめくっていた。その様子を見るともなくぼんやり見ていると、ある瞬間《しゅんかん》、あるページのある行で目が止まったように思えた。それまでゆっくりと顔を回転させ行を追っていたのが、⑤ぴたりと動かなくなったのである。当然ページめくりの手も動かない。じっと同じ行を読み返しているように思えた。

すると突然《とつぜん》、今度は、ページを今まで読んできた方に向かって、勢いよく逆にめくりだしたのである。一体何が起こったのだ。逆に戻りながら、

二〇二二年度
自修館中等教育学校

【国語】〈A－1日程試験〉（五〇分）〈満点：一〇〇点〉

一

次の――線部のカタカナは漢字に改め、漢字はその読み方をひらがなで答えなさい。

① つばめがスイチョクに降下した。

② カイガンに流れ着いた。

③ カイダンをおりる。

④ 毎月、少しずつヨキンする。

⑤ 多少のまちがいはキョヨウする。

⑥ 足のハヤさには自信がある。

⑦ 病気がナオりました。

⑧ いろいろと口実をつくる。

⑨ よいものを後世に伝える。

⑩ 大臣の側近の人たち。

二

上の語句の類義語を（　）に漢字を1字当てはめて答えなさい。

① 限界＝限（　）

② 自然＝（　）然

③ 気質＝（　）質

④ 休憩《きゅうけい》＝休（　）

⑤ 応接＝応（　）

2022年度

自修館中等教育学校　▶解説と解答

算　数　＜A－1日程試験＞（50分）＜満点：100点＞

解　答

[1] (1)　16　(2)　$\frac{2}{3}$　(3)　12.9　(4)　16　(5)　72　[2] (1)　9163人　(2)　50分後　(3)　40度　(4)　$6.28cm^2$　(5)　$1632.8cm^3$　[3] (1)　400分　(2)　20％　(3)　10：9　(4)　**算数**…90分，**理科**…64分　[4] (1)　7秒後　(2)　$4\ cm^2$　(3)　$16.7cm^3$　(4)　$10.7\ cm^2$

解　説

[1] 四則計算，計算のくふう，逆算，約束記号，約数と倍数

(1)　$(45-28)\times 2-3\times 6=17\times 2-18=34-18=16$

(2)　$1\frac{1}{3}\div 0.75\times 1.25\div 3\frac{1}{3}=\frac{4}{3}\div\frac{3}{4}\times\frac{5}{4}\div\frac{10}{3}=\frac{4}{3}\times\frac{4}{3}\times\frac{5}{4}\times\frac{3}{10}=\frac{2}{3}$

(3)　$21.5-2.15\times 6+0.215\times 20=2.15\times 10-2.15\times 6+0.215\times 10\times 2=2.15\times 10-2.15\times 6+2.15\times 2=2.15\times(10-6+2)=2.15\times 6=12.9$

(4)　$(56-\square\times 1.5)\div 1.6=20$より，$56-\square\times 1.5=20\times 1.6=32$，$\square\times 1.5=56-32=24$　よって，$\square=24\div 1.5=16$

(5)　右の図1より，8と12の最小公倍数は，$4\times 2\times 3=24$なので，(8※12)※36＝24※36となる。また，右の図2より，24と36の最小公倍数は，$12\times 2\times 3=72$なので，24※36＝72となる。

図1

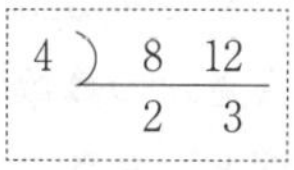

図2

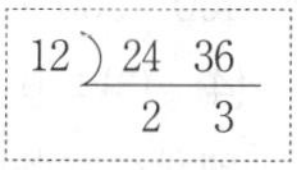

[2] 平均，和差算，旅人算，角度，面積，体積

(1)　金曜日，土曜日，日曜日の3日間の入場者数の合計は，$8950\times 3=26850$(人)である。金曜日，土曜日，日曜日それぞれの入場者数を線分図で表すと，右の図1のようになる。図1より，金曜日の入場者数は，$(26850+487+152)\div 3=9163$(人)と求めることができる。

図1

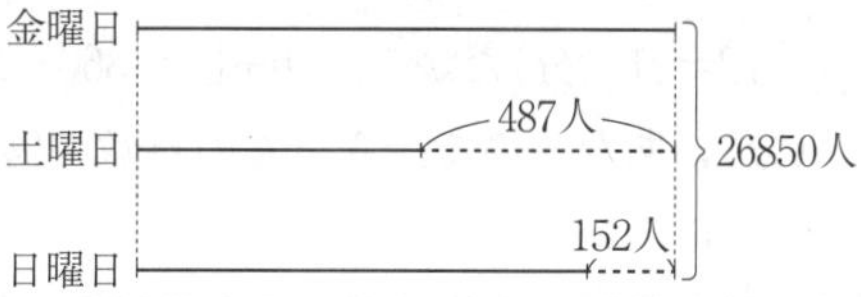

(2)　姉が家を出発するとき，妹は，$75\times 14=1050$(m)だけ先に進んでいるので，姉は出発してから，$1050\div(96-75)=50$(分後)に妹に追いつく。

(3)　下の図2で，三角形ABCの内角と外角の関係より，㋑の角度と30度の合計が115度だから，㋑の角度は，$115-30=85$(度)である。同様に，三角形CDEで㋒の角度と45度の合計が㋑の角度となるので，㋒の角度は，$85-45=40$(度)とわかる。よって，㋐の角度は㋒の角度と等しく40度となる。

(4)　下の図3のように，しゃ線部分のうち，三角形OCDを三角形OABに移動すると，太線で示したような，半径4 cm，中心角45度のおうぎ形になる。よって，しゃ線部分の面積は，$4\times 4\times 3.14\times\frac{45}{360}=2\times 3.14=6.28(cm^2)$と求められる。

(5)　1回転させると下の図4のような，円柱から円柱をくり抜《ぬ》いた形の立体ができる。この立体の体積は，(5＋4)×(5＋4)×3.14×8－4×4×3.14×8＝(81－16)×3.14×8＝65×3.14×8＝520×3.14＝1632.8(cm^3)である。

図2

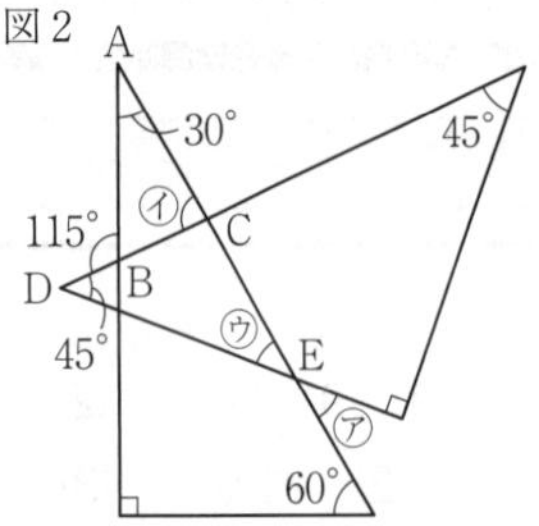

図3

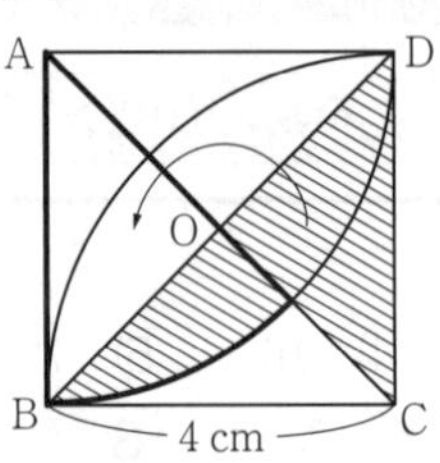

図4

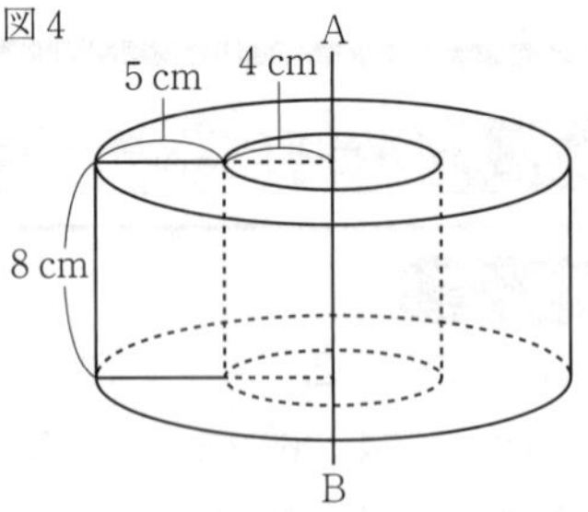

3 割合と比，表とグラフ

(1)　Aさんの社会の勉強時間は50分で，これはAさんの円グラフにおいて45度で表されているから，50分はAさんの勉強時間の合計の，$\frac{45}{360}=\frac{1}{8}$にあたる。よって，Aさんの勉強時間の合計は，$50\div\frac{1}{8}=400$(分)となる。

(2)　(1)と同じように考えると，Bさんの国語の勉強時間は52分で，これはBさんの円グラフにおいて52度で表されているから，Bさんの勉強時間の合計は，$52\div\frac{52}{360}=360$(分)である。Bさんの探究の勉強時間は72分だから，Bさんの勉強時間の合計の，72÷360×100＝20(％)にあたる。

(3)　2つのグラフの角㋐と角㋑が等しいので，Aさんの勉強時間における算数の割合と，Bさんの勉強時間における英語の割合が等しいことになる。つまり，Aさんの算数の勉強時間と，Bさんの英語の勉強時間の比は，Aさんの勉強時間の合計と，Bさんの勉強時間の合計の比と等しいので，400：360＝10：9である。

(4)　(3)より，Aさんの算数の勉強時間を⑩，Bさんの英語の勉強時間を⑨とする。また，Aさんの理科の勉強時間と，Bさんの社会の勉強時間が等しいことから，これをそれぞれ□分とする。このとき，Aさんの算数と理科を除いた勉強時間の合計は，72＋50＋71＋53＝246(分)だから，⑩＋□＝400－246＝154(分)となる。また，Bさんの社会と英語を除いた勉強時間の合計は，52＋48＋43＋72＝215(分)だから，⑨＋□＝360－215＝145(分)である。すると，⑩－⑨＝①が，154－145＝9(分)にあたるので，Aさんの算数の勉強時間は，9×10＝90(分)，理科の勉強時間は，154－90＝64(分)とわかる。

4 平面図形，立体図形—図形の移動，面積，体積

(1)　三角形Aが三角形Bを通り抜けたときの様子は，下の図1のようになる。三角形Aの頂点Pの動きに注目すると，頂点Pは，4＋2＋8＝14(cm)だけ移動しているので，図1のようになるのは，14÷2＝7(秒後)である。

図1

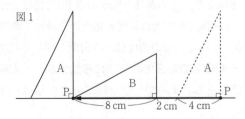

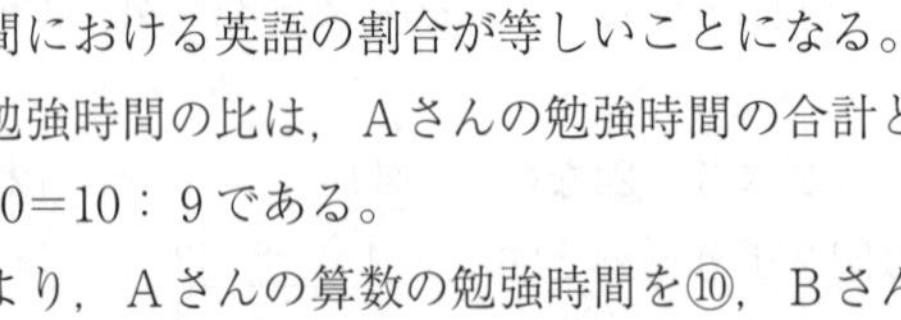

図2

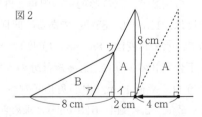

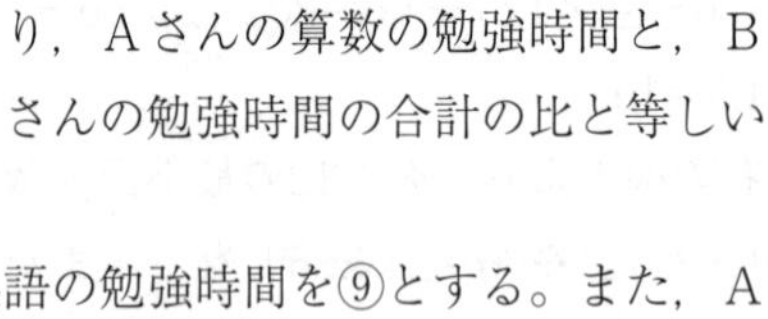

(2)　三角形Ａが動き出してから２秒間で，三角形Ａは，$2\times2=4$ (cm)進むので，２秒後の様子は，上の図２のようになる。図２で三角形Ａと三角形Ｂが重なった部分は，三角形アイウで，アイの長さは，$4-2=2$ (cm)である。また，三角形アイウと三角形Ａは相似で，底辺の長さを比べると，相似比は，２：４＝１：２だから，イウの長さは，$8\times\frac{1}{2}=4$ (cm)となる。よって，三角形Ａと三角形Ｂの重なった部分の面積は，$2\times4\div2=4$ (cm^2)である。

(3)　(2)の三角形アイウを，高さにあたるイウを軸《じく》として１回転すると，右の図３のような円すいができる。円すいの体積は，(底面積)×(高さ)÷３で求められるので，$2\times2\times3.14\times4\div3=16\times3.14\div3=50.24\div3=16.74\cdots$より，小数第２位を四捨五入すると16.7cm^{3}となる。

図３

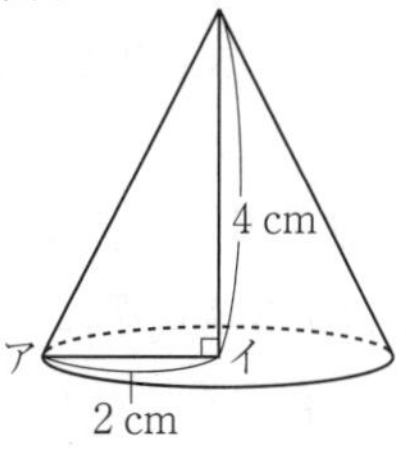

図４

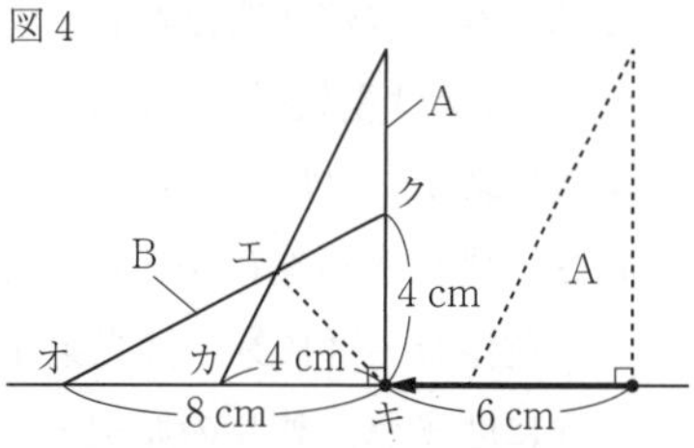

(4)　三角形Ａが動き出してから３秒間で，三角形Ａは，$2\times3=6$ (cm)進むので，３秒後の様子は，右上の図４のようになる。図４で三角形Ａと三角形Ｂが重なった部分は，四角形エカキクである。ここで，三角形Ａと三角形Ｂは合同だから，四角形エカキクは，エキを軸として線対称《たいしょう》な図形となっている。よって，三角形エカキと，三角形エキクの面積は等しい。また，三角形エオカと三角形エカキの面積の比は，オカ：カキ＝(８－４)：４＝１：１である。つまり，三角形エオカ，エカキ，エキクの面積は等しいから，四角形エカキクの面積は，三角形Ｂの面積の$\frac{2}{3}$とわかる。したがって，$8\times4\div2\times\frac{2}{3}=\frac{32}{3}=10.66\cdots$より，小数第２位を四捨五入すると，10.7cm^{2}と求められる。

社　会　＜Ａ－１日程試験＞（30分）＜満点：50点＞

解　答

1 **問1**　ウ　**問2**　東京都　**問3**　オ　**問4**　志摩　**問5**　(第)３(次)　**問6**　エ　**問7**　イ　**問8**　秋田県　**問9**　輪中　**問10**　イ　**2** **問1**　ウ　**問2**　イ　**問3**　ア　**問4**　イ　**問5**　(例)　外国人が海外から日本に銀を持ちこみ，割安な金と交換して持ち出すから。　**問6**　渋沢栄一　**問7**　イ　**3** **問1**　ア　**問2**　ア　**問3**　ウ　**問4**　イ　**問5**　ウ　**問6**　(例)　女性はスカートをはき，男性はパンツをはくものだという固定概念。

解　説

1　日本の地形や産業についての問題

問１，２　日本は，ユーラシア大陸の東に位置する弓なりの形をした島国で，東西と南北に約3000kmずつの長さがある。本州・北海道・九州・四国の４つの島と7000近くの島々からなり，最北端《さいほくたん》は北海道に属する択捉島，最東端は東京都に属する南鳥島(地図中のＡ)，最南端は東京都に属する沖ノ鳥島(地図中のＣ)，最西端は沖縄県に属する与那国島(地図中のＢ)である。

問３　山形県を流れる最上川，長野県・山梨県・静岡県を流れる富士川，熊本県を流れる球磨《くま》川を日本三大急流という。なお，利根川は流域面積が日本で最も大きい河川，信濃川は長野県・新潟県を流れる日本で最も長い河川である。

問４　志摩《しま》半島は三重県中東部に位置する半島で，南部の英虞湾《あごわん》や五ヶ所湾にはリアス海岸が発達している。リアス海岸は波が穏《おだ》やかなため養殖場をつくるのに適しており，志摩半島では明治時代に御木本幸吉《みきもとこうきち》が真珠の養殖を成功させて以来，真珠の養殖がさかんに行われている。三重県の真珠の収獲《しゅうかく》量は愛媛県・長崎県についで日本で３番目に多い。統計資料は『日本国勢図会』2021／22年版による。（以下，同じ。）

問５　農林水産業は第１次産業，鉱工業・建設業などは第２次産業，そのほかの商業・サービス業・運輸業・通信業・観光業などは第３次産業に分類される。（ｃ）が説明している沖縄県は，美しい海に囲まれ，独特の歴史と文化を有することから毎年多くの観光客が訪《おとず》れる。したがって，ホテルやレストラン・土産物店など観光業に従事する人口が多い。また，アメリカ軍用地の人々に向けた飲食店などで働く人も多いため，沖縄県の産業別人口は，東京都についで全国で２番目に第３次産業就業者の割合が高いという特徴《とくちょう》がある。

問６　夏は，太平洋を日本列島に沿うように北上する暖流の日本海流（黒潮）上空を南東の季節風が吹《ふ》き，あたたかく湿《しめ》った空気を日本列島に運んでくる。したがって，太平洋側の地域は夏に降水量が多くなる。一方，冬は北西の季節風が日本海を北上する暖流の対馬海流上空を通って日本列島に吹きつけるため，冬の日本海側は雪や雨の日が多くなる。

問７　三重県では，四日市市にある石油コンビナートから排出された硫黄《いおう》酸化物（二酸化硫黄，亜《あ》硫酸《りゅうさん》ガス）が原因となり，四日市ぜんそくが発生した。四日市ぜんそくは，メチル水銀（有機水銀）を原因とする水俣《みなまた》病と第二（新潟）水俣病，カドミウムを原因とするイタイイタイ病とともに，四大公害病に数えられる。なお，窒素《ちっそ》酸化物は自動車の排気ガスなどにふくまれている物質で，大気中で水にとけて酸性雨の原因になる。

問８　秋田県は東北地方の日本海側に位置しており，北で青森県と接している。秋田県と青森県の県境には，十和田湖やユネスコ（国連教育科学文化機関）の世界自然遺産登録地である白神山地，秋田県中東部には最大水深が423ｍあり，日本で最も深いことで知られる田沢湖がある。また，なまはげは秋田県北西部に位置する男鹿《おが》半島周辺に伝わる伝統行事，川連漆器《かわつらしっき》は県南東部の湯沢市で生まれた伝統（的）工芸品である。

問９　愛知県・岐阜県・三重県にまたがる濃尾平野南西部には，木曽三川とよばれる木曽川・長良川・揖斐《いび》川の３つの河川の河口が集まるため，洪水が発生しやすく，人々は昔から水害になやまされてきた。そこで，洪水の被害を防ぐためにこの地域では，住居や田畑を堤防で囲んだ輪中とよばれる集落が発達した。

問10　ア　資料２より，15歳～64歳の人口の割合は，1980年から1990年にかけて67.4％から69.7％に増加している。しかし，1990年以降は減少し，2019年には59.5％になっているので減少傾向にあることが読み取れる。　　イ　資料２より，全国にしめる三大都市50キロ圏《けん》の人口の割合を合計すると，1960年は，16.7＋10.9＋5.7＝33.3（％），2020年は，27.0＋13.1＋7.4＝47.5（％）で，1.5倍にもなっていない。　　ウ　資料３より，全国の47.5％の市町村が過疎地域に分類され，過疎地域の面積は全国の59.7％を占める。しかし，過疎地域の人口は8.6％で，全人口の９％にも満たない。

2 貨幣を題材にした各時代の歴史的なことがらについての問題

問1　奈良時代はききんや伝染病，貴族どうしの争いなどがあいついでいた。社会不安の多い時代に即位《そくい》した聖武天皇は，仏教の力で国を安らかに治めようと願い，国ごとに国分寺と国分尼《に》寺を建てるよう741年に命じた。また，743年には大仏づくりを命じ，都の東大寺に大仏をつくらせた。したがって，ウが正しい。なお，アは平安時代，イは室町時代について説明している。

問2　1333年に鎌倉幕府が滅《ほろ》ぼされ，1334年には後醍醐天皇による建武の新政が始まったので，鎌倉時代以前の武士のようすにあてはまる説明を選ぶとよい。鎌倉時代には２度にわたる元軍の襲《しゅう》来《らい》(元寇《げんこう》)があり，御家人はこれを撃退《げきたい》したが十分な恩賞を得られなかったため，幕府への不満をつのらせ，幕府と御家人の信頼《しんらい》関係がくずれた。したがって，イが適当。なお，アは将軍が武家諸法度を定めた江戸時代，ウは下剋上の風潮の中で戦国大名が天下統一を目指した戦国時代のようすを説明している。

問3　石見《いわみ》銀山は島根県中部にあった銀山で，戦国時代から本格的に開発が行われた。ここで採掘《さいくつ》された銀は南蛮《なんばん》貿易などを通じて世界にも伝わり，2007年には「石見銀山遺跡とその文化的景観」としてユネスコの世界文化遺産に登録された。なお，イは生野《いくの》銀山(兵庫県)，エは佐渡金山(新潟県)の位置を示している。

問4　資料より，改鋳《かいちゅう》によって差益金が入るようになったことがわかる。これは，幕府が金や銀の含有率《がんゆうりつ》を下げて貨幣《かへい》をたくさん発行したため，そのぶん多くのお金が幕府に入るようになったことを意味する。よって，イが誤っている。

問5　金と銀との交換《こうかん》比率が問題文にある条件の場合，たとえば外国から銀５を持ちこむと，日本で金１に交換できる。そして，この金１を外国に持っていけば，銀15と交換できる。このように，日本で銀を金にかえ，その金を外国に持っていって銀に交換するだけで銀が３倍になるため，日本から大量の金貨が外国に流出した。

問6　埼玉県深谷市の農家に生まれた渋沢《しぶさわ》栄一は，江戸幕府や明治政府で働いたのち，日本で最初の銀行である第一国立銀行の設立にたずさわるなど，実業家として活躍《かつやく》した。多くの会社の設立や経営にたずさわったことから「日本資本主義の父」ともよばれ，その功績から，2024年発行の新一万円紙幣《しへい》の肖像《しょうぞう》に採用されることになった。

問7　ア　初代内閣総理大臣は伊藤博文《ひろぶみ》であるが，民撰《みんせん》議院設立建白書は征韓論に敗れて下野した板垣退助らによって政府に提出された。　イ　1984年に発行された千円紙幣には，『吾輩《わがはい》は猫《ねこ》である』や『坊《ぼ》っちゃん』などの作品で知られる夏目漱石《そうせき》の肖像が採用された。　ウ　2004年に発行された千円紙幣には細菌《さいきん》学者の野口英世が採用されたが，赤痢《せきり》菌を発見したのは志賀潔《きよし》なので，誤り。なお，2024年には千円紙幣も野口英世から破傷風の血清療法を発見した北里柴三郎に肖像が変更されることが決まっている。

3 日本国憲法や現代の社会についての問題

問1　東京オリンピック2020が開催《かいさい》された2021年８月時点で，日本の首相は菅義偉《すがよしひで》，イギリスの首相はボリス・ジョンソンが務めていた。なお，2020年に辞任した安倍晋三《あべしんぞう》は菅義偉の前の首相，バイデンはイギリスではなく，当時のアメリカ合衆国大統領である。

問2　ア　上段資料より，実収入が多くなり，収入階級が第Ⅰ分位から第Ⅹ分位へと上がるほど，消費税負担額の合計は増加しているので，正しい。　イ　下段資料より，収入階級が第Ⅰ分位のグループの消費税負担額の割合は2.9%，第Ⅲ・Ⅴ分位は2.4%，第Ⅶ分位は2.2%，第Ⅹ分位は1.9%となっており，同じではない。　ウ　上段資料より，消費税とその他の税の負担額の合計は，実収入が多くなるほど大きくなっていることが読み取れる。　エ　下段資料より，実収入に対する消費税負担額の割合は，収入階級が上がるにつれて小さくなる傾向にあることがわかる。間接税である消費税は，収入に関係なく税率が一定であるため，実収入が多く収入階級が上がるほど負担は小さい。一方，所得税や法人税などの直接税には累進《るいしん》課税制度が採用されており，実収入が増えるほど税率も高くなるため，実収入が多い階級ほど税負担が大きくなる。

問3　生存権は，教育を受ける権利や勤労の権利とともに，社会権に分類される。なお，ア・イ・エはどれも自由権であり，アとエは経済活動の自由，イは精神の自由に分類される。

問4　大日本帝国憲法は，欽定《きんてい》憲法(天皇が定め,臣民である国民にあたえるという形式の憲法)として1889年に発布された。日本国憲法は基本的人権について,「侵《おか》すことのできない永久の権利」と定めるとともに,「公共の福祉《ふくし》のために利用されることがある」と定めている。公共の福祉には,社会全体の利益という意味がある。

問5　17あるSDGs(持続可能な開発目標)のうち，アは5に，イは1に，エは14にかかげられている。医《い》療《りょう》に関する目標としては3で,「すべての人に健康と福祉を」とかかげられており，4には,「質の高い教育をみんなに」という目標がある。

問6　ジェンダーとは生物学的な男女の違《ちが》いではなく，社会的・文化的に形成された男女の差異《さい》のことで,「男らしさ」や「女らしさ」といった言葉で表現される。たとえば，この図には「男性はパンツ(ズボン)，女性はスカート」という固定概念が表れていると言える。

理　科　＜A－1日程試験＞（30分）＜満点：50点＞

解　答

1　**問1**　**A**　イ　**B**　シダ　**問2**　**A**　エ　**B**　外来　**問3**　エ　**問4**　イ　**問5**　(1)　ウ　(2)　エ　2　**問1**　**A**　×　**B**　炭酸水　**C**　石灰水　**D**　塩酸　**E**　水酸化ナトリウム水溶液　**F**　食塩水　**問2**　(例)　赤色リトマス紙につけて青色になるかどうかを調べる。　**問3**　ア　**問4**　(例)　塩酸と水酸化ナトリウム水溶液が中和して食塩水になった。　3　**問1**　**ア**　56　**イ**　40　**ウ**　$32\frac{16}{17}$　**エ**　28　**問2**　7回　**問3**　$8\frac{4}{7}$秒　4　**問1**　ほう和水蒸気量　**問2**　エ　**問3**　20.6g　**問4**　33%　**問5**　(例)　雨の日は湿度が高く，水が蒸発しにくいから。　5　解説を参照のこと。

解　説

1　生物の特ちょうについての問題

問1　ワラビやイヌワラビなどは，根・茎《くき》・葉に分かれていて維管束《いかんそく》をもつが，花も種子もつくらず，胞子《ほうし》で仲間を増やしている。このような植物をシダ植物という。

問2　クジャク(インドクジャク)は，本来日本にいなかった外来生物で，観賞用として日本に持ち込《こ》まれたものが逃《に》げ出すなどして野生化した。沖縄《おきなわ》県の先島諸島では，野生化したクジャクによってトカゲやチョウ類が食べられて，個体数が減少しているという報告がある。

問3　ア　エビ類はえら呼吸で，毛細血管をもたず，動脈から流れた血液は組織の間を流れた後，心臓に戻《もど》されて循環《じゅんかん》している。　イ　魚類はえら呼吸で，セキツイ動物の血管は動脈と静脈が毛細血管でつながっている。　ウ　ハ虫類は肺呼吸で，心臓のつくりは二心房《しんぼう》一心室である。エ　鳥類は肺呼吸で，心臓のつくりはほ乳類と同じ二心房二心室となっている。

問4　ほ乳類のハクビシンはネコのなかまで，親と似た姿で生まれる。甲殻《こうかく》類のアメリカザリガニ，鳥類のヤンバルクイナ，こん虫のナナフシは卵からふ化して生まれる。

問5　(1)　ろ過装置により水流ができ，空気中の酸素が水中にとけるので，水槽《すいそう》内の生物に酸素を供給できる。また，ろ過装置を通ることでごみが集められたり，ろ過装置にすむ微生物《びせいぶつ》が有害な物質を分解して無毒化や弱毒化したりしている。ただし，二酸化炭素は分解していない。　(2)　ろ過装置がはたらいているので，水換《か》えを3週間しなかったとしても酸素が不足したり，水がくさったりはしないが，魚の排泄物《はいせつぶつ》や食べ残しのえさが水中をただようことで，藻《も》が生えるための栄養となる物質が増え，ガラス面に藻がたくさん生えて緑色になってしまう。

2 水溶液《すいようえき》についての問題

問1　Bは気体(または液体)がとけた水溶液で，固体がとけたCと混ぜると白くにごったことから，Bは二酸化炭素がとけた炭酸水，Cは石灰水とわかる。Dは気体(または液体)がとけた水溶液で，固体がとけたEと混ぜるとFと同じ水溶液になったことから，Dは塩酸，Eは水酸化ナトリウム水溶液，Fは食塩水と考えられる。残るAはアンモニア水またはアルコール水溶液となるが，この実験だけではどちらか判断できない。

問2　Aはアンモニア水またはアルコール水溶液である。赤色リトマス紙につけて，青色になればアルカリ性のアンモニア水，ならなければアルコール水溶液とわかる。また，緑色のBTB溶液を加えたときに青色になった水溶液がアンモニア水，緑色のままであればアルコール水溶液である。

問3　ろ過するときは，ろうとの足のとがった先をビーカーのかべにつけ，ガラス棒を伝わらせて液をそそぐ。また，ガラス棒の先でろ紙をやぶらないように，ガラス棒はろ紙の重なったところに当てる。

問4　酸性の塩酸とアルカリ性の水酸化ナトリウム水溶液を混ぜると，たがいの性質を打ち消す中和という反応によって食塩と水ができる。

3 振《ふ》り子についての問題

問1　振り子が一定の時間に往復する回数は，時間に比例する。よって，アは，$42\times\frac{80}{60}=56$(回)，イは，$30\times\frac{80}{60}=40$(回)，ウは，$24\frac{12}{17}\times\frac{80}{60}=32\frac{16}{17}$(回)，エは，$21\times\frac{80}{60}=28$(回)となる。

問2　振り子の長さが，$200\div50=4$(倍)になると，一定の時間に往復する回数が，$21\div42=\frac{1}{2}$(倍)になっていることから，振り子の長さが9($=3\times3$)倍になると，一定の時間に往復する回数が$\frac{1}{3}$倍になると考えられる。長さ50cmの振り子が30秒間に往復する回数が21回なので，長さ450cmの振り子が30秒間に往復する回数は，$21\times\frac{1}{3}=7$(回)となる。

問3　問2より，振り子の長さが9倍になると，ある時間で往復する回数が$\frac{1}{3}$倍になるので，1往復するのにかかる時間は3倍になるといえる。200cmの振り子が60秒間に21往復しているので，1往復するのにかかる時間は，$60\div21=\frac{60}{21}$(秒)とわかる。したがって，200cmの9倍の長さである

1800cm(18m)の振り子が1往復するのにかかる時間は，$\frac{60}{21}\times 3=\frac{60}{7}=8\frac{4}{7}$(秒)と求められる。

4 空気中の水蒸気量についての問題

問1　空気1 m^{3}が含《ふく》むことのできる水蒸気量の最大値をほう和水蒸気量という。

問2　寒い日に窓ガラスがくもるのは，部屋の中の水蒸気を含んだ暖かい空気が冷たい窓ガラスにふれて冷やされ，含みきれなくなった水蒸気が水に戻るためである。冷たいペットボトルを持ち歩いたときも，空気中の水蒸気がペットボトルの表面で冷やされて水に戻るので，ペットボトルの表面に水滴《すいてき》がつくことがある。

問3　10℃の空気1 m^{3}に含むことのできる水蒸気の量は9.4 gなので，水蒸気を30 g含んでいる30℃の空気1 m^{3}の温度を10℃まで下げると，30－9.4＝20.6(g)の水滴が出てくる。

問4　25℃のときのほう和水蒸気量は23.1 gなので，湿度《しつど》は，$\frac{7.6}{23.1}\times 100=32.9\cdots$より，33％と求められる。

問5　洗濯物《せんたくもの》が乾《かわ》くときには，洗濯物の水分が蒸発して洗濯物の周りの空気中の水蒸気が増え，その湿《しめ》った空気が風などによって運ばれ，次々と洗濯物から水分が蒸発するという現象が起きている。雨の日は湿度が高く，水分が蒸発しにくいため，洗濯物が乾きにくい。

5 反対の力，性質が打ち消し合う例についての問題

たとえば，次のような例が挙げられる。酸性とアルカリ性は，酸性の塩酸とアルカリ性の水酸化ナトリウム水溶液を混ぜると食塩と水ができるように，それぞれの性質を打ち消し合って中和する。ばねはかりは，つるしたおもりによってばねが変形するが，ばねが元に戻ろうとする力が生じ，2つの力がつり合ったときに止まって，重さをはかることができる。上皿てんびんは，はかる試料(はかり取りたい試料)とおもりをそれぞれ左右の皿に乗せて，針のふれはばが左右等しくなったときにつり合っている。人工衛星が同じ高度で飛び続けるのは，人工衛星が重力により地球に引かれる力と，遠心力で地球の外側に飛び出そうとする力がつり合っているためである。重い船は，水にしずむように重力が加わるが，おしのけた水の体積分の重さの浮力《ふりょく》を受けて水に浮《う》かぶ。

国　語　＜A－1日程試験＞（50分）＜満点：100点＞

解　答

一　①～⑦　下記を参照のこと。　⑧　こうじつ　⑨　こうせい　⑩　そっきん

二　①　度　②　天　③　性　④　息　⑤　対　三　**問1**　ア　**問2**　荷物を投げ出す　**問3**　A　ウ　B　オ　C　ア　**問4**　羨ましさ　**問5**　私は忙しい　**問6**　彼が驚くような出来事が書いてあった(から)　**問7**　イ　**問8**　ウ　**問9**　熱中の賜　**問10**　（例）　義務としての仕事に忙しく，常に時間が埋め尽くされ，熱中することができない筆者にとって，時間にとらわれずに本に熱中するその小学生に対する，羨ましい気持ち。

四　**問1**　（例）　ユーチューブによって世界中に自分と同じような人がいることに気付き，その人達が楽しそうにし，また笑われていないと思って，自分を肯定的に思えるようになったから。**問2**　イ　**問3**　ウ　**問4**　現状では，　**問5**　自分にとっ～ようになる　**問6**　自分なりに考えること　**問7**　ア　**問8**　まわりの人～れるだろう　**問9**　エ　五　（例）

私の座右の銘は初志貫徹です。初志貫徹には「初めに決めた志を最後まで貫き通す」という意味があります。私には将来，医師になりたいという夢があります。簡単になれるものではありませんが，この夢を実現するために勉強を頑張りたいので，つらくなったときには「初志貫徹」の言葉を思い出して努力を続け，必ず医師になりたいです。

●漢字の書き取り

一 ① 垂直 ② 海岸 ③ 階段 ④ 預金 ⑤ 許容 ⑥ 速 ⑦ 治

解 説

一 漢字の書き取り

① 地面に対して直角の方向。 ② 海と陸が接するところ。 ③ ある高さから別の高さへと歩いて移動するための，段差が連続した構造物。 ④ 銀行などの金融《きんゆう》機関へお金を預けること。 ⑤ 許し，受け入れること。 ⑥ 音読みは「ソク」で，「音速」などの熟語がある。 ⑦ 音読みは「チ」「ジ」で，「完治」「政治」などの熟語がある。 ⑧ 言い逃《のが》れのための理由づけや，行動を起こすための根拠《こんきょ》。 ⑨ 自分が生きた後の時代。 ⑩ 権力者の近くで仕え，支える人。

二 熟語の完成

① 何かが許容される最大限の範囲《はんい》。 ② 人の手が加わっていない，ありのままの状態。 ③ その人の特徴《とくちょう》となるような考え方や行動の仕方。 ④ 活動を一時的にやめ，休むこと。 ⑤ 相手をすること。

三 出典は佐藤雅彦《さとうまさひこ》の『ベンチの足　考えの整頓《せいとん》』所収の「たしかに……」による。筆者はある日，電車の中で本に熱中する小学生に出会う。我を忘れてページをめくるその姿は，移動中も仕事する筆者自身とは対照的で，筆者は小学生に対して羨《うらや》ましく思う気持ちを自覚する。

問１　荷物を席に広げたまま本に熱中している小学生に対し，筆者は「電車の中で，他のお客さんの迷惑《めいわく》になるようなことは駄目《だめ》だよ」と「目だけの会話」で訴《うった》えている。小学生のことをほほえましく感じている描写《びょうしゃ》はないため，アが誤り。

問２　小学生が座席に上履《うわば》き袋《ぶくろ》や紙の箱を投げ出して「お店を広げていること」について，筆者はぼう線③の直後で，「荷物を投げ出すような公共マナーに反した行為《こうい》」と言いかえている。

問３　A　小学生に対して言葉ではなく視線で訴えたことが「通じたようだった」と筆者が判断している場面なので，確実ではないことを状況《じょうきょう》から判断するときに用いる「どうやら」が合う。 **B** 「たしかに」という言葉遣《づか》いが小学生に似つかわしくないことを強調する言葉が入るため，「ない」のような否定の言葉と一緒《いっしょ》に用いて“全く”といった意味になる「およそ」が選べる。 **C** ぼう線④の前で筆者は一度，小学生が「何を読んでいるのだろう」と「好奇《こうき》心」を抱《いだ》いている。空らんCは同じ疑問を再び感じた場面なので，前よりもいっそう程度が強まったことを表す「ますます」がよい。

問４　本文の▼印の直後で，筆者が電車で出会った小学生に対して「軽い嫉妬《しっと》」のようなもの，いいかえれば「羨ましさ」を感じていることを自覚したと書かれている。

問５　本文の▼印から数えて二つ目の段落で，筆者は自分が普段《ふだん》どのような日々を過ごしているか語っている。移動中も手帳を開いて予定を確認《かくにん》したり，コンピュータを開いて大量のメールの返信に追われたりする日常を，筆者は「私は忙《いそが》しい，私の時間は埋《う》め尽《つ》くされている」と表現している。

問６　小学生の「たしかに……」とつぶやいた場面に続く部分で，筆者は小学生がとった行動の背景を想像しながら説明している。それによると，小学生が「最初にぴたっと止まった」のは，読んでいたページに「彼が驚《おどろ》くような出来事が書いてあった」ためとなる。

問７　ぼう線⑥の前後では，小学生が勢いよくページをめくっては手を止め，一心不乱に読むようすが臨場感とともに描《えが》かれている。「何かを探している，何かを探しているのだ」というたたみかけるような表現も，隣《となり》で興奮気味に見守る筆者が小学生の思いを断定する心の声であるため，イがふさわしい。

問８　「あの日」から数日後，小学生が「たしかに……」とつぶやくに至った境地を知りたいと考えた筆者はうろ覚えのタイトルからその本を探すが，候補となる「全12巻」を前にして「途方《とほう》に暮れ」ている。時間をかけずに結果だけを求める「拾い読み」ではその境地にたどりつけそうもなく，「最初の１行から」，「紐《ひも》を必死で手繰《たぐ》るように読み進」めなければいけないと筆者はさとっているため，“非常に短い時間”を意味する「一朝一夕《いっせき》」が合う。なお，「一期一会《いちごいちえ》」は，人との出会いを一生に一度しかないものととらえ，大切にする考え。「一石二鳥」は，一つの行動で二つの成果を得ること。「一長一短」は，長所と短所の両方を持ち合わせており，完全ではないこと。

問９　本文の▼印の直後，筆者は「たしかに……」という境地を自分は「享受《きょうじゅ》する資格がない」としたうえで，その境地は「熱中の賜《たまもの》」だったと述べている。なお，「賜」とは，行動を積み重ねた結果得られるものを表す。

問10　筆者が「時間は自由にならない」と考え，「無駄《むだ》」に過ごさないように移動時間も仕事に追われるのに対し，電車で隣に座《すわ》った小学生は，時間が過ぎることも周囲のことも忘れて本の世界に入り込《こ》んでいる。また，筆者は小学生と同じ境地に至りたくて図書館に足を運ぶが，「熱中の賜」は自分が簡単に得られるものではないと気付く。このように，仕事をしていて物事に熱中するゆとりのない筆者と，時間を「ふんだんに持ってい」て本を夢中になって読める小学生との対比をふまえ，その結果小学生が得られる「熱中の賜」を筆者は得られないことにもふれながら，筆者の「羨まし」い気持ちを書くとよい。

四　**出典は遠藤《えんどう》まめたの『みんな自分らしくいるためのはじめてのLGBT』による。**トランスジェンダーの当事者である筆者が，友人や自分自身の経験を交えながら，性的少数者であることに悩《なや》む人が自由に生きようと思えるきっかけや，カミングアウトすることの効能について説明している。

問１　本文のはじめに，筆者の友人が高校時代，同性愛者である「自分と同じ」仲間がどこにいるかわからず，「この先どうやって生きていけばいいのか」悩んだことが書かれている。しかし，友人はユーチューブを通じて「世界中」に「自分と同じような人」がいることを知り，「当事者」が笑われることなく，堂々と「楽しそう」に生きる姿に勇気づけられ，自分を肯定的《こうていてき》に思えるようになったのである。

問２　筆者は体型にまつわるコンプレックスを例にあげ，人は知らないうちに「こうしなくてはいけない」，「自分は変わらなくてはいけない」といった固定観念にしばられており，「他の価値観でのびのびと生きている他人」との出会いによって初めて解放されると説明している。したがって，イがふさわしい。

問３　本文を通して筆者は，ユーチューブで友人が救われたことや，人が「刷り込まれ」た価値観から解放されること，少数派とされる人が「自分のことを好きにな」ることを，一貫《いっかん》して「自由になる」と表現している。したがって，ウがよい。

問４　筆者は同性を好きになることが当たり前に受け入れられるようになってほしいという願いを述べる一方，ぼう線③に続く部分では，実際には「日常的にからかったり笑いのネタにしたりするコミュニケーションがまだまだ多くみられ」ること，「友達を信用」したくても不安材料ばかりであることなど，理想とはほど遠い「現状」を説明している。

問５　ぼう線④に続く部分で筆者は，カミングアウトしない人も「自分を責めないでほしい」としたうえで，カミングアウトすることで「自分にとって安全な場を作ったり，まわりの力をうまく使えるようになる」場合もあるというメリットを提示している。

問６　友達からカミングアウトされた場合の反応について，模範的《もはんてき》な回答について説明した後，筆者は「アウティング」や「相手の話」の「否定」はしないよう気をつけるべきだと述べたうえで，「友達の場合『自分なりに考えること』が，いちばん大事ではないかと思います」と主張している。

問７　カミングアウトに対して「話してくれてありがとう」「何か困っていることはあるの」などと反応することを筆者は「スマートな返し方」と形容している一方で，本来の「友達」は，上司や先生，プロのカウンセラーなどとは異なり，「勝手」さやタイミングの「微妙《びみょう》」さも持ち合わせた，「対等で，ちょっとおかしい」，だからこそ「かけがえのない存在」であるとも説明している。空らんＢには，そのように不完全で等身大な「友達」としてのあり方とは対になる，「模範的」な「定型文」で，そつがないさまを表す言葉が入るため，アがふさわしい。

問８　前の部分からぼう線⑥にかけては，友達からカミングアウトされたら「自分なりに考える」のが大事だということの例として，「カミングアウトしてから，友人から相談されることが増え」た筆者自身の経験が書かれている。そのように「秘密を教えてくれる友人たち」の考えについて，筆者は「トランスジェンダーの私」にならば，「『まわりの人には言えないことでもこいつならわかってくれるだろう』と考え」たとみている。

問９　トランスジェンダーで少数派として生きてきた筆者は，自らを「理解される側」，すなわち自分の個性を人から「わかってもら」い，「支えてもら」う必要のある「弱い存在」である，とする図式にとらわれてきた。しかし，筆者のカミングアウトに答える形で友達から秘密を打ち明けられたとき，一方的に「理解される」立場ではなく，同時に相手を「理解する側」でもあるという，予想外に「複雑」な事態が起きたのである。よって，エがふさわしい。

五　条件作文

　問題文にあるように，自分の心を励《はげ》ましたり気持ちを引き締《し》めたりするための言葉を四字熟語から選び，言葉の辞書的な意味とともに，自分にとってどのような意味があるかを説明する。文武両道，不言実行，臨機応変，一日一善など，理想とするあり方や，生活するうえでの姿勢にかかわる言葉を選ぶとよい。

Memo

Memo

Memo

出題ベスト10シリーズ

①国語読解ベスト10

②漢字合格の2790題

③計算合格の820題

④図形問題ベスト10

■過去の入試問題から出題例の多い問題を選んで編集・構成。受験関係者の間でも好評です！

有名中学入試問題集

●男子校編

●女子校編

■中学入試の全容をさぐる!!

■首都圏の中学を中心に、全国有名中学の最新入試問題を収録!!

※表紙は昨年度のものです。

算数の過去問25年分

■筑波大学附属駒場

■麻布

■開成

○名門３校に絶対合格したいという気持ちに応えるため過去問実績No.1の声の教育社が出した答えです。

都立中高一貫校 適性検査問題集

■都立一貫校と同じ検査形式で学べる！

●自己採点のしにくい作文には「採点ガイド」を掲載。

●保護者向けのページも充実。

●私立中学の適性検査型・思考力試験対策にもおすすめ！

当社発行物の無断使用は固くお断りいたします。御使用の前はまずご相談ください。

当社発行物には500点余の首都圏中・高過去問をはじめ、6点の学校案内、そのほかいくつかの情報誌などがございます。その多くが年度版で、限られたスタッフが来るべき受験シーズン前に余裕を持って受験生へ届けられるよう、日夜作業にあたり出版を重ねております。

最近、通塾生ご父母や塾内部からの告発によって、いくつかの塾が許諾なしに当社過去問を複写（コピー）し生徒に配布、授業等にも使用していることが発覚し、その一部が紛争、係争に至っております。過去問には原著作者や管理団体、代行出版等のほか、当社に著作権がございます。当社としましては、著作権侵害の発覚に対しては著作権を有するこれらの著作権関係者にその事実を開示して、マスコミにリリースする場合や法的な措置を取る場合がございます。その事例としましては、毎年当社過去問の発行を待って自由にシステム化使用していたＡ塾、個別教室でコピーを生徒に解かせ指導していたＢ塾、冊子化していたＣ社、生徒の希望によって書籍の過去問代わりにコピーを配布していたＤ塾などがあります。

当社発行物の全部もしくは一部を無断使用することは固くお断りいたします。

当社コンテンツの中にはリーズナブルな設定で紙面の利用を許諾している塾もたくさんございますので、ご希望の方は、お気軽にご相談くださいますようお願いします。同時に、当社発行物を無断で使用している会社などにつきましての情報もお寄せいただければ幸いです。

株式会社 声の教育社

スーパー過去問の **解説執筆・解答作成スタッフ（在宅）募集！** ※募集要項の詳細は、10月に弊社ホームページ上に掲載します。

2025年度用
中学スーパー過去問

■編集人 声の教育社・編集部
■発行所 株式会社 声の教育社
〒162-0814 東京都新宿区新小川町8-15
☎03-5261-5061(代) FAX03-5261-5062
https://www.koenokyoikusha.co.jp

※本書の内容についての一切の責任は当社にあります。内容・解説・解答・その他は当社ホームページよりお問い合わせ下さい。

カコを追いかけ
ミライをつかめ
「今の説明、もう一回」を何度でも
web過去問
ストリーミング配信による入試問題の解説動画
もっと古いカコモンないの？
カコ過去問
「さらにカコの」過去問をHPに掲載（DL）
声の教育社
詳しくはこちらから

ストリーミング配信による入試問題の解説動画

2025年度用web過去問　ラインナップ

■ 男子・女子・共学（全動画） 見放題
36,080円（税込）

■ 男子・共学　見放題
29,480円（税込）

■ 女子・共学　見放題
28,490円（税込）

● 中学受験「声教web過去問（過去問プラス・過去問ライブ）」（算数・社会・理科・国語）

3〜5 年間 **24校**

過去問プラス

麻布中学校	桜蔭中学校	開成中学校	慶應義塾中等部	渋谷教育学園渋谷中学校
女子学院中学校	筑波大学附属駒場中学校	豊島岡女子学園中学校	広尾学園中学校	三田国際学園中学校
早稲田中学校	浅野中学校	慶應義塾普通部	聖光学院中学校	市川中学校
渋谷教育学園幕張中学校	栄東中学校			

過去問ライブ

栄光学園中学校	サレジオ学院中学校	中央大学附属横浜中学校	桐蔭学園中等教育学校	東京都市大学付属中学校
フェリス女学院中学校	法政大学第二中学校			

● 中学受験「オンライン過去問塾」（算数・社会・理科）

3〜5 年間 **50校以上**

東京	青山学院中等部	東京	国学院大学久我山中学校	東京	明治大学付属明治中学校	千葉	芝浦工業大学柏中学校	埼玉	栄東中学校
	麻布中学校		渋谷教育学園渋谷中学校		早稲田中学校		渋谷教育学園幕張中学校		淑徳与野中学校
	跡見学園中学校		城北中学校		都立中高一貫校 共同作成問題		昭和学院秀英中学校		西武学園文理中学校
	江戸川女子中学校		女子学院中学校		都立大泉高校附属中学校		専修大学松戸中学校		獨協埼玉中学校
	桜蔭中学校		巣鴨中学校		都立白鷗高校附属中学校		東邦大学付属東邦中学校		立教新座中学校
	鷗友学園女子中学校		桐朋中学校		都立両国高校附属中学校		千葉日本大学第一中学校	茨城	江戸川学園取手中学校
	大妻中学校		豊島岡女子学園中学校	神奈川	神奈川大学附属中学校		東海大学付属浦安中等部		土浦日本大学中等教育学校
	海城中学校		日本大学第三中学校		桐光学園中学校		麗澤中学校		茗渓学園中学校
	開成中学校		雙葉中学校		県立相模原・平塚中等教育学校		県立千葉・東葛飾中学校		
	開智日本橋中学校		本郷中学校		市立南高校附属中学校		市立稲毛国際中等教育学校		
	吉祥女子中学校		三輪田学園中学校	千葉	市川中学校	埼玉	浦和明の星女子中学校		
	共立女子中学校		武蔵中学校		国府台女子学院中学部		開智中学校		

web過去問 Q&A

過去問が動画化！
声の教育社の編集者や中高受験のプロ講師など、
過去問を知りつくしたスタッフが動画で解説します。

Q どこで購入できますか？

A 声の教育社のHPでお買い求めいただけます。

Q 受講にあたり、テキストは必要ですか？

A 基本的には過去問題集がお手元にあることを前提としたコンテンツとなっております。

Q 全問解説ですか？

A 「オンライン過去問塾」シリーズは基本的に全問解説ですが、国語の解説はございません。「声教web過去問」シリーズは合格のカギとなる問題をピックアップして解説するもので、全問解説ではございません。なお、「声教web過去問」と「オンライン過去問塾」のいずれでも取り上げられている学校がありますが、授業は別の講師によるもので、同一のコンテンツではございません。

Q 動画はいつまで視聴できますか？

A ご購入年度２月末までご視聴いただけます。
複数年視聴するためには年度が変わるたびに購入が必要となります。

よくある解答用紙のご質問

01

実物のサイズにできない

拡大率にしたがってコピーすると，「解答欄」が実物大になります。配点などを含むため，用紙は実物よりも大きくなることがあります。

02

A3用紙に収まらない

拡大率164％以上の解答用紙は実物のサイズ（「出題傾向＆対策」をご覧ください）が大きいために，Ａ３に収まらない場合があります。

03

拡大率が書かれていない

複数ページにわたる解答用紙は，いずれかのページに拡大率を記載しています。どこにも表記がない場合は，正確な拡大率が不明です。

04

１ページに２つある

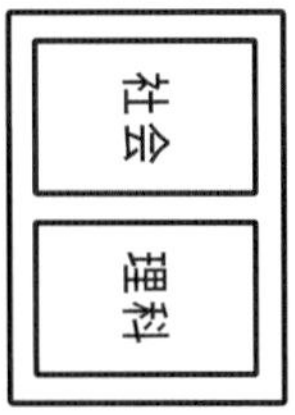

１ページに２つ解答用紙が掲載されている場合は，正確な拡大率が不明です。ほかの試験回の同じ教科をご参考になさってください。

自修館中等教育学校

つかいやすい書きこみ式

入試問題解答用紙編

最近３年間収録

＊解答用紙は本体と一緒にとじてありますから、ていねいに抜きとってご使用ください。

■注意

●一部の科目の解答用紙は小社で作成しましたので、無断で転載することを禁じます。

●収録のつごうにより、一部縮小したものもあります。

●設問ごとの配点は、学校から公表されたものは〔学校配点〕、それ以外のものは〔推定配点〕と表記しています。

※ 実際の解答欄の大きさで練習するには、指定の倍率で拡大コピーしてください。なお、ページの上下に小社作成の見出しや配点を記載しているため、コピー後の用紙サイズが実物の解答用紙と異なる場合があります。

声の教育社

2024年度　自修館中等教育学校

算数解答用紙　A－1日程　No. 1

番号		氏名		評点	/100

1

(1)		(2)	
(3)		(4)	
(5)			

2

(1)	個	(2)	通り
(3)	時速　km	(4)	cm
(5)	cm^3		

3

(1)	
(2)	
(3)	
(4)	

2024年度　自修館中等教育学校

算数解答用紙　A－1日程　No. 2

（注）この解答用紙は実物を縮小してあります。182%拡大コピーをすると、ほぼ実物大の解答欄になります。

4			
(1)	(2)	(3)	(4)

〔算　数〕100点(推定配点)

1, 2　各6点×10　3, 4　各5点×8<3の(3), (4), 4の(3), (4)は完答>

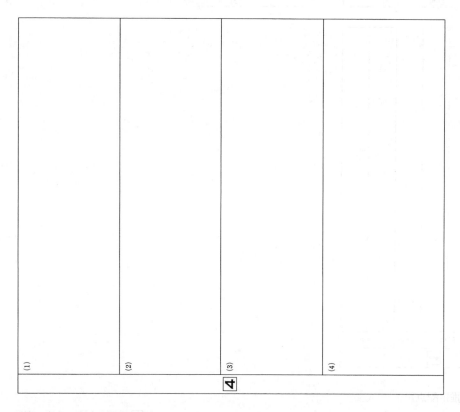

２０２４年度　自修館中等教育学校

社会解答用紙　A－１日程

番号		氏名		評点	/50

1

問1		問2	
問3		問4	
問5			
問6			
問7			

2

問1		問2	
問3		問4	
問5		問6	
問7			
問8		問9	

3

問1		問2	
問3			
問4		問5	
問6		問7	
問8			

（注）この解答用紙は実物を縮小してあります。182%拡大コピーをすると、ほぼ実物大の解答欄になります。

〔社　会〕50点(推定配点)

1　問1～問3　各2点×3　問4　1点　問5　3点　問6　2点　問7　3点　2　問1～問3　各2点×3　問4，問5　各1点×2　問6　2点　問7　5点　問8，問9　各2点×2　3　各2点×8

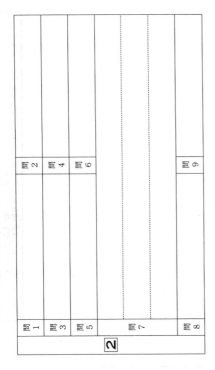

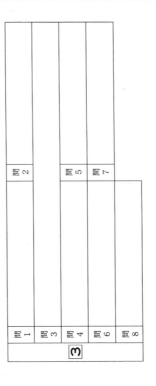

2024年度 自修館中等教育学校

理科解答用紙 A－1日程

番号		氏名		評点	/50

5

不要になった物	どちらかを○で囲む	どのような物にするか
	リサイクル　アップサイクル	
	リサイクル　アップサイクル	
	リサイクル　アップサイクル	
	リサイクル　アップサイクル	
	リサイクル　アップサイクル	
	リサイクル　アップサイクル	
	リサイクル　アップサイクル	
	リサイクル　アップサイクル	
	リサイクル　アップサイクル	
	リサイクル　アップサイクル	

（注）この解答用紙は実物を縮小してあります。172%拡大コピーをすると、ほぼ実物大の解答欄になります。

1

問1	A	B	
問2	A	B	
問3		問4	

2

問1	8分後	12分後	
問2			
問3		問4	
問5			

3

問1	E		F	
問2	記号	に質量	g	
問3	記号	に質量	gと　記号	に質量　g

4

問1		問2	問3
問4		問5	

〔理　科〕50点(推定配点)

1　各2点×6　2　問1　各1点×2　問2～問5　各2点×4　3, 4　各2点×9<3の問2, 問3は完答>　5　10点<正答1組につき2点を配点>

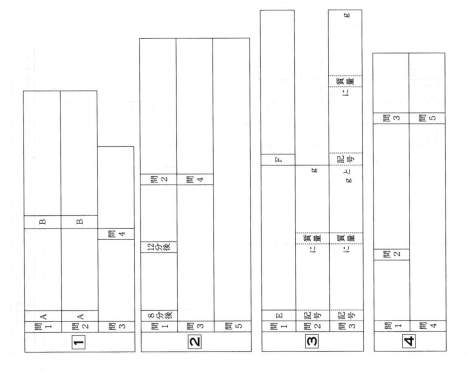

2024年度 自修館中等教育学校

国語解答用紙 A－1日程

番号　　氏名　　評点 ／100

一
①　②　③　④
⑤　⑥　⑦　⑧
⑨　⑩

二
①　②　③　④　⑤

三
問1 最初 ～ 最後　問2
問3 最初 ～ 最後 きたから。
問4 1つ目 最初 ～ 最後
2つ目 最初 ～ 最後
問5 A　B　C　D
問6
問7
問8　問9

四
問1　問2 から。
問3　問4　問5
問6 A　B　C
問7
問8
問9 A　B　C

五

(注) この解答用紙は実物を縮小してあります。172%拡大コピーをすると、ほぼ実物大の解答欄になります。

〔国　語〕100点(推定配点)

一, 二 各2点×15　三 問1～問5 各2点×9　問6 6点　問7～問9 各3点×3<問9は完答>　四 問1～問6 各2点×8　問7 3点　問8 4点　問9 各2点×3　五 8点

2024年度　自修館中等教育学校

探究Ⅰ解答用紙　A－1日程

番号		氏名		評点	/100

1

問1	(あ) (い) (う)	(え)
問2	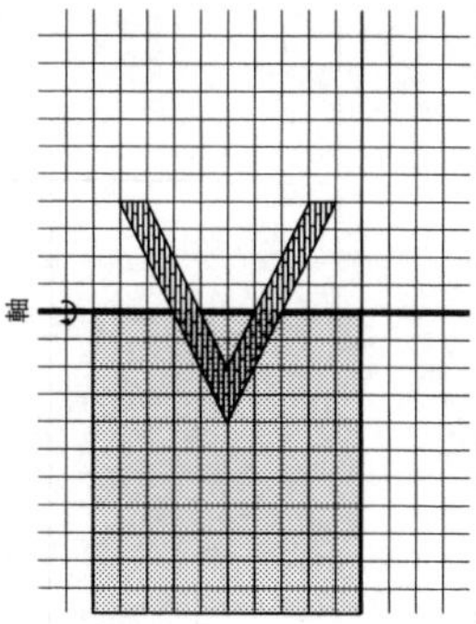	
問3		
問4		
問5	(お)	
問6	(か)	

2

問1	
問2	
問3	
問4	(あ) (い) (う) (え)
問5	

3

問1	
問2	
問3	
問4	(あ) (い) (う)

（注）この解答用紙は実物を縮小してあります。196%拡大コピーをすると、ほぼ実物大の解答欄になります。

〔探究Ⅰ〕100点(推定配点)

1　問1　各2点×4　問2　8点　問3〜問6　各5点×4　2　問1〜問3　各5点×3　問4　各2点×4　問5　5点　3　問1　8点　問2　5点<完答>　問3　8点　問4　各5点×3

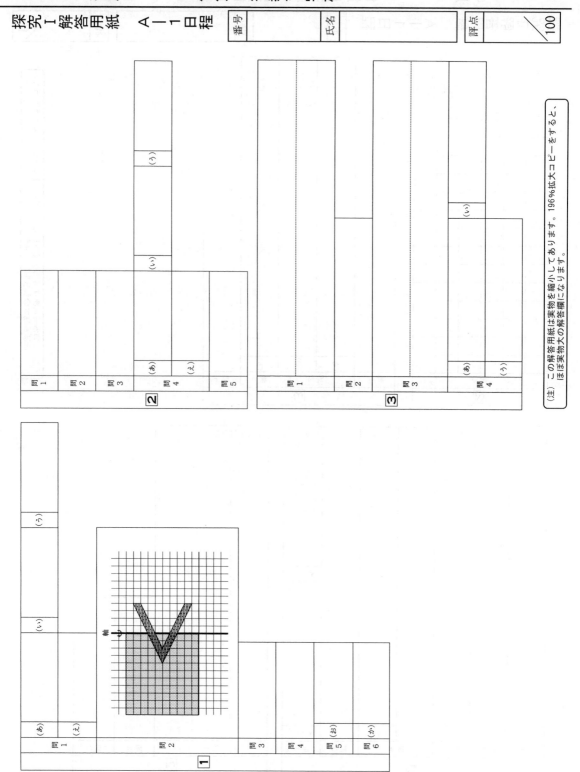

２０２４年度　自修館中等教育学校

探究Ⅱ解答用紙　A－1日程

番号		氏名		評点	/100

（注）この解答用紙は実物を縮小してあります。196%拡大コピーをすると、ほぼ実物大の解答欄になります。

1	問1	(あ)		(い)	
	問2				
	問3				
	問4	一つ目			
		二つ目			
	問5				
	問6	考え方1		考え方2	

2	問1	
	問2	
	問3	
	問4	80

3	問1				
	問2	(あ)			
		(い)			
	問3	(う)		(え)	
	問4				

〔探究Ⅱ〕100点(推定配点)

1　各５点×8＜問６は完答＞　2　問１　10点　問２，問３　各５点×2＜問３は完答＞　問４　10点　3　各５点×6

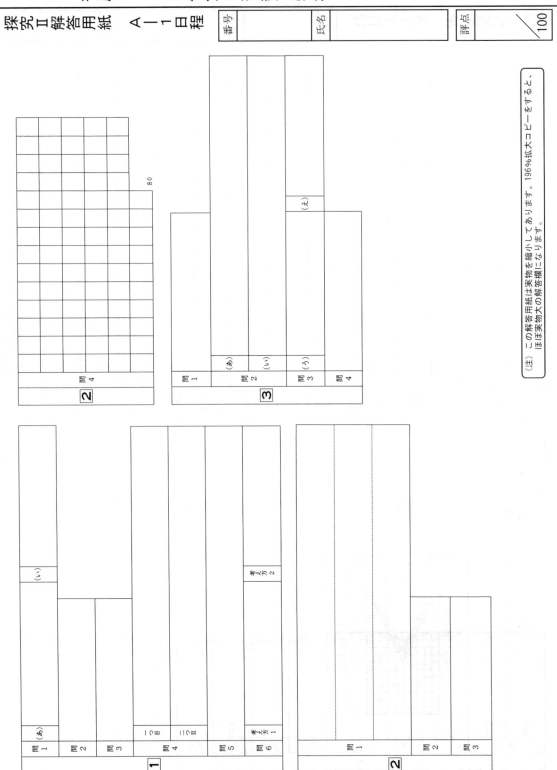

2023年度　自修館中等教育学校

算数解答用紙　A－1日程　No. 1

番号		氏名		評点	/100

1	(1)		(2)	
	(3)		(4)	
	(5)			

2	(1)	点	(2)	時間　分
	(3)	度	(4)	cm
	(5)	cm^3		

3	(1)	
	(2)	
	(3)	
	(4)	

2023年度　自修館中等教育学校

算数解答用紙　A－1日程　No. 2

（注）この解答用紙は実物を縮小してあります。182%拡大コピーをすると、ほぼ実物大の解答欄になります。

4	(1)	
	(2)	
	(3)	
	(4)	

〔算　数〕100点(推定配点)

1, 2　各6点×10　3, 4　各5点×8

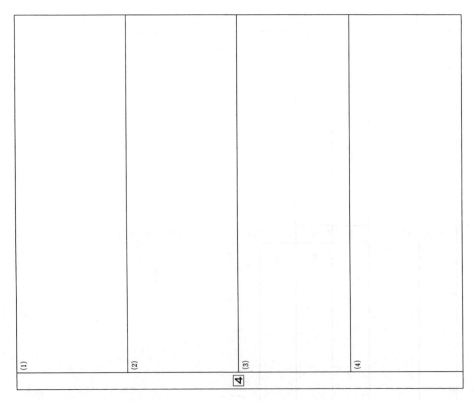

2023年度 自修館中等教育学校

社会解答用紙 A－1日程

番号		氏名		評点	/50

（注）この解答用紙は実物を縮小してあります。179%拡大コピーをすると、ほぼ実物大の解答欄になります。

1

問1		問2	
問3		問4	
問5			
問6			
問7		問8	市

2

問1		問2	
問3		問4	
問5		問6	
問7			
問8			

3

問1			
問2		問3	
問4		問5	

〔社　会〕50点(推定配点)

1 問1～問5　各2点×5　問6　4点　問7，問8　各2点×2　2 問1～問7　各2点×7　問8　6点　3 問1　4点　問2～問5　各2点×4

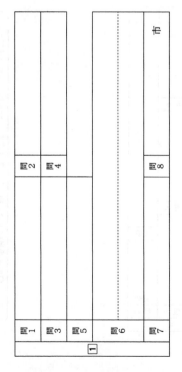

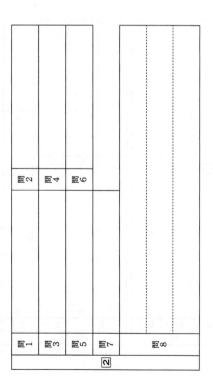

２０２３年度　自修館中等教育学校

理科解答用紙　A－1日程

番号		氏名		評点	/50

5

里山でのくらしの特徴	どう取り入れるか

1

問1	A	B	C	
問2	A	B	C	問3
問4	(1)	(2)		
	(3)			

2

問1		問2	
問3			
問4		問5	

3

問1	(1)		(2)	
	(3)		(4)	
問2	A		B	

4

問1	A	B	C	D		
問2		問3		問4		
問5	向き		理由			

（注）この解答用紙は実物を縮小してあります。185％拡大コピーをすると、ほぼ実物大の解答欄になります。

〔理　科〕50点(推定配点)

1　問1～問3　各1点×7　問4　(1)，(2)　各1点×2　(3)　2点　2　各2点×5＜問1～問3はそれぞれ完答＞　3　問1　各1点×4　問2　各2点×2　4　問1～問4　各2点×4＜問1，問3は完答＞　問5　向き…1点，理由…2点　5　10点＜正答1組につき2点を配点＞

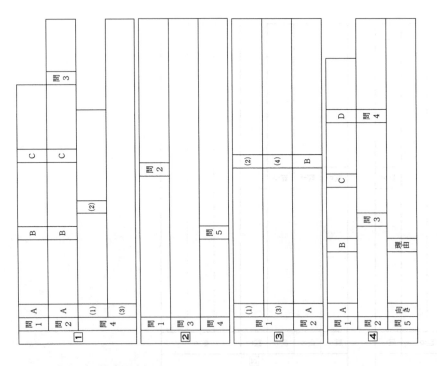

二〇二三年度　自修館中等教育学校

国語解答用紙　A－1日程

番号　氏名　評点 /100

一

①　②　③　④　⑤　⑥　⑦　⑧　⑨　⑩

二

①　②　③　④　⑤

三

問1　問2　問3

問4　I　II

問5

問6

問7　I　II

問8

四

問1　(1)　(2)　1つ目　2つ目

問2　A　B　C

問3　問4

問5　最初 〜 最後

問6

問7　1つ目　2つ目

問8　最初 〜 最後

問9

五

①　②　③　④

(注) この解答用紙は実物を縮小してあります。172%拡大コピーをすると、ほぼ実物大の解答欄になります。

〔国　語〕100点(推定配点)

一, 二　各2点×15　三　問1～問5　各2点×6　問6　6点　問7　各2点×2　問8　4点　四　問1～問4　各2点×8　問5, 問6　各3点×2　問7　各4点×2　問8, 問9　各3点×2　五　各2点×4

2023年度　自修館中等教育学校

探究Ⅰ解答用紙　A－1日程　No. 1

番号		氏名		評点	/100

1

問1	A		B		C	
	D		E			
問2	通り					
問3						
問4						
問5						

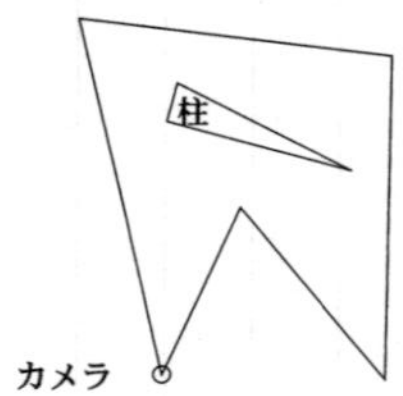

2

問1		
問2	求め方	
	答え	
問3	原因	
	1つ目	
	2つ目	
問4		
問5		

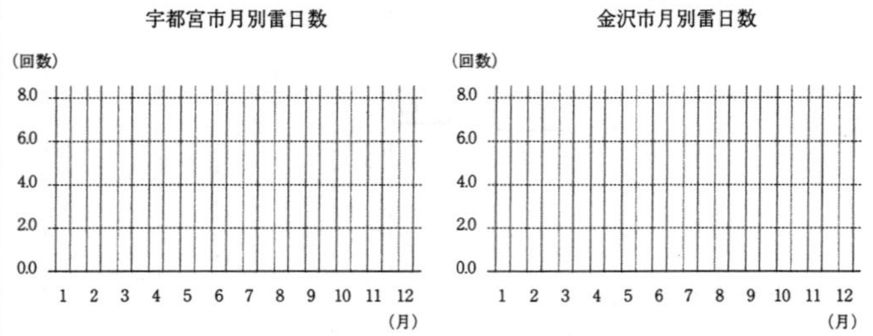

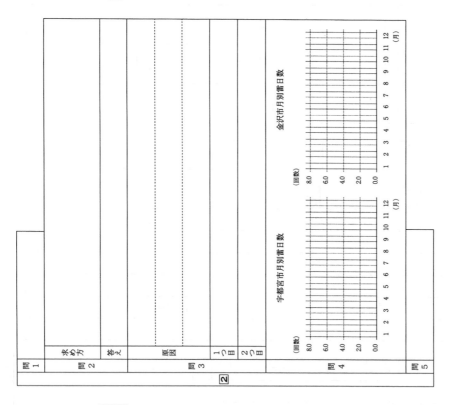

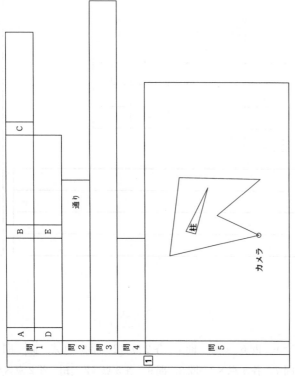

２０２３年度　自修館中等教育学校

探究Ⅰ解答用紙　A－1日程　No. 2

（注）この解答用紙は実物を縮小してあります。185％拡大コピーをすると、ほぼ実物大の解答欄になります。

3

問1	問2	問3	問4	問5

〔探究Ⅰ〕100点(推定配点)

1　問１　各２点×５　問２～問４　各５点×３　問５　８点　2　問１　４点　問２　８点　問３　原因…10点，違い…各４点×２　問４，問５　各４点×３　3　問１～問３　各４点×３　問４　５点　問５　８点

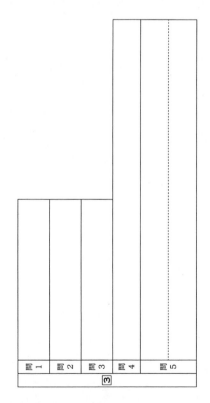

2023年度　自修館中等教育学校

探究Ⅱ解答用紙　A－1日程

No. 1

番号		氏名		評点	/100

1

問1					
問2					
問3	A		B		C
問4	D		E		
	F				
問5					

2

問1	A		B
問2			
問3			
問4	（100字の解答欄：30・60・90・100）		

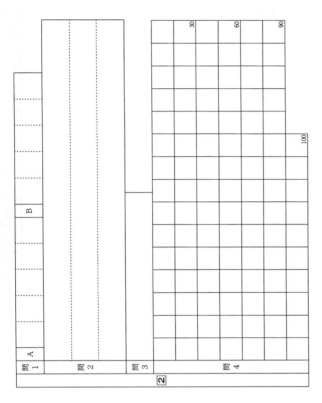

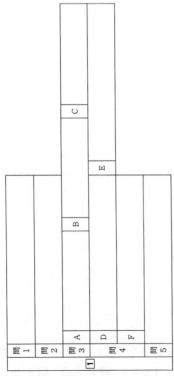

２０２３年度　自修館中等教育学校

探究Ⅱ解答用紙　A－１日程　No. 2

（注）この解答用紙は実物を縮小してあります。185％拡大コピーをすると、ほぼ実物大の解答欄になります。

3		
問1	A	
	B	
	C	
問2		
問3		

〔探究Ⅱ〕100点(推定配点)

1　問1～問3　各5点×5　問4　各4点×3　問5　5点　2　問1　各5点×2　問2　8点　問3　5点＜完答＞　問4　10点　3　問1　各4点×3　問2　5点　問3　8点

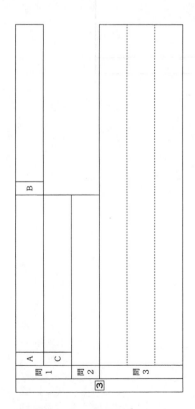

２０２２年度　自修館中等教育学校

算数解答用紙　A－1日程　No. 1

番号		氏名		評点	/100

1	(1)		(2)	
	(3)		(4)	
	(5)			

2	(1)	人	(2)	分後
	(3)	度	(4)	cm^2
	(5)	cm^3		

3	(1)
	(2)
	(3)
	(4)

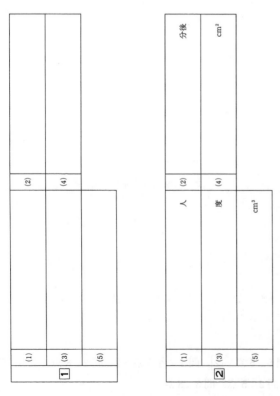

2022年度　自修館中等教育学校

算数解答用紙　A1日程　No.2

(注) この解答用紙は実物を縮小してあります。185%拡大コピーをすると、ほぼ実物大の解答欄になります。

4			
(1)	(2)	(3)	(4)

〔算　数〕100点(推定配点)

1, 2　各6点×10　3, 4　各5点×8＜3の(4)は完答＞

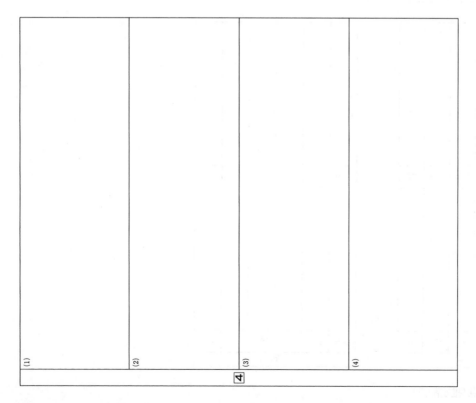

２０２２年度　自修館中等教育学校

社会解答用紙　A－1日程

番号		氏名		評点	/50

（注）この解答用紙は実物を縮小してあります。179%拡大コピーをすると、ほぼ実物大の解答欄になります。

1

問1		問2	
問3		問4	
問5	第　　次	問6	
問7		問8	
問9		問10	

2

問1		問2	
問3		問4	
問5			
問6		問7	

3

問1		問2	
問3		問4	
問5			
問6			

〔社　会〕50点(推定配点)

1　各２点×10　2　問１～問４　各２点×４　問５　４点　問６，問７　各２点×２　3　問１～問５　各２点×５　問６　４点

2022年度 自修館中等教育学校

理科解答用紙 A－1日程

番号		氏名		評点	/50

（注）この解答用紙は実物を縮小してあります。182%拡大コピーをすると、ほぼ実物大の解答欄になります。

1				
問1	A		B	
問2	A		B	
問3		問4		問5 (1)		(2)	

2						
問1	A		B		C	
	D		E		F	
問2		問3				
問4						

3								
問1	ア		イ		ウ		エ	
問2		問3						

4							
問1		問2		問3		問4	
問5							

5	
①反対となるものの例	②説明

〔理　科〕50点(推定配点)

1 問1　A　1点　B　2点　問2　A　1点　B　2点　問3～問5　各1点×4　2 問1～問3　各1点×8　問4　2点　3 問1　各2点×4　問2，問3　各1点×2　4 各2点×5　5 10点<正答1組につき2点を配点>

二〇二二年度　自修館中等教育学校

国語解答用紙　A－1日程

番号　　氏名　　評点　／100

一

①　②　③　④
⑤　⑥　⑦　⑧
⑨　⑩

二

①　②　③　④　⑤

三

問1　問2
問3　A　B　C　問4
問5
問6　から
問7　問8
問9
問10

四

問1
問2　問3　問4
問5　最初　最後
問6　問7
問8　最初　最後　問9

五

（注）この解答用紙は実物を縮小してあります。182%拡大コピーをすると、ほぼ実物大の解答欄になります。

〔国　語〕100点(推定配点)

一，二　各2点×15　三　問1～問3　各2点×5　問4～問6　各3点×3　問7～問9　各2点×3　問10　8点　四　問1　8点　問2，問3　各2点×2　問4～問6　各3点×3　問7　2点　問8，問9　各3点×2　五　8点

Memo

Memo

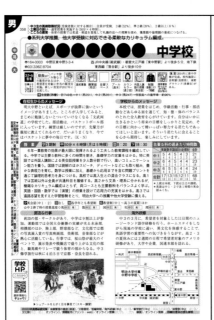

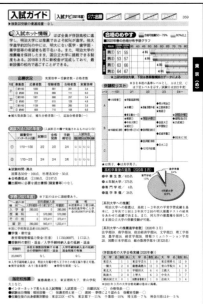

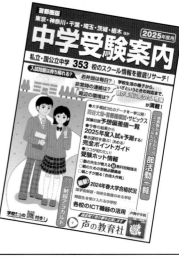